U0925167

电视手语主持研究

Research on Television Sign Language Anchoring

袁伟 著

国家社科基金后期资助项目
出版说明

后期资助项目是国家社科基金设立的一类重要项目，旨在鼓励广大社科研究者潜心治学，支持基础研究多出优秀成果。它是经过严格评审，从接近完成的科研成果中遴选立项的。为扩大后期资助项目的影响，更好地推动学术发展，促进成果转化，全国哲学社会科学工作办公室按照“统一设计、统一标识、统一版式、形成系列”的总体要求，组织出版国家社科基金后期资助项目成果。

全国哲学社会科学工作办公室

序

袁伟是我指导的博士生，是我国最早关注手语主持的研究学者之一，最早在播音主持理论框架下提出了手语主持的概念。这部《电视手语主持研究》是我国第一本关于手语主持的研究专著，本书的问世在手语主持研究领域具有开创性意义。

该书在播音主持理论及语言学相关理论指导下，系统论述了手语主持的内涵及特征，较为系统梳理了手语主持理论体系，初创了手语主持基本理论框架，一定程度上丰富了我国播音主持和媒体语言学理论体系，填补了理论空白。该书还通过构建手语主持语料库，开展问卷调查，实施深度访谈等方法，较为全面、系统、科学构拟了手语主持体系中各相关标准，对指导手语主持节目制作、手语主持实践等都有重要的意义。当前我国已有部分高校开设了手语主持专业，并开始培养手语主持专业的研究生，该书的问世还将为手语主持教育教学提供理论支撑，是学生学习的重要教材参考。

随着联合国《残疾人权利公约》和《2030 年可持续发展议程》实施，保障残疾人平等权益、促进残疾人融合发展越来越成为国际社会和各国的普遍共识和共同行动。我国当前有 2800 多万听障人士，对于这样一个庞大的群体来说，健全残疾人社会保障和服务体系，切实保障残疾人权益，增强残疾人基本公共服务供给能力已经成为全社会共识。增设手语类电视节目、开办手语频道，积极开展手语主持研究，提升当前的手语主持实践质量，对保障广大听障人士的信息获取、情感娱乐、参与社会活动等基本权益具有重大现实意义。此外，随着我国老龄化步伐的加快，老龄化社会的来临，越来越多具有听力障碍的老年人也要求进一步加快手语主持研究和推广工作。

从我国电视手语主持实践来看，当前我国大陆地区共开设中央、省级和市级电视手语栏目超过 200 个，从全国范围看，我国陆续建立了中央、省、市、县的四级电视手语节目体系。除了电视手语节目外，我国也有一些网络手语节目，像《手语胡同》等节目已成为备受广大聋人群体喜爱的节目。从电视手语主持节目历时发展来看，自 1978 年首个手语节目录制播放至今，电视手语节目已有 40 多年历史，而从 1984 年的第一个手语主持节目出现算起，也已有 30 余年历史。无论是从当前庞大的手语主持节目的现实需要来看，还是从 40 多年的电视手语主持发展实际来看，都需要我们加强手语主持理论研究，加强对手语主持实践的理论指导。尤其是在当前媒体融合向纵深发展的大背景下，手语主持如何更好地抓住媒体融合机遇，如何在融媒体时代和未来的智媒体时代更好地为广大听障人士服务，都需要深入研究和思考。

新中国成立以来，国家进行了一系列手语和盲文的规范化工作，成绩显著。但是，目前我国各地听力残疾人使用的手语仍存在较大差异，需要一种通用的手语作为广大听力残疾人交流的工具，2015 年，中残联、教育部、国家语委、国家新闻出版广电总局联合印发了《国家手语和盲文规范化行动计划（2015—2020 年）》，提出要大力推广国家通用手语。从推广普通话的历史经验来看，广播电视学习是一种非常有效的学习方式，国家通用手语作为广大听力残疾人的“普通话”，依托手语主持推广国家通用手语是一项重要的推广手段，会收到事半功倍的效果。当然，目前我国大陆地区能够提供手语主持节目的电视频道仅为 5%，手语主持节目播出时长比例仅占 0.1%。电视手语节目中，除新闻类外，其他类型（如社教、文艺等）手语节目数量少，发展水平低，这一方面影响了国家通用手语的推广，另一方面严重滞后于听障受众日益增长的文化生活需要。这就要求我们要持续提升已有节目的手语主持的质量，持续加大手语主持节目供给，甚至是在合适的时候开设手语主持频道。

袁伟这部书既立足了国内听力残疾人需求和手语主持节目发展实际，探究了我国手语主持规律，同时又放眼海外，袁伟借助在美国马里兰大学访学的契机，充分吸收借鉴了海外国家手语主持实践经验和理论研究经验，在写作过程中兼收并蓄，融贯中西，该书的科学性、系统性得到了进一步提升。

对于袁伟来说，本书的出版将成为其学术生涯一个阶段的一个重要标志。作为袁伟的老师，我由衷高兴，也深感欣慰，我希望，他能够在未来的学术道路上，行稳致远，勇攀高峰。

姚喜双

中国社科院研究生院、中国传媒大学 教授；博士生导师

2020 年 7 月 13 日

目　录

绪 论

一 研究缘起

在电视屏幕中，活跃着一批特殊的主持人，他们不同于一般的播音主持人，不是以有声语言作为主要的创作手段，而是借助手语传递信息和表达情感；不是以健听人为主要创作受众，而是更多地服务于听障人士；与以有声语言为主要创作手段的播音主持相比，他们拥有不同的创作原则和创作方法。我们把这个群体称为手语主持人，把他们所从事的创作活动称为手语主持创作。手语主持创作又可以分为电视手语主持创作和网络手语主持创作两类。当前在我国，电视手语主持创作占绝对主导地位。本书所探讨的手语主持创作主要指电视手语主持创作，即在电视中运用手语进行信息传播的创作行为。手语主持创作与有声语言播音主持创作在理论体系上，既有联系，又有区别。本书从播音主持学科体系出发，结合了心理学、语言学、传播学、符号学等相关学科理论，对电视手语主持创作进行了较为全面、系统、科学的研究。本书重点探讨了以下三个方面内容：①在一定程度上确立了电视手语主持创作的学科地位；②较为完整地构建了电视手语主持创作的理论体系；③有利于电视手语主持创作标准的确立。开展电视手语主持创作研究，具有重要的政治意义、社会意义、理论意义和实践意义，对保障听障人士基本人权，指导手语主持人的创作实践，丰富和推动播音主持学科体系发展等具有重要作用。

（一）有利于传递党和政府声音、保障听障人士基本权利

电视手语主持创作是向听障人士传递党和政府声音的重要载体，是听

障人士语言学习、信息获得、情感娱乐和积极参与社会活动等的重要媒介，特别是对于文化程度较低的听障人士而言，电视手语主持创作对其获取基本人权的重要性更为明显。当前中国有听力障碍者为2800多万人，听障是排列于肢障、重要器官失去功能后的身障种类，在感官障碍类别中则排名第一。听障人数是视障的两倍之多。庞大的听障人群同健听人一样，需要享有获取信息、获得社会教育以及准确听到党和政府的声音等基本权利。开展电视手语主持创作研究具有重要政治意义和社会意义。

（二）有利于保证手语节目质量健康发展

电视手语主持创作是整个手语节目创作的重要环节。手语节目的高品质和健康发展离不开电视手语主持创作研究。

首先从共时层面来看。根据2019年《中国残疾人事业统计年鉴—2019》[①]，2018年底，我国大陆地区共开设中央、省级和市级电视手语栏目共296个，其中中央台开设手语节目1个，省级残疾人专题电视手语栏目31个；地市级残疾人专题电视手语栏目264个。除此之外，我国很多县级电视台也开设了电视手语栏目。可以说，从全国范围来看，我国已经形成中央、省、市、县四级手语电视节目体系。随着相关政策的发展与落实，近年来电视手语栏目数量有了很大提高，但还存在一定不平衡现象。各地区栏目数量差别大：浙江省有省级电视手语栏目3个，北京市、黑龙江省、江苏省均有省级电视手语栏目2个，而河北省、江西省、山东省、湖北省、湖南省仍尚未开设省级电视手语栏目。另外，据统计，四川省、河南省、浙江省是听障人士数量较多的三个省份，但是省级与地市级手语栏目数量分别仅为9个、9个与13个；重庆市听障人士数量不及四川省、河南省、浙江省，但栏目数量高达28个。总的来说，电视手语栏目数量东部经济发达地区较多，江西省、宁夏自治区等边远地区数量仍然较少。据最新的《2019年全国广播电视行业统计公报》显示，我国最近一年电视节目综合人口覆盖率高达99.39%，全国开展广播电视和网络视听业务的机构约4.7万家，但目前并没有一套专门的手语节目。除了大量的电视手语节目外，我国也有少量的网络手语节目。目前的网络手语节目大致分

① 中国残疾人联合会：《中国残疾人事业统计年鉴—2019》，中国统计出版社，2019，第11页。

为四类：①借助网络平台播出的电视手语节目，据调查，超过90%的中央、省、市电视台创办了网络电视台，电视创办的手语节目拥有了网络这一新的传播媒介，这是当前网络手语节目的主流。如中央电视台《共同关注》、北京卫视《手语新闻》、江西赣州电视台《一周新闻日历》等都在网络上同时播出。②原创网络手语节目。这主要指一些网站或者单位自办的手语节目，如中国聋人网开设的《笑谈手语》、山东省气象局的《手语天气预报》等。③听障人士上传的自拍手语视频，这一类形式比较繁杂，影响较大的有杜银玲和“手语姐姐”的微博视频、冯刚的《手语胡同》等。④零散地借助网络播出的手语教学视频等。据初步估算，我国目前至少有400名电视手语主持人，这些手语主持人的实践都需要电视手语主持创作理论的指导。

其次从电视手语主持节目历时发展来看。1978年上海电视台二台在上海市盲聋哑协会的协助下，录制了一套《学一点手语》的电视小品在电视台播出，这是电视手语节目的雏形。1984年10月30日，全国第一个为聋哑人服务的电视专栏《聋人手语节目》在广东电视台正式播出，节目由文丹丹和王凤萍主持。1989年5月7日，北京电视台开播我国第一档电视手语新闻节目《手语一周新闻综述》。随后，电视手语主持节目在全国开始逐步推广，并形成了覆盖中央、省、市、县四级的电视手语节目网络。自1978年首个手语节目录制播放至今，电视手语节目已有42年历史，而从1984年的第一个手语主持节目出现算起，也已有近36年历史。这30多年的电视手语主持发展也要求有科学的电视手语主持创作理论体系来指导手语主持人的实践。

（三）有利于提升电视手语节目质量

首先，我国的电视手语节目存在形式单一化、内容同质化的问题，绝大多数节目为手语新闻，娱乐类等手语节目类型很少，限制了听障人士获取信息的宽度和享受娱乐、科教等的权利，也造成了一定的资源浪费。[①]其次，电视手语新闻节目本身也存在语速较快，手语新闻主持人画框过

---

① 魏伟：《电视手语新闻的问题与建议》，《中国有线电视》2011年第5期；季筱栀：《电视手语新闻现状与对策探究》，《理论观察》2012年第5期。

小，没有加配同期字幕等问题，这些都会影响听障人士的收看效果。这些现状都急需科学的手语主持创作理论体系的指导。加强电视手语主持创作研究对突破当前手语节目困境和扭转收视率较低的局面有一定推动作用。可喜的是，1995 年我国台湾地区公共电视台制播了公共服务节目——《听听看》。该节目由听障人士王晓书担任主持，形成了融有声语言主持中访谈、脱口秀等形式为一体的节目形态。该节目开播至今已有 25 年，得到了听障朋友的欢迎和认可。

（四）有利于播音主持学科科学发展

从 1940 年 12 月 30 日人民广播第一次播音，到今天百花争艳的播音主持创作，我国已经积累了 70 多年的播音主持实践。前辈们对这些经验和理论进行了总结，建立了较为科学的播音主持学科体系。手语主持作为播音主持学科不可或缺的组成部分，应该纳入播音主持学科体系内部统筹考虑；研究构建手语主持科学的理论体系，这是播音主持学科科学发展的必由之路。2013 年 7 月 2 日，我国第一个手语主持专业硕士研究生培养点在江苏建立，也在一定程度上推进了手语主持理论研究的发展。

2015 年 2 月 5 日，国务院发布《关于加快推进残疾人小康进程的意见》，鼓励电视台开办手语栏目，提出主要新闻栏目加配手语解说和字幕的要求。

加强电视手语主持研究也是落实相关政策法规的基本要求。从 1990 年颁布实施的《中华人民共和国残疾人保障法》，到民政部、国家教委、国家语委、中国残联发布的《关于在全国推广应用〈中国手语〉的通知》(1991 年)、《中华人民共和国残疾人保障法》、《中国残疾人事业“八五”计划纲要（1991 年—1995 年)》、《中国残疾人事业“九五”计划纲要(1996 年—2000 年)》、《中国残疾人事业“十五”计划纲要（2001 年—2005 年)》、《无障碍建设“十一五”实施方案》、《残疾人权利公约》、《关于促进残疾人事业发展的意见》、《关于加快推进残疾人社会保障体系和服务体系建设的指导意见》、《无障碍环境建设条例》、《中国残疾人事业“十一五”发展纲要（2006 年—2010 年)》、《残疾人事业宣传文化工作“十二五”实施方案》、《国家中长期语言文字事业改革和发展规划纲要（2012—2020 年)》《“十三五”加快残疾人小康进程规划纲要》等都对开办好电视手语节目提出了明确要求。电视手语主持研究对办好电视手语节目起到了基础保障作用，对落实这些政策法规有重要意义。2013 年，教育部和国家语委建立了我国手语主持专业第一个硕士研究生培养点。2015 年，“加强手语主持研究”被正式写入教育部 2015 年度工作要点，这是手语主持研究首次在正式文件中被提出。因此，加强电视手语主持研究可谓意义重大。

电视手语主持创作是专门为听障群体提供的一种重要的播音主持艺术类型。它是指在电视这一大众传媒中，手语主持人以手语为主要创作手段，以聋人为主要受众所进行的视觉语言信息传播创作活动。它是播音主持学科体系的重要分支，同有声语言播音主持共同构成播音主持的学科体系。下面将重点介绍一下电视手语主持创作研究的主要内容、研究方法和研究进展情况等。

二 电视手语主持创作研究的内容和意义

（一）研究内容

我国的电视手语节目已有 40 多年历史，开展电视手语主持创作研究具有重要意义。从研究现状来看，播音主持研究学界关注此领域的研究者较少，缺乏对手语主持的跨界研究。可以说手语主持是播音主持研究中不可分割的一部分，不包括手语主持的播音主持研究是不完整的。本书将尝试从播音主持学科理论视角来探析电视手语主持创作的理论体系及标准。研究主要从电视手语主持创作本体论着手展开，借鉴语言学、传播学、视觉符号学、心理学等相关理论知识，旨在探索电视手语主持创作的根本性质及其与一般播音主持创作的关系，确立电视手语主持创作在播音主持学科体系中的地位。本书具体就电视手语主持的创作内涵、能力体系、创作主客体、创作心理、创作语境、创作语言、创作韵律等方面进行了理论阐述，深入分析了电视手语主持创作作为一种播音主持创作活动的普遍性和独特性；同时利用所建立的语料库进一步描写电视手语主持创作的现状，根据问卷调查和深度访谈构拟未来电视手语主持创作标准。

本书重点探讨以下三个方面的内容：①确立电视手语主持创作的学科

地位；②构建电视手语主持创作的理论体系；③构拟电视手语主持创作标准。本书从播音主持学科体系出发，结合心理学、语言学、传播学、符号学等相关学科理论，通过构建电视手语主持语料库，开展问题调查，实施深度访谈等方法，对电视手语主持创作进行了较为全面、系统、科学的分析。

1. 电视手语主持创作的学科地位

电视手语主持创作是专门为听障群体提供的一种重要的播音主持艺术类型。它是指在电视这一大众传媒中，手语主持人以手语为主要创作手段，以聋人为主要受众所进行的视觉语言信息传播创作活动。它是播音主持学科体系的重要分支，与有声语言播音主持共同构成大的播音主持学科体系。

2. 电视手语主持创作内涵

其一，电视手语主持创作形态分类。根据手语主持人在创作过程中所处的地位以及其对创作语境、表达形式和制作过程的控制力度，电视手语主持创作可以分为主导型、参与型和配合型三种类型。从主导型到参与型再到配合型手语主持创作，主持人地位依次下降，控制力依次减弱。

其二，电视手语主持创作性质。电视手语主持创作是大众传播与人际传播的结合体，具有创造性、视像性、多质性和新闻性的特点。

其三，电视手语主持创作特征。电视手语主持创作在学科分布上表现出交叉性与分离性的特点，既具有播音主持创作的普遍特征（创造和再造的双重性、交流对象的虚拟性、感情表达的真实性、创作素材的二度性、创作时间的紧迫性、创作范围的社会性、接受方式的个体性、创作活动的日常性、强烈鲜明的时代性）；又因其创作手段、信息接收方式、受众的不同，具有独特的属性（创作手段的多样性、手语及副语言的规范性、创作方式的转换性）。

其四，电视手语主持创作原则。作为播音主持创作的一个分支，电视手语主持创作需要遵循党性原则、规范性原则、真实性原则和审美性原则。

3. 电视手语主持创作能力体系

电视手语主持创作能力体系是评价手语主持人创作活动质量的重要指

标。它是一个由“三面·三层·三维”构成的立体模型，呈现金字塔形结构的特点（见图0-1）。三面即手语主持创作要具备的基本素质面：政治素质、语言素质、人文素质，此三面平衡支撑塔形结构。三层即为实现“顺从”、“认同”和“内化”的传播效果而要具备的基本创作能力：知识能力、文化能力、共情能力，此三层构成逐级上升的不同层。三维即对创作全过程的把控能力：准备能力、理解能力、生成能力，此三维构成逐段推进的创作过程。

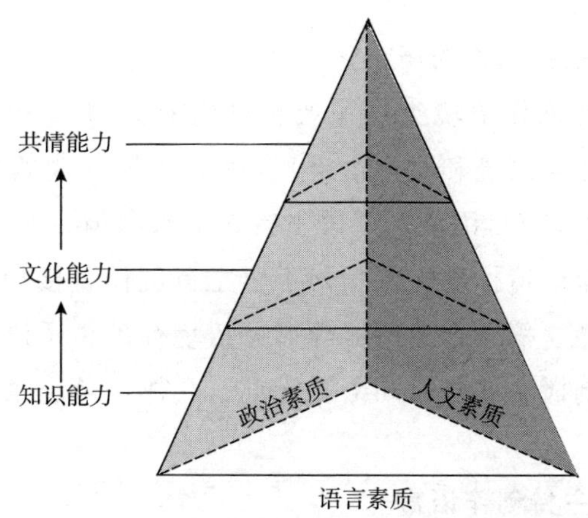

图0-1 手语主持创作能力体系塔形结构

就“三面·三层·三维”关系而言，无论是动态的上升层级，还是逐段推进的过程范畴，都需要三个基本素质面的支撑（见图0-2）。

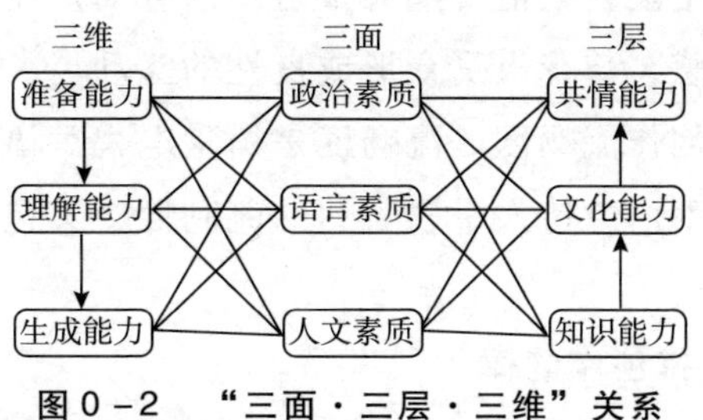

图0-2 “三面·三层·三维”关系

4. 电视手语主持创作主客体

电视手语创作主体即电视手语主持人，具有“代表集体”、“以视觉语言为主”、“平等传播”和“驾驭节目”四个特征，可分为新闻类、服务类、娱乐类、社教类几种主持人类型。

电视手语主持创作客体即主持创作的接受者和服务对象，主要群体为聋人受众。他们对手语主持创作的语境要素（服饰，画框位置、大小等）有着特殊的要求。

5. 电视手语主持创作心理

聋人受众的心理是电视手语主持创作的内部驱动力，是创作的重要依据，主要包括想象认知心理、思维认知心理以及人格情意心理。聋人受众心理的独特性决定了手语主持创作独特的创作心理技巧："情景再现""内在语""对象感"。

6. 电视手语主持创作语境

电视手语主持创作语境类型主要包括宏观语境（社会语境、文化语境、民族语境、地域语境和时代语境）、中观语境（电视媒体层面的媒体语境）、微观语境（节目语境、手语主持人形象语境、时空语境）。

电视手语创作语境标准主要指与手语主持创作直接相关的微观语境标准，包括服装饰品、稿件和提词器等形象语境标准；手语主持节目的播出时长、频次以及制播方式等时间语境标准；具体主持场景和画框比例标准等空间语境标准。

7. 电视手语主持创作语言

电视手语主持创作词汇和语法，提出了手语主持创作中词汇和语法的合理使用规则。

电视手语主持创作副语言，主要包括表情和眼神。表情是手语主持创作重要的情感表达手段，表情要随着报道的内容而产生变化；手语主持人的眼神要具有交流感，与聋人受众形成良性的互动。

电视手语主持创作流畅度。流畅度是衡量电视手语主持人语言表达的重要指标，既包括手语主持人手语表达的流利性，又包括聋人受众理解内容的通畅性。

8. 电视手语主持创作韵律

电视手语主持创作语速。语速是指电视手语主持创作过程中受众视觉的接受速度。语速的选择既要符合聋人受众的心理，也要适应聋人基本的表达习惯，不同的节目具有不同的语速标准。

电视手语主持创作停连。停连在电视手语主持创作过程中具有重要的表意功能。手语主持人要在句与句之间、段与段之间进行明显停连，且在部分句子结尾落停处采用落停缓收等方式进行停连。

电视手语主持创作力度。力度主要指手语主持人手势的轻重程度。电视手语主持创作力度要做到整体手语有力，力度合理分配，要把力度放在重要信息部位。

电视手语主持创作手势幅度。手势幅度是指在表达过程中，手语运动收张的范围区间和手势的力度所呈现的总体感受。手语主持人的手势幅度要基本控制在胸部以上，与面部表情、唇语、眼神形成一个完整的信息表达体传达信息。

电视手语主持创作节奏。节奏是由语速、停连、力度等各种要素构成的综合体。手语主持创作要做到节奏分明。

（二）研究意义

中国有2800多万听障人士，手语是他们的第一语言。手语是聋哑文化的重要载体，电视手语主持创作是信息无障碍的重要核心，是向听障人士传递党和政府声音的重要载体，是听障人士语言学习、信息获得、情感娱乐、积极参与社会活动等的重要媒介。近年来，国家出台了系列政策法规文件，强调保障和改善残疾人民生，增强残疾人基本公共服务供给能力已经成为全社会共识。中国共产党的十八大提出“健全残疾人社会保障和服务体系，切实保障残疾人权益”。只有从听障人士的本位角度出发研究、设计、改善电视手语主持创作，才能真正落实听障人士享有平等的无障碍信息获取权力，并进一步为听障人士发声，使僵硬的单向传输变成更灵活、更人性化的双向交流。开展电视手语主持创作研究具有重要的社会意义。

电视手语主持创作作为专门为听障群体服务的一种重要的播音主持学科艺术类型，对电视手语主持创作进行研究，进一步拓展和丰富播音主持学科理论体系，填补了当前手语主持研究的空白。本书所构建的电视手语主持创作理论体系对指导手语主持人实践和手语主持人的人才培养培训等都有重要的意义。同时，本书对当前电视手语创作语境、电视手语创作语言、电视手语创作心理等方面的研究，也为政府制定有关电视手语节目发展相关决策提供了一定依据。

三 研究方法

（一）视频语料库研究法

1. 研究目标

电视手语主持视频语料库有助于全面了解国内外电视手语节目和手语主持现状。目前，国外电视手语节目开展相对较早且整体发展较为完善，分析国内与国外电视手语节目语料库的异同点，借鉴国外电视手语节目的优势，在一定程度上可以推进我国电视手语节目的发展。

在国内电视手语节目的选取上，由于我国网络手语节目还未形成一个成熟的体系，处于萌芽期，且网络手语节目量少，播出时间不固定，因此，本视频语料库没有选择网络手语节目。此外，本书通过受众对电视手语主持视频语料库中手语节目质量的判断，对电视手语主持创作各要素满意度的调查，提出更加科学有效的解决对策，为制作出更好的电视手语节目提供服务，为培养优秀的手语主持人提供相对好的标准，为电视手语主持理论建构提供实践证明。

2. 采集方法

首先，我们通过网络进行信息搜集工作，统计国内外的手语节目分布，确定下载的节目名单，运用维棠软件进行下载。有些节目无法用软件下载的，运用 DV 进行视频的转录。其次，我们对下载好的电视手语节目视频按照地区进行分类，组成视频语料库。

3. 语料规模及分布

我们的语料由两部分构成：国内手语节目视频语料和国外手语节目视频语料。其中国内视频语料收集了大陆地区的手语主持节目视频。选取其中具有代表性的视频建立起一个约 6000 分钟的手语主持视频语料库。由于不同台手语节目播出的频次不同，有日播、周播、月播等，我们抽取了每个台连续 30 期节目作为语料，基本涵盖了这些台的手语主持样态，具有一定的代表性。语料库的基本构成：中央、省、市、县的 27 个手语节目。采取分层抽样调查的方法，第一层为中央电视台《共同关注》栏目；第二层为省级卫视的手语节目，有重庆卫视《CQTV 午新闻》、贵州卫视《星期天报道》、浙江卫视《爱心浙江》、河北卫视《新闻专递》、河南卫视《一周新闻综述》、河南电视台新闻频道《手语新闻》、黑龙江卫视《点击七日》、广西卫视《一周新闻综述》以及甘肃卫视《午间20分》等；第三层为地级市台的手语节目，辽宁丹东电视台《第一传媒》以及陕西宝鸡电视台的《一周要闻回顾》等；第四层为县台的手语节目，有湖北远安电视台《远安新闻》、陕西临潼电视台《一周要闻回顾》、陕西凤翔电视台《凤翔新闻》、浙江苍南电视台《苍南新闻》、浙江富阳电视台《富阳新闻》等。其中，省级电视台手语节目所占比例较大，占抽样总数的51.4%，涵盖了我国的主要地区。

东北地区的手语节目：辽宁丹东电视台《第一传媒》、辽宁大连电视台《手语新闻》、辽宁公共频道《沈阳新闻》、黑龙江卫视《点击七日》、内蒙古电视台《这七天》、吉林市电视台《大城小事》。

华北地区的手语节目：中央电视台《共同关注》、北京卫视《新闻手语》、河北卫视《新闻专递》、天津电视台《我们同行》。

华东地区的手语节目：浙江卫视《爱心浙江》、上海电视台新闻综合频道《时事传真》、上海电视台新闻综合频道《午间新闻》、浙江富阳电视台《富阳新闻》、江苏栖霞电视台《小芮说新闻》、江苏苏州电视台《苏州新闻》、江西赣州电视台《一周新闻日历》、安徽马鞍山电视台《晚间新闻》。

华南地区的手语节目：广西卫视《一周新闻综述》、福建福州电视台《新闻110午报》。

华中地区的手语节目：河南卫视电视台新闻频道《一周新闻综述》、河南电视台新闻频道《手语新闻》、湖北远安电视台《远安新闻》、湖北电视台《双语周报》。

西北地区的手语节目：甘肃卫视《午间20分》、陕西临潼电视台的《一周要闻回顾》、陕西凤翔电视台《凤翔新闻》、陕西电视台新闻综合频道《第一新闻》、陕西阎良电视台《阎良新闻——一周要闻回顾》、青海电视台《一周要闻综述》。

西南地区的手语节目：重庆卫视《CQTV午新闻》、贵州卫视《星期天报道》。

在国内视频语料库中，由于广西卫视《一周新闻综述》、辽宁丹东电视台《第一传媒》、重庆卫视《CQTV午新闻》、辽宁公共频道《沈阳新闻》、湖北电视台《双语周报》都是机器人虚拟手语主持人，澳门澳亚卫视的《早间新闻》的手语下载量不足30期，没有代表性，我们在分析手语主持要素时排除了这6个节目，此外，台湾及香港地区节目也没有列入分析范围。

国外视频语料库我们收集了37个国家的71档电视手语节目，选取其中具有代表性的视频建立起一个约5500分钟的手语主持视频语料库。在节目的选取上，我们主要采集了37个国家公共电视台播出的手语节目，覆盖了经济发达国家和发展中国家，具备一定的权威性和代表性。

在国外视频语料库中，由于白俄罗斯公共电视台《Novosti – early morning news summary》、波兰公共电视台《Dziennik telewizyjny – weekend afternoon news bulletin》《Echa Tygodnia aka Echa Panoramy – weekly news round – up》《Kurier – daily afternoon news》《Panorama – daily afternoon news》《Serwis Info – daily afternoon news》、俄罗斯公共电视台《Novosti – daily afternoon news》、立陶宛公共电视台《Šiandien – early evening weekday news bulletin》、《Žinios – weekend afternoon news bulletin》都是利用计算机技术进行的虚拟主持，我们在分析手语主持要素时排除了这4个电视台的9档节目。

（二）问卷调查法

1. 概况

（1）研究目的

问卷调查主要包括两部分。一部分是受众对电视手语主持创作理论体系中各要素重要性的认同度调查，具体包括对电视手语主持的创作方法和创作原则，手语主持人表情、眼神、节奏、流畅度、停连等重要性的认同度调查；另一部分是对视频语料库精选的视频满意度调查，主要对当前有代表性的电视手语节目，针对不同创作手段，包括表情、眼神、节奏、流畅度、停连等的满意度调查。本次调查分两个阶段完成，通过专家和部分聋人初次筛选，选出若干优秀视频节目制作成视频问卷，然后再遴选出观众最满意的节目，以此作为电视手语主持创作手段发展的参考性指标，更好地为手语主持发展提供可持续路径建议。

（2）调查对象的选择设计

本研究的调查对象为在各级各类特殊学校学习的聋生和社会上的成年聋人，听力健全的不同性别、学历的手语老师以及在电视台和网络媒体从事手语主持工作的人等。

电视手语节目作为一个针对小众传播的媒体节目，主要为聋人提供服务；我们将调查对象定位在对手语节目有一定了解的人群。聋生作为一个特殊的社会群体，思想活跃、对新生事物比较敏感。作为第一大类调查对象，成年聋人也是使用手语和观看电视手语节目的一个大群体，因此也在调查之列。本研究特别注意了手语从业人员和媒体从业人员，因为他们都是与手语和电视手语节目打交道较多的人群，探讨他们与聋人之间的对电视手语主持创作各构成要素重要性认同度的认识是有意义的。由于目前很多电视台的手语主持人都是由手语教师兼任，我们把手语主持人归结到手语教师这一群体中。我们把调查对象的教育程度定位在大专和本科。这个教育程度代表着社会的一般知晓水平和程度（为了控制职业的交叉影响，考虑到聋人学历较低，我们在做教育程度的横向对比时又特地增加了“小学”“初中”“高中”三个文化层次）。这样，本研究首先根据职业把调查对象分为3类：聋生、成年聋人、手语教师；然后在各类中根据性别、教育程度等变量组合出各小类。

（3）抽样调查样本分布与调查方法设计

由于本研究的目的不是描述我国全体或某地区全体居民具有代表性的总体态度，而是比较不同群体之间的差异，所以采用了配额判断抽样的非随机样本选择方法最终获得的样本结构。

由于经费、人力、时间等原因，本研究的调查地点选在了北京、南京、郑州、徐州、潍坊五个城市。这五个城市分别代表了三种不同等级的城市：北京代表一线城市；南京和郑州代表二线城市；徐州和潍坊代表三线城市。

本研究采用问卷调查方式。由于被调查者可以自行填写问卷，调查采用访问员面访调查与自行填写问卷相结合的方式。实际执行结果是，在所调查的1068个样本中，11%是通过访问员面访得到的。

（4）实际执行情况

本调查共发放问卷1120份，收回问卷1092份，问卷回收率为

97.5%。在回收的问卷中有24份问卷因背景资料不全（被调查者性别、年龄、教育程度等要素有不同程度缺失）等原因无法进行统计，这样可用问卷总数为1068份，有效问卷率为95.36%。

2. 调查工具

调查问卷包括三部分，即《聋生和成年聋人调查问卷》《手语老师调查问卷》《电视手语主持创作要素满意度调查》。在编制的过程中，由专家先讨论确定问卷的各个维度，再对各维度条目进行编写。编写过程中，参照了《中国手语和盲文使用状况》、《中国电视手语节目质量调查》和肖晓燕《媒体传译的质量评估》中所使用的调查问卷的相关内容，并结合《播音主持概论》《中国播音学》的相关概念进行问卷设计。完成问卷的初稿后，进行小规模预测验，对不合理的条目进行仔细研究和修改，保证了调整后的问卷具有较好的信效度。

（1）《聋生和成年聋人调查问卷表》的结构

该问卷由两部分组成。第一部分为问卷主体，主要包括：聋人使用手语情况，电视手语节目画框形式，手语主持以及手语节目四个方面。第二部分为基本信息，共40道题，分成5个维度：手语使用情况；手语节目的满意度；手语主持人、受众、创作依据；手语主持创作的语言、韵律；手语主持创作的方法和原则。题型分填空、单选、多选三种形式。其中填空题3题，单选题36题，多选题1题。

（2）《手语老师调查问卷》的结构

该问卷由两部分组成。第一部分为问卷主体，主要包括：手语节目画框形式、手语主持以及手语节目三个方面。第二部分为基本信息，共37道题，分成4个维度：手语节目的满意度；手语主持创作的构成要素；手语主持创作的语言、韵律；手语主持创作的方法和原则。题型分填空、单选、多选三种形式，其中填空题3题，选择题33题，多选题1题。

（3）《电视手语主持创作要素满意度调查》的结构

该问卷主要考察聋人受众对当前电视手语节目中手语主持创作语言、韵律的满意度。

由于视频量大，如果让所有受众对27个国内节目视频和4个国外视频进行判断的话，难度很大，也极容易产生疲劳，影响判断效果；我们对视频语料库中的27个手语节目，随机抽取了每个节目其中一期5~10分钟的视频。我们首先进行了预调查，对视频语料库中所有视频节目进行预筛选，预调查的对象有：手语主持人2人，播音员主持人2人，手语老师2人，聋生5人，成年聋人4人，残联工作者1人，手语研究专家2人。针对每一个要素，排除其他干扰项，挑选出排名最靠前的手语视频，然后再进行大规模的问卷调查。二次调查人数为130人，涵盖了三个受众群体。其中聋生45人、手语老师40人、成年聋人45人。问卷共9道题，均为1个维度，即手语创作的构成要素（节奏、语速、表情、手势幅度、眼神、停连、力度、流畅度、聋人文化），题型全部为选择题。

我们分别进行了重要性和满意度的调查。重要性是指人群对要素的认同度。对重要性的调查可以帮助人们了解社会对手语主持要素的接受程度。为了检测受众对要素的认同度，我们将要素的重要性分为5个等级：1. 非常重要，2. 重要，3. 一般，4. 不重要，5. 完全不重要；并将这五种重要程度分别计以5分、4分、3分、2分和1分。为了更加直观地衡量每个要素的重要性，我们将每个要素的得分除以被调查者的个数，作为要素重要性的衡量标准，其数值介于1~5分。得分高者就是重要性高的要素；得分低者就是相对不重要的创作要素。

满意度是指受众对手语主持人运用某些创作要素的认可度。满意度的调查可以帮助人们了解当前国内手语主持节目中手语主持人手语创作的水平。为了检测受众对要素的满意度，我们将要素的满意度分为5个等级：1. 非常满意，2. 满意，3. 一般，4. 不满意，5. 非常不满意；并将这五种满意程度分别计以5分、4分、3分、2分和1分。为了更加直观地衡量受众对每个要素的满意度，我们将每个要素的得分除以被调查者的个数，作为要素满意度的衡量标准，其数值介于1~5分。得分高者就是满意度高的要素；得分低者就是相对不满意的创作要素。

3. 调查样本分布

为了全面、客观地展示中国电视手语节目的现状，并进一步分析相关因素的影响，本研究对不同群体的调查数据采用SPSS统计软件进行描述性分析和影响因素的差异性检验。我们对1068个调查样本按照类别、性别、教育程度以及听力等级进行了分类。

(1) 性别分布

被调查者按性别分为男、女。样本的性别分布如表0-1所示。

表0-1 调查样本性别分布

性　　别	男N(%)	女N(%)	总计N(%)
聋　　生	338(56.1)	265(43.9)	603(56.5)
成年聋人	140(53.8)	120(46.2)	260(24.3)
手语老师	73(35.6)	132(64.4)	205(19.2)
总　计	551(51.6)	517(48.4)	1068(100.0)

(2) 受教育程度分布

被调查者的受教育程度分为小学及以下、初中、高中、大专和本科及以上五个程度。样本的受教育程度分布如表0-2所示。

表0-2 调查样本受教育程度分布

受教育程度	小学及以下 N(%)	初中 N(%)	高中 N(%)	大专 N(%)	本科及以上 N(%)	总计 N(%)
聋　　生	66 (10.9)	160 (26.5)	150 (24.9)	175 (29.1)	52 (8.6)	603 (56.5)
成年聋人	108 (41.5)	88 (33.8)	46 (17.8)	10 (3.8)	8 (3.1)	260 (24.3)
手语老师	0	0	0	100 (48.8)	105 (51.2)	205 (19.2)
总　计	174 (16.3)	248 (23.2)	196 (18.4)	285 (26.7)	165 (15.4)	1068 (100.0)

(3) 听力等级分布

被调查者中的聋生和成年聋人的听力等级分为五个等级：不戴助听器能听到声音、戴助听器能听到声音、戴助听器也听不到声音、戴人工耳蜗才能听到声音和戴人工耳蜗也听不到声音。听力等级程度分布如表0-3所示。

表0－3 调查样本听力等级分布

听力等级	不戴助听器能听到声音 N（%）	戴助听器能听到声音 N（%）	戴助听器也听不到声音 N（%）	戴人工耳蜗才能听到声音 N（%）	戴人工耳蜗也听不到声音 N（%）	总 计 N（%）
聋 生	128（21.1）	42（7.0）	21（3.5）	19（3.2）	393（65.2）	603（69.9）
成年聋人	56（21.5）	49（18.9）	60（23.1）	64（24.6）	31（11.9）	260（30.1）
总 计	184（21.4）	91（10.5）	81（9.4）	83（9.6）	424（49.1）	863（100.0）

（三）深度访谈法

1. 研究目标

深度访谈目标在于通过对有代表性的人物，包括聋生、成年聋人、手语研究专家、手语主持人等的访谈，一方面证明我们对电视手语主持与播音主持在异同上的推论正确性；另一方面进一步论证问卷调查结果的可靠性。此外，还可以进一步深化、补充问卷调查所无法考察到的信息，特别是对被调查者在主观认知上的考察。为深入了解并增加分析的广度与深度，我们通过深度访谈法来收集资料，通过记录与聋生、成年聋人、手语主持人、手语专家的对话过程，获取受访者对相关问题或事件的看法与意见，进而得出研究的结论与意义，以此作为理论上的参考依据。

深度访谈主要通过两种方式完成。

面对面的访谈。运用手语和有声语言当面访谈并全程录像。在所有的访谈对象中，我们对其中六位进行了面对面的深度访谈并进行记录。

网络视频访谈。运用网络以文字的形式进行访谈。由于受到时间和地点等各方面的限制，我们对一些受访对象进行了视频访谈。

2. 研究方法和对象

深度访谈法是社会科学领域中运用非常广泛的质化研究方法。访谈意指研究者针对特定目的，与受访者进行面对面、口语、非口语等相互交谈和询问的活动，是一种有目的性的谈话过程。深度访谈法以采访相关的人群来获取信息，实际上是对问卷上无法呈现问题的补充。研究者透过访谈收集来的第一手资料可以进一步了解受访者对研究问题的认知、看法、感受与意见。深度访谈法具有以下特色：有目的性的双向互动方式；研究者和受访者之间的关系是建立在一种平等的基础上；弹性的访谈过程，意旨在整个访谈之中研究者必须依据当时情形做出适度的调整；研究者需积极倾听受访者对于访谈问题的回应；研究者需保持中立，对于受访者提供内容看法不植入个人主观立场。

（1）结构式访谈

结构式访谈又称为标准化访谈或封闭式访谈。结构式访谈是指研究者在访谈过程中，运用一套访问程序，将预先设定好的结构式问题依访谈题号顺序，对受访者进行询问并收集资料的工作。其要点在于一个实用的访题，并不会随着受访者背景不同而产生变化，因此可以降低发生偏误的可能。我们对手语研究专家辉进行了结构式访谈。访谈题目如下。

①手势汉语和文法手语的区别有哪些？

②表情在自然手语重要性怎样？是否表意？手语表情大致可分几种？表情在电视手语新闻里面的作用有哪些？

③眼神的作用有哪些？它和表情有什么关系？

④幅度在自然手语中的作用大不大？是否妨碍交流？在手语新闻中，幅度要注意哪些方面？

⑤在和聋人交流时候，速度的快慢是否影响对方的理解？在电视大众传媒上面，是不是应该注意一下速度？多快多慢合适？

⑥聋人在交流过程中的停连是怎么表示的？它在交流时的重要性大不大？是否影响理解？手语主持创作里面的停连怎么做更好？

⑦聋人手语中的重音怎么表示，想要强调的话要怎么表达？能不能分类？如果分类，大概可以分几类？

⑧您认为电视手语需要什么样的手语？

⑨如何能够让聋人看懂手语主持创作？

⑩您对手语主持创作有哪些建议呢？

⑪现在手语主持创作都是声音为主，手语听声音来打，我们能不能反过来以手语为主，先手语后期声音跟着翻译，这就涉及新闻主持问题，您觉得写主持稿件应注意哪些问题？

⑫新闻分为软新闻（生活类新闻）和硬新闻（政治类新闻），那么手语新闻需要侧重哪个新闻比较好？手语主持硬新闻应该如何应对？比如说国家主席出访周边国家等，如何协调这个关系？

（2）非结构式访谈

非结构式访谈亦可称作非标准化访谈与开放式访谈，该访谈采用不同于结构式访谈的方式，即并没有套用事先已经设计好的访谈大纲，是一种研究者自然而然与受访者深入沟通的方式。这种访谈的重心在于收集资料，以作为后续与其他相关研究方法并用时的参考依据。

我们分别对中央电视台手语主持人和《手语胡同》主持人进行了访谈。访谈主要围绕手语主持内涵、构成要素、创作的手段、方法和原则以及表情、眼神、语速、节奏感等手语主持创作手段。

（3）半结构式访谈

半结构式访谈又称引导式访谈，具有结构式与非结构式访谈之优点。研究者需根据研究的问题与目的以访谈大纲作为深度访谈时的指导方针，并依实际状况，对访谈的问题做弹性调整，让访谈进行得更为顺畅。我们对北京朝阳区聋人协会工作人员（成年聋人）和北京联合大学的聋生代表进行了半结构式访谈。

在整个深度访谈中，我们在访谈对象的选择上，特别注意代表性：聋生方面我们选择了北京联合大学的学生。她是一位重听患者，具有一定的口语表达能力，思维活跃，且有深度，具有典型性、代表性。在成年聋人方面，我们访谈了北京市朝阳区聋协工作人员，她既代表成年聋人的观点，又能反映一定的聋人团体的观点，且其在成年聋人圈交往广泛，对成年聋人的观点有很深刻的认识。

在手语专家方面，我们选择了毕业于美国加劳特德大学的聋人博士，现在英国中央兰开夏大学教育与社会科学院研究聋人教育和英国手语。其在手语研究和手语教育等多方面都有深厚的研究基础。此外，我们还选择了一位聋人博士进行了专访，其具有专业素养，尤其在手语研究和手语教育等方面具有深厚的基础。

在手语主持人方面，我们选择了中央电视台手语主持人，其能在一定程度上代表当前我国广大手语主持人。在网络手语主持方面，我们选择了我国最有影响力的网络手语主持节目的主持人。他是听障人士，在成年聋人圈交际广泛，且很有思想性，对网络手语主持有自己独到的看法。

（4）访谈基本情况表，见表0－4。

表 0－4 访谈基本情况

时间	地点
2014 年 6 月 5 日	网络视频
2014 年 3 月 19 日	北京师范大学
2014 年 3 月 19 日	教育部
2014 年 2 月 22 日	网络视频
2014 年 2 月 20 日	网络视频
2014 年 2 月 18 日	北京西单饭店 2007 房间
2012 年 10 月 9 日	北京联合大学
2018 年 10 月 17 日	北京市第四聋校
2018 年 10 月 20 日	广州市电视台

四 研究概况

我国手语主持研究尚处在刚刚起步的阶段。迄今国内出版的播音主持理论著作以及主流的播音主持期刊关注的仅仅是有声语言主持研究，较少有把手语主持列入研究范畴的。而国内已出版的手语研究著作以及期刊也只是围绕手语翻译展开讨论。手语主持的相关研究只是零散地分布在为数不多的文章中，所探讨的问题目前仅限于经验之谈。手语主持研究需要手语界和播音主持界研究者与实践者的共同关注和参与。

国内虽然手语节目众多，但是有关手语主持的研究非常少，是一个鲜有涉足的领域，能找到的文章也大都来自非正式出版的网络论坛或非学术刊物。根据 CNKI 数据库的数据统计，有关“手语”的研究，特别是电视手语主持的研究创作文章有 3832 篇，集中于对手语本体如语音、词汇、语法以及习得等方面的研究；有关“手语翻译”的文章有 274 篇；有关“电视手语节目”的文章有 37 篇。

国外有关手语主持研究始于手语翻译的研究。1964 年美国手语翻译注册中心（Registry of Interpreters for the Deaf，RID）成立之后，手语翻译研究随之兴起，至今已有 56 年的历史，大致经历了四个发展阶段，研究内容逐渐扩大、深化、细化，研究方法日渐多样化、科学化，论文、专著等成果丰硕。早期的论文探讨的问题是手语翻译涉及的不同场合、翻译质量的评估、译员的健康状况及工作环境等。20 世纪 80 年代后，探讨的话题逐渐深入，涉及手语翻译职业准则、译员角色、翻译认知问题，以及不同语言组合的特殊性等问题。20 世纪 90 年代出现了手语翻译研究专著。进入 21 世纪以来，手语翻译论文涉及的翻译类型更广，包括教育、心理咨询、法庭、医院、宗教、媒体、社区、会议等各种内容，其中手语翻译研究与媒体结合起来，就有了当今手语主持研究的雏形。研究涉及不同场合下译员的角色以及所需的技巧，讨论的问题既包括译员的工作环境、职业道德、资格鉴定、证书颁发等职业化问题，也包括质量评估、错误分析、不同语言组合等实证研究。目前，国内外手语主持相关研究也大多与手语翻译研究相结合。国内外的手语主持研究已成为翻译研究的一个重要部分。

（一）国内电视手语主持的研究现状

手语主持作为播音主持学科体系的重要组成部分，关于此方面的研究较少，特别是从播音主持学科视角出发进行的相关研究几乎没有，当前的研究多集中在以下几个方面。

1. 有关电视手语主持人的研究

马晓蓉对手语主持人的定位、风格以及应该具备的素质进行了较为详细的探讨。[①] 季筱桅认为，当前的手语新闻传译节目中手语主持人的主体地位并没有得到体现，手语的表意特点和文化差异也没有被清晰地呈现。[②]高宇翔和刘艳虹研究认为，由聋人担当手语传译员的极少，多数手语传译员由聋校教师担任，他们局限于“翻译”本身，无法满足手语新闻传译中译员对手语熟练程度、体态表达技巧和应变能力的高要求；节目制作者对聋人文化不熟悉，忽视了聋人的收视体验。[③] 付帅从手语主持人语序的角度进行了分析，通过对比聋人手语主持人和听人手语主持人在手语简单句语序使用上的差异，提出了一定的建议。[④] 刘思言对手语主持人在否定句

---

① 马晓蓉：《手语新闻主持人如何展现个性魅力》，《中国残疾人》2003 年第 4 期。

② 季筱桅：《电视手语新闻现状与对策探究》，《理论观察》2012 年第 5 期。

③ 高宇翔、刘艳虹：《中国电视新闻手语翻译：现状与展望》，《现代特殊教育》2015 年第 4 期。

④ 付帅：《电视新闻节目手语传译员简单句语序研究》，硕士学位论文，江苏师范大学语言科学与艺术学院，2018，第 57 页。

表达中的非手控特征进行了调查研究，并根据几种否定形式对手语主持人的非手控特征提出了建议。[①] 王倩倩以新闻中具有重要作用的模糊限制语为研究视角，对比分析了聋人手语主持人和听人手语主持人在模糊限制语传译中的异同点，并认为聋人主持人能够更加直观、完整地进行传译。[②]

2. 有关电视手语翻译的研究

这是当前研究的主流方向，它把手语主持视为翻译学的一个分支，通常被称为“电视手语翻译”或者“电视手语传译”，包括对手语译员、手语翻译技巧、手语译员培训等相关研究。遗憾的是，这些研究没有认识到手语主持作为播音主持体系重要组成部分的本质，尚未从播音主持学科体系出发展开对手语主持理论体系的系统研究。

研究者将其称为手语传译，更多涉及的是电视传译。肖晓燕等对电视手语传（翻）译的质量评估进行了探讨，提出了电视手语传译的质量评估指标体系。[③] 陈晓燕从服装色彩角度论述了对电视手语的影响。[④] 林腾驹通过对比中美电视手语翻译现状，探讨了目前中国电视手语翻译存在的不足。[⑤] 孟繁玲也对新闻手语翻译所存在的问题进行了论述，并提出了对策建议，同时还探讨了新闻手语翻译的社会作用。[⑥] 台湾地区的孙雅玲、刘敏华等学者对媒体传译也进行了不少实证研究，研究内容涉及传译质量以及译员训练，研究视角较为多样化，包括电视节目制作人员、译员及观众等方面不同视角。

3. 有关电视手语传播的研究

刘立成以湖北省为例，对电视手语天气预报节目的科学传播意义及

---

① 刘思言：《电视新闻节目手语传译员否定非手控特征的使用研究》，硕士学位论文，江苏师范大学语言科学与艺术学院，2018，第 57 页。

② 王倩倩：《新闻节目中手语传译员模糊限制语的使用研究》，硕士学位论文，江苏师范大学语言科学与艺术学院，2018，第 55 页。

③ 肖晓燕、李飞燕：《媒体传译的质量评估》，《中国翻译》2011 年第 2 期。

④ 陈晓燕：《服装色彩对电视手语译语质量的影响》，《福建省外国语文学会 2012 年会论文集》，第 58 页。

⑤ 林腾驹：《中美电视手语翻译现状对比——从十八大手语翻译看中国电视手语翻译的不足》，福建省外国语文学会，《福建省外国语文学会 2012 年会论文集》，2012，第 77 页。

⑥ 孟繁玲：《新闻手语翻译的社会作用及问题》，《新闻爱好者》2012 年第 1 期。

其实现方式进行了论述，提出了电视手语天气预报的传播方式与途径。①陈莹从视觉传达设计者的角度，探讨了手语与传播的关系，分析手语在传播设计中的特点和机能。② 李朵朵以厦门电视台海峡频道《新闻讲讲讲》栏目的手语新闻作为分析个案，分别从传播主体、传播内容、传播媒介以及传播受众等方面进行分析，提出了我国手语电视栏目的改进方向。③

4. 有关电视手语节目及收视情况的研究

吴信训对世界各国面向听力障碍者电视节目的现状进行了问卷调查，具体介绍了世界主要国家的电视手语节目，以及手语节目是否加字幕等情况。④ 魏伟等对电视手语新闻现状与对策进行了研究，认为当前电视手语新闻呈现出形式化、抽象化、鸡肋化的现状，手语主持人的地位较低，提出要突出手语主持人主体地位、突出聋人手语的表意特点、突出手语语言的文化特点等对策。⑤ 冉美华对大陆手语新闻收视情况进行了调查，并对手语新闻低收视率的原因进行了探讨，并提出了相关对策。⑥ 张媛从节目外在形式提出，当前电视手语节目要扩大手语主持人的画面镜头，采用滚动字幕辅助手语的表达，利用新媒体如微博、微信等，增加与聋人之间有效互动，也能够增加聋人对传译信息的理解度，并能在一定程度上提升手语传译质量。⑦

5. 有关主持手语技术的合成与识别

这是建立在3D虚拟技术基础上的手语主持研究。合成部分主要指3D合成模拟手语主持人；识别则主要指依靠手形、手势、表情、运动轨迹等进行手语的识别分析。姜丽对复杂背景下基于表观模型的手势识

---

① 刘立成：《试论开办手语电视天气预报节目的科学传播意义及其实现方式——以湖北省作为个例进行的分析》，2006年第五届亚太地区媒体与科技和社会发展研讨会论文集，2006。

② 陈莹：《论手语的视觉特征》，中国机械工程学会工业设计分会会议论文集，2011。

③ 李朵朵：《传播学视野下的中国手语电视栏目研究——以厦门电视台〈新闻讲讲讲〉为例》，硕士学位论文，厦门大学外国语学院，2011，第78页。

④ 吴信训：《世界大众传播新潮》，四川人民出版社，1994，第123页。

⑤ 魏伟：《电视手语新闻的问题与建议》，《中国有线电视》2011年第5期。

⑥ 冉美华：《手语新闻收视的调查与思考》，《中国残疾人》1998年第9期。

⑦ 张媛：《电视手语新闻切莫"自说自话"》，《电视研究》2015年第11期。

别进行了研究。[①] 刘美成对手语视频中头部姿态识别进行了探讨。[②] 此外，孙竞等还对手形、手势、表情、运动轨迹等进行了识别分析。[③] 何文静通过提出勾勒手指轮廓边缘等算法，以及利用蒙皮等技术对虚拟手语主持人合成的技术实现进行了研究。[④]

（二）国外电视手语主持的相关研究现状

跟国内研究相似，国外也同样鲜有从播音主持学科体系出发对手语主持的研究。国外的研究也多集中在手语翻译、手语的合成与识别等几个方面，但是这些研究与国内相比起步较早，相关研究也更为成熟。

1. 有关电视手语主持翻译研究

Steiner 从翻译学视角对英国电视手语的理解及产出进行了探讨；[⑤] Kurz 等对意大利电视手语翻译中翻译员所遇到的问题进行了分析，并提出了有利于手语翻译员培训的课程。[⑥]

2. 有关电视手语主持节目的研究

Kurz 等就英国观众对电视手语节目的收视爱好进行了研究，并对奥地利广播公司（ORF）的电视手语节目发展历程进行了研究；[⑦] Steiner 等人对德国电视手语天气预报语料库进行了分析。[⑧]

---

① 姜丽：《复杂背景下基于表观模型的手势识别研究》，硕士学位论文，东北大学计算机科学与工程学院，2009，第 65 页。

② 刘美成：《手语视频中头部姿态识别的研究》，硕士学位论文，大连海事大学信息科学技术学院，2013，第 75 页。

③ 孙竞：《聋人面部表情识别与识谎研究》，硕士学位论文，云南师范大学教育科学与管理学院，2011，第 42 页。

④ 何文静：《面向手语合成的运动基元获取方法研究及实现》，硕士学位论文，湘潭大学，2010，第 39 页。

⑤ Steiner B. , Signs from the void: the comprehension and production of sign language on television, *Interpreting* 3 (2), (1998): 99 - 146.

⑥ Kurz I. , Overcoming language barriers in European television, in D. Bowen / M. Bowen (eds) Interpreting Yesterday, Today and Tomorrow, Binghamton New York, Suny, 1990: 168 - 175.

⑦ Kurz I. / P, chhacker F. , Quality in TV interpreting, in Y. Gambier (ed.) Audiovisual Communication and Language Transfer. Proceedings of the International Forum Strasbourg. Translatio, Nouvelles de la FIT Newsletter 14/3 - 4, 1995: 350 - 358.

⑧ Steiner B. , Signs from the void: the comprehension and production of sign language on television, *Interpreting* 3 (2), 1998: 99 - 146.

3. 有关电视手语主持合成与识别的研究

该研究在国外同样是研究的热点，比较有代表性的，如 Grossman 设计并合成了电视手语的表情；还有学者对电视手势运动轨迹进行了合成分析。[①]

综上所述，目前对手语节目中系统完整的手语主持的研究，面临着以下几个问题。

①没有从播音主持学科体系出发对手语主持进行分析。

②关于手语主持现状问题研究，缺乏基于语料库的对我国手语主持现状的全面分析，所得出的结论往往是建立在个别手语主持节目基础上，这种结论是否具有普遍性还难以确定。

③对当前手语主持现状存在问题和对策的分析，缺乏大规模受众调查，研究者多是从个人经验出发，结论主观性较强。研究者提出的研究对策，较为模糊和笼统，操作性不强。

因此，本书将从大的播音主持学科体系出发，尝试找出手语主持创作与一般播音主持创作的异同，并通过对大量手语电视主持视频语料的分析，结合问卷调查、深度访谈方法，在充分考虑以往研究的弊端的基础上，尝试性地构建一个相对完整、科学、系统的电视手语主持创作理论学科体系。此外，通过对电视手语主持语料库的分析，进一步全面描写电视手语主持创作理论体系中各要素当前现状以及存在的问题；同时根据对受众满意度调查等研究，找出当前受众最满意的手语节目，从而为未来电视手语主持节目的发展提出较为科学的建设性标准。

（三）中国电视手语主持发展历程

电视手语主持是以手语为传播手段，以听障群体为服务对象的一种特殊的传播活动。当前，我国有 2800 多万听障人士，电视手语主持在帮助他们了解国家政策，获取知识信息，进行情感娱乐和积极参与社会活动等方面发挥了重要作用。作为与有声语言播音主持相对应的一种独特的主持形态，与有声播音主持一样，手语主持也是一种重要的播音主持艺术类型，也是播音主持理论体系和学科体系重要的组成部分。

---

① Grossman, R. , & Kegl, J. To capture a face: A novel technique for the analysis and quantification of facial expression in American Sign Language, *Sign Language Studies*. 6 (3), 2006: 23 - 24.

我国自1978年首个电视手语节目录制播放至今，电视手语主持节目已有42年的历史。在这42年间，电视手语主持取得了巨大发展，手语主持人队伍日益壮大，手语主持模式更加成熟丰富，手语主持节目类型发展迅速，手语主持语言规范化程度不断提高，手语主持传播力、手语主持教育都得到加强。目前，可以认为，我国具有中国特色社会主义的手语主持体系已初步建立。

从42年的发展历程来看，本书将我国电视手语主持发展分为三个阶段，即萌芽阶段（1978～1988年），发展阶段（1989～2011年），成型阶段（2012年至今）。下面将对每一阶段发展特征进行详细阐述，并就未来电视手语主持发展提出建议性思考。

1. 电视手语主持的萌芽期（1978～1988年）

1978～1988年是我国电视手语主持发展的萌芽时期。在这10年时间里，电视手语主持节目从无到有，并取得了一定程度的发展，但是我国的电视手语主持还只是刚刚起步。

（1）电视手语主持萌芽期的标志性发展

在电视手语主持发展史上，有两档手语主持节目是不可越过的，一个是1978年播出的《学一点手语》，另一个是1984年播出的《聋人手语节目》。这两档节目的手语主持是萌芽时期电视手语主持发展的标志。

1978年，《学一点手语》在上海电视台二台播出，它是一档电视小品，主要是以推广手语为目的。此节目是手语推广性节目，严格意义上来说不是真正的手语主持性节目，但是它已经包含了手语主持的一些基本形态，即主持人通过电视这一大众媒体，运用手语这一传播手段，完成了基本的传播活动。因此，我们将《学一点手语》中主持人的创作活动定义为电视手语主持发展的开端，也可以叫作电视手语主持发展的史前阶段。

另一档在此时期具有标志性的电视手语主持节目就是在广东电视台开播的《聋人手语节目》，该节目于1984年10月30日首播。该节目的开播标志着我国电视手语主持的真正开端。20世纪80年代初，大陆刚刚改革开放不久，跟港澳台及国外相比，我国电视手语主持还基本处于空白。由于受香港等地电视手语节目的影响，作为改革开放的前沿地区，广东开办了我国大陆地区第一档真正意义上的手语主持节目《聋人手语节目》。该节目是一档电视专题节目，包括社会纵横、法制教育、旅游天地等板块，主要选择与聋人相关故事作为节目播出素材；主持人由广州特殊学校手语教师担任，潘险峰、文丹丹、卢婉玲和王凤萍均担任过该节目的手语主持人；播出频率为每周两次；主持样态主要为录播；主持的语言主要使用的是《聋哑人通用手语图》打法；主持方式为简单的对图翻译，一般缺少主持人自己的二次创作。

（2）电视手语主持萌芽时期的基本特征

在萌芽时期，我国的电视手语主持尚处于起步阶段，手语主持各基本形态刚刚出现。如新闻这一重要的电视手语主持类型尚未出现；手语主持人皆为听力健全人，尚未出现聋人等其他主持人形态；手语主持主要为单一翻译形态，手语使用也较为刻板。这些特点实际上与当时残疾人事业发展的大背景息息相关：改革开放初期，我国对残疾人事业的重视程度，特别是对残疾人文化活动的重视程度远不及现在。1987 年 7 月，《残疾人工作宣传提纲》才明确提出，凡是健全人需要的物质生活和精神生活，残疾人同样需要，我国要大力推进社会主义精神文明建设，这为我国电视手语主持的发展提供了一定政策条件。1988 年，中国残疾人团体联合会正式成立，这在我国残疾人事业发展史上具有里程碑意义，为今后残疾人事业发展和电视手语主持发展提供了保障。中国残联首届全国代表大会特别强调要利用电视等公共宣传媒介对残疾人和残疾人事业加大宣传。借助这些政策的东风，残疾人事业的宣传渠道和社会影响日益扩大，我国电视手语主持事业也在萌芽中发展，并取得了一定成绩。

2. 电视手语主持的发展期（1989～2011 年）

经过第一阶段的萌芽起步，1989～2011 年，随着改革开放的深入推进，我国残疾人的精神文明建设被提上了日程，电视手语主持进入了快速发展期。1996 年，《中国残疾人事业“九五”计划纲要（1996 年—2000 年）》配套实施方案明确提出：“中等以上城市电视台要普遍开办配有手语的专栏节目，县级以上广播电台普遍开播残疾人专题节目。”① 2008 年 7 月 1 日起施行的《中华人民共和国残疾人保障法》第四十三条提出：“开办电视手语节目，开办残疾人专题广播栏目，推进电视栏目、影视作品加

① 《中国残疾人事业“九五”计划纲要执行情况统计分析报告——残疾人宣传文体工作情况》，中国残疾人联合会网，http：//www.cdpf.org.cn/sjzx/tjgb/200711/t20071127_357672.shtml。

配字幕、解说。”[①] 这在我国电视手语主持发展史上具有重要意义，也为我国电视手语主持发展提供了坚实的法律保障。在这一时期，我国电视手语主持节目数量迅速增长，节目类型不断增加，出现了诸如新闻、服务、娱乐等类型的电视手语主持节目；手语主持人由萌芽时期完全由听人担当，演变为听人、聋人及虚拟主持人多种形态共存的状况；手语主持语言由纯粹的手势汉语转变为自然手语和手势汉语并重；手语主持模式更加丰富，由上个时期单纯对节目内容进行翻译转变为翻译和主持兼备。

（1）电视手语主持节目的发展

这一时期，电视手语主持节目的快速发展主要表现为手语主持节目数量的增加和手语主持类型的丰富。

在电视手语主持节目数量方面，《中国残疾人事业“九五”计划纲要执行情况统计分析报告——残疾人宣传文体工作情况》显示，到 2000 年底，已开辟省级电视手语栏目 35 个（含部分省会城市），地市级电视专栏 273 个。除西藏特批同意外，尚有海南、湖北、青海三省未开播电视手语新闻。由于条件尚未具备，部分省会城市及多数中等以上城市电视台未能开播手语新闻栏目。经过 10 余年的发展，“截至 2019 年底，全国共有省级残疾人电视手语栏目 32 个；地市级电视手语栏目 272 个”[②]。10 余年来，电视手语栏目数量增幅无明显变化，仍存在一定不平衡现象，如上海有两档市级电视手语主持节目，而湖南、西藏、新疆等省尚未开设省级电视手语主持节目。

在电视手语主持节目类型方面，这一时期手语主持节目类型实现了大的突破。1989 年 5 月 7 日，北京电视台《手语一周新闻综述》的开播，标志着我国当前最重要的手语主持类型新闻手语主持诞生。此后，专题类、访谈类、娱乐类、晚会类等电视手语主持节目相继开播。1994 年，我国第一档专题类手语节目——天津电视台《我们同行》开播，该节目主要以弘扬残疾人自强不息的奋斗精神，鼓励残疾人积极平等参与社会生活为主题。2000 年，上海电视台新闻综合频道娱乐类节目《时事传真》开

① 《中华人民共和国残疾人保障法》，法律图书馆网，http：//www. law - lib. com/law/law_view. aspid = 562。

② 《2019 年残疾人事业发展统计公报》，中国残疾人联合会，http：//www. cdpf. org. cn/sjzx/tjgb/202004/t20200402. 674393. shtml。

播，该节目最初以15分钟的手语集锦的形式呈现，2010年转变为每天半小时的手语直播，体现了以听障受众为中心节目制作意识的转变。2005年，中国残疾人艺术团的聋人主持人姜馨田担任了春节联欢晚会中《千手观音》的主持工作，这是我国电视手语主持晚会类节目的开端。

（2）电视手语主持模式及形态的发展

电视手语主持模式是指主持人在电视中运用手语进行信息传播的创作行为。根据手语主持人对节目的把控力和参与程度，电视手语主持模式可以分为主导型、参与型和配合型三种。在电视手语主持发展期，这三类主持模式都已出现，但主导型、参与型所占比例较低，配合型手语主持是这一时期最主要的主持方式。上海电视台《时事传真》、常州电视台《常州日报》是主导型主持的代表性节目。这类主持的典型特征是以聋人作为主持人，主持人在整个传播活动中占有绝对主导地位，控制着整个主持活动的进展。黑龙江卫视《点击七日》、贵州卫视《手语新闻》的主持是参与型主持的代表，这类主持一般包括两类状况：一类是手语主持人独立出镜，主持语速、节奏处于独立状态，但主持内容及语言形式完全受限于文字稿，所使用语言主要是手势汉语逐字翻译，语言独立性较弱；另一类是手语主持人与口语主持人搭配出镜，手语主持的语速、节奏独立性较弱，但是手语主持内容和语言形式表达则相对独立，主持人更多是从新闻内容出发，运用手势汉语和自然手语相结合的方式进行相对独立表达。作为这一时期最主要的主持类型——配合型主持，一般是手语主持人和口语主持人共同出镜。主持人无论是在主持内容、语言表达，还是在节奏、语速、轻重、停顿连接等多个方面都受制于口语主持人，处于完全附属地位。

在此期间，电视手语主持形态也发生了一定变化。在电视手语主持发展初期，节目大多以录播为主，如浙江卫视的《爱心浙江》等。随着手语主持节目的不断发展，尤其是新闻手语主持节目，为保证新闻的时效性，节目大都以直播的形式进行，如北京卫视的《新闻手语》、上海电视台转型后的《时事传真》等。

（3）电视手语主持人队伍的发展

随着电视手语主持节目数量的增多，我国电视手语主持队伍也在不断扩大。截至2011年，我国电视手语主持人类型比第一个时期更加丰富，出现了三种不同类型的主持人，即听人手语主持人、聋人手语主持人及虚拟手语主持人。其中，听人手语主持人出现最早，多数由聋校手语教师兼任，在三种手语主持人中占比最高。聋人手语主持人的出现要追溯到2005年，常州电视台《常州日报》开播，聋人郭莺担任手语主持人，这是我国电视手语主持史上首次由聋人担任主持人。正因为聋人主持人的加入，我国的手语主持模式开始由配合型手语主持向主导型手语主持转变。2007年，手语主持人类型进一步增加，虚拟手语主持人出现，北京卫视《新闻手语》节目在全国第一次起用数字模拟机器人担任手语主持人。由于我国手语合成技术发展还不成熟，尤其是在手语主持韵律技术处理方面研究不足，虚拟手语主持信息传递有可能导致听障人士信息理解错误或理解不完整，虚拟主持并未广泛和长期存在，北京卫视的虚拟手语主持也于2010年停播。随着手语主持研究的深入，特别是手语合成技术的进一步发展，虚拟手语主持仍将会迎来新的突破。

3. 电视手语主持的成型期（2012 年至今）

2012 年至今是我国电视手语主持发展的黄金时期，尤其是党的十八大以后，在前两个时期发展的基础上，电视手语主持进入了成型期，手语主持各种形态已基本形成，手语主持地位得到确立，手语主持传播力大增，手语主持的教育等各方面发展都实现了突破。

（1）电视手语主持地位得到确立

党中央、国务院历来高度重视电视手语主持工作，《中华人民共和国残疾人保障法》、中国残疾人事业“九五”“十五”等系列计划纲要都明确提出要开办电视手语节目，这都极大促进了电视手语主持的发展。党的十八大以来，以习近平同志为核心的党中央坚持以人民为中心的发展思想，对残疾人格外关心、格外关注，明确提出全面建成小康社会，残疾人一个也不能少。2015 年 1 月，中共中央办公厅、国务院办公厅印发的《关于加快构建现代公共文化服务体系的意见》提出，鼓励和支持有条件的电视台增加手语节目。“党的十九大描绘了决胜全面建成小康社会、开启全面建设社会主义现代化国家新征程的宏伟蓝图”，对促进新时代我国残疾人事业发展，对新时代电视手语节目及主持发展提出了新要求。[①]

① 《韩正：在中国残疾人联合会第七次全国代表大会上的致词》，中国残疾人联合会网，http://www.cdpf.org.cn/yw/201809/t20180914_637051.shtml。

2015 年 10 月，中国残联、教育部、国家语委、国家新闻出版广电总局联合制定的《国家手语和盲文规范化行动计划（2015—2020 年）》，明确提出要加强手语主持研究与推广；2017 年国家语言文字工作委员会工作要点，指出要加强手语主持研究与推广；2018 年国家语言文字工作委员会工作要点，不仅提出要加强手语主持研究和人才培养，还强调要建设手语主持语料库。这些文件不仅提出要推动电视手语节目发展，更是从国家战略的高度明确把手语主持工作作为未来的发展重点，手语主持地位得到了有效确立。自此，我国的手语主持工作将会迎来一个新的发展机遇期。

（2）电视手语主持传播力增强

“传播力，是指传播主体充分利用各种手段，实现有效传播的能力。”① 而电视手语主持的传播力即电视手语主持人借助手语节目实现有效传播的能力，衡量电视手语主持传播力的标准不仅取决于传播的广度，也取决于传播的精度和效果。与前两个时期相比，这个时期，电视手语主持传播力无论是在传播广度，还是传播精度方面，都取得了跨越式发展。

从传播广度来看，点、面两方面传播力都实现了大的突破。从点上来看，2011 年底，中央电视台《共同关注》首次配备手语主持，实现了国家台电视手语主持零的突破；2018 年 9 月 14 日，央视《新闻联播》历史性配备手语主持人播报中国残疾人联合会第七次全国代表大会新闻。中央电视台《共同关注》《新闻联播》等配备手语主持大大提升了电视手语主持的传播广度和传播效果。从面上来看，根据《2019 年残疾人事业发展统计公报》，截至 2019 年底，“全国共有省级残疾人电视手语栏目 32 个；地市级残疾人电视手语栏目 272 个”②。此外，我国很多县级电视台也开设了电视手语主持节目，如浙江富阳的《富阳新闻》、江苏栖霞的《小芮说新闻》等。从全国范围看，我国已经形成了中央、省、市、县的四级电视手语主持节目体系，对于电视手语主持传播力的提升有巨大推动作用。

从传播效果来看，除上一时期出现的新闻类、专题类、晚会类及娱乐类手语主持之外，我国电视手语主持节目又出现了社教类和服务类等新的

---

① 多丽娅：《新闻媒体如何加强传播力?》，《新闻论坛》2013 年第 4 期。

② 《2019 年残疾人事业发展统计公报》，中国残疾人联合会，http：//www. cdpf. org. cn/sjzx/tjgb/202004/t20200402_67439. shtml。

类型，如 2012 年，成都市金牛有线电视台开播的《欢行手语》，就是一档公益性社教节目。2016 年，青海广播电视台经济生活频道开播了我国第一档生活服务类手语主持节目《一时间生活》，其内容涵盖衣食住行、理财健康、文化娱乐和消费等领域。这些新节目类型的出现，有效满足了聋人受众全方位的收视需求，大大提升了手语主持传播效果。

此外，2018 年 7 月 1 日，《国家通用手语常用词表》由国家语言文字工作委员会规范标准审定委员会审定，作为语言文字规范正式实施。作为手语中的“普通话”，国家通用手语的全面实施，尤其是在电视手语主持中的全面实施，将会极大扩大电视手语主持的传播范围，有效提高其传播力。

（3）电视手语主持教育发展

有声语言播音主持教育已有超过 50 年历史，目前已形成了从本科到硕士、博士、博士后培养的完整教育体系，全国有超过 200 所高校招收播音主持本科专业，整个播音主持教育体系非常成熟。作为播音主持体系的重要组成部分，手语主持教育发展却还有很大差距。可以说在前两个时期，我国手语主持教育一直处于空白状态。党的十八大以后，手语主持教育才有了一定突破。2013 年 7 月，教育部、国家语委联合建立了我国第一个手语主持专业硕士研究生培养点，开启了我国手语主持教育的篇章。该硕士点招生设置在戏剧影视学科下，由江苏师范大学与南京特殊教育师范学院联合招生，截至目前，共培养手语主持专业研究生 12 人。

在手语主持人才培训方面，《国家通用手语常用词表》发布后，我国电视手语主持人培训取得突破。2017 年，中国残疾人联合会、教育部、国家语言文字工作委员会、国家新闻出版广电总局联合举办“全国电视台手语主持人国家通用手语培训班”，这是全国首次组织国家级的手语主持人培训，有效推动了手语主持教育发展。本次培训将两种手语主持和有声语言播音主持方有效融合，不仅培训了手语主持人的国家通用手语，还加授了有声语言播音主持课程。重庆等地方手语主持人才培训在《国家通用手语常用词表》颁布实施后也开始组织实施，这类国家、省（区、市）专项手语主持人培训对推动手语主持教育发展发挥了很大作用。

4. 关于电视手语主持发展的思考

“进入新时代，我国社会主要矛盾已经转化为人民日益增长的美好生活需要和不平衡不充分发展之间的矛盾。”① 思考未来电视手语主持发展必须牢牢把握我国新的社会主要矛盾这条主线。当前广大听障人士正在由对物质生活的追求转向对精神文化的追求。在 2020 年全面建成小康社会以后，满足听障人士的精神文化生活将是我国残疾人事业发展的重点。电视手语主持作为听障人士精神文化追求的重要载体，还存在很多不平衡不充分发展的现象。电视手语主持节目类型仍以新闻类为主，其他节目类型虽已出现，但发展水平较低，数量较少，无法满足聋人受众丰富文化生活的需要，多类型、高质量手语主持节目，专门为聋人受众服务的频道亟待发展。电视手语主持人队伍仍主要由聋校教师兼任手语主持人，尚未形成一支独立的主持人队伍，手语主持人仍以听人为主，聋人或者虚拟主持人占比太小，主持人队伍需要进一步多元化；手语主持教育仍停留在硕士人才培养层面，手语主持多层次教育需要不断突破，本科生培养，以及博士、博士后等高层次人才培养尚有很大发展空间；播音主持理论研究多关注有声播音主持研究，鲜有将目光聚焦于手语主持研究，无论是手语主持理论体系建设，还是手语主持语料库研究，手语主持合成与人工智能等方面都还有很大研究空间。

总之，电视手语主持事业作为残疾人事业发展的重要组成部分，需要全社会的关注和支持，更需要更多听障人士、媒体人、研究者的参与，共同推动我国这项残疾人文化事业的发展。

---

① 潘小刚：《为什么说我国社会的主要矛盾已经转化为“人民日益增长的美好生活需要和不平衡不充分的发展之间的矛盾”》，《湖南日报》2017 年 11 月 23 日。

第一章　电视手语主持创作基本理论

第一节　电视手语主持创作的内涵

一　手语主持创作与有声语言播音主持创作异同

目前，手语主持创作已经在很多国家引起政策层面的重视。2015 年 1 月 25 日国务院发布的《国务院关于加快推进残疾人小康进程的意见》提出了鼓励电视台开办手语栏目，主要新闻栏目加配手语解说和字幕的要求。中国残疾人联合会、教育部、国家语委、国家新闻出版广电总局联合发布的《国家手语和盲文规范化行动计划（2015—2020 年）》已明确提出将加强手语主持研究纳入未来残疾人工作的重要任务。英国 1996 年实施的《广播电视法案》规定，到 2005 年，广播电视节目必须有不少于 5% 的节目使用或翻译成手语，并制定了制度约束翻译者如何在电视媒体上工作。

今天，手语主持研究特别是电视手语主持研究已经上升为服务于国家重大战略政策的需求。加快残疾人小康进程，推动残疾人无障碍已成为落实党的十八届三中全会提出的健全残疾人权益保障制度的重要举措。早在 2013 年，我国就已开设省市级、地市级电视手语主持节目 214 个，覆盖了我国 96% 的省份。[①] 当前，我国节目类型多样，涵盖新闻、生活资讯、娱乐、晚会等多种类型，大陆地区多以新闻类为主。这些节目类型以聋人为主要受众，以手语为主要创作手段。作为一种信息传播活动，手语传播跟以有声语言为主的创作手段具有相同的规律性，都是以语言为载体进行信息传播。从一定程度上来说，二者具有相似的传播规律和创作规律。手语

---

① 中国残疾人联合会：《中国残疾人事业统计年鉴—2013》，中国统计信息网，http://www.tjcn.org/tjnj/ccc/28717.html。

传播与有声语言的播音主持相互补充，共同构成了大的播音主持学科体系。由于该信息传播活动的创作手段具有独特的特异性，我们把这种创作活动定义为“手语主持创作”。

然而，究竟什么是“手语主持创作”？其核心就是要辨清其与有声语言播音主持（简称播音主持）之间的关系。

手语主持创作和有声语言的播音主持创作本质上都是将源语信息重新编码为目的语信息，促成交际各方的理解和交流，进行信息传递的传播活动。从传播学的角度来看，与播音主持传播相同，手语主持传播也是由传播主体、传播客体和受众构成的。手语主持人和播音员主持人都是信息传播的“媒介”和“桥梁”。根据语料库调查，我们也发现当前的手语主持创作类型已经在很大程度上向播音主持靠拢，其主持形态也较为丰富，包括新闻主持、访谈类主持以及一些生活服务类主持等。与此同时，手语主持与播音主持作为各自节目的主要传播主体，均占有着重要的地位，是电视等传媒的关键一环。手语主持在大众媒体中的地位，也可概括为“传播前沿”“中介工序”“联系纽带”。手语节目经过前期的采编后，所有的视觉稿件或有声语言稿件都要通过手语主持环节最后传播出去，前面的所有准备工作，都要输送到这个前沿阵地以实现最终的传播目的，完成信息传递的任务，即为“传播前沿”。在电视、网络传播中，所有的创作活动都通过手语主持这一关键一环来体现，可以说电视手语主持凝聚了所有创作活动的成果，即为“中介工序”。传媒，是党和政府联系人民群众的桥梁和纽带。手语主持正是这桥梁和纽带的凝结点。在进行手语主持创作时，手语主持人与受众构成了一条传输与反馈双向交流的渠道，有力地促进了聋人沟通无障碍环境的建设，即为“联系纽带”。

虽然手语主持和有声播音主持具有极大的相似性，但是手语主持又具有其独特内涵，其特殊性主要表现在创作主体、创作手段、受众以及信息传播方式四个方面。

手语主持的创作主体分为单主体和双主体。单主体包括聋人和健听人主持两种类型。根据调查，健听主持人以大陆为主，多为聋人教师；港、澳、台地区聋人主持人占70%。双主体由聋人和健听人共同构成，在创作过程中实行同步创作：健听主持人通过有声语言传播信息，聋人主持人则通过手语传播信息，传播的内容相同，传播方式不同。这种形式更多存在于手语新闻类节目中。

创作手段上，播音主持主要以有声语言为主，电视手语主持主要以视觉语言为主，运用手语和副语言等视觉语言创作。而视觉语言创作主要是由手语符号本身以及主持人的手势幅度、停连、速度、节奏、流畅度等创作要素，辅之以眼神、表情等副语言共同完成。

在受众方面，播音主持的受众主要是听人，手语主持的受众则是多层次的，主要是以聋人为主听人为辅，其中聋人占大多数。根据调查，受众的群体主要集中在成年聋人，当然也不排除一些听人受众，特别是以聋人家庭为单位的受众。而在港、澳、台地区，听人受众所占比例要比大陆地区高。受众的不同直接影响着两者在信息接收方式上的不同。

在信息传播方式上，播音员主持人以视听结合的方式传递信息，受众通过声音和画面相结合的方式接收信息。手语主持人则有所不同，由于创作来源主要分为有声语言和文字语言两种，这就决定了传播手段分为两类：一种是由听觉语言向手语转换的传播；另一种是文字语言向手语转换的传播。研究表明，港、澳、台地区的创作来源以视觉语言为主，大陆地区的手语主持创作来源则主要以听觉语言为主。

根据我们的调查，当前在电视、网络等大众传媒上，以手语为主要创作手段进行信息传播的活动有多种类型，具体可以分为以下几类：第一类是以中央电视台《共同关注》为代表，属于新闻类手语主持；第二类以广州王笑芬的《天气预报》为代表，属于服务类手语主持；第三类是娱乐类手语主持，以宋晓波主持的《时事传真》为代表。除此之外，网络上还出现了一些手语节目，以《手语胡同》为代表，属于网络手语主持。手语主持是一种在电视等大众传播媒介中所形成的传播行为，这就要求所有的创作主体必须遵守电视等大众媒体的传播规律。在进行创作时，创作主体首先要认清自己党的宣传员的本质，要根据自己的理解对所表达的信息进行必要的强化、弱化和淡化处理，而不是完全照搬。对于如《共同关注》这一类型节目的创作活动而言，创作主体的主持行为来源于其对“口播播音员”话语的“翻译”。但实际上作为创作主体的手语主持人同样要受到大众传播规律的制约，要受到党性原则的制约，要坚持马克思主义的新闻观，要对表达的信息进行编码，要考虑到聋人文化等综合因素。总之，这种表面上的翻译行为实际上就是一种再创造的主持行为。

二　当前不同的手语主持创作观

关于手语主持创作的内涵，目前尚无统一认识。但是，当前在电视、网络等大众传媒中，以手语为主要创作手段的这一信息传播活动，关于其名称学术界有不同的界定。其中孟繁玲把这一活动称为“电视手语翻译”[①]，陈英将这一活动称为“电视手语播音”[②]，李朵朵等把这一行为称为“电视手语播报”[③]，马晓蓉把这一活动叫作“电视手语主持”[④]。我们可以看出目前对以手语为主要创作手段借助媒介为聋人受众服务的这一活动的名称界定较为混乱，到底对这一活动的名称界定为何，我们下面将予以具体分析。

1. 关于手语翻译观

手语翻译观是当前对这一传播活动名称的主流表达，大多称为电视手语传译或电视手语翻译。它们的共同特点是将这一创作活动纳入手语翻译的研究范畴。国外早期研究手语的重点主要便集中在手语翻译领域。1964年美国手语翻译注册中心（Registry of Interpreters for the Deaf，RID）成立之后，研究人员开始关注手语在社会生活中的使用，早期的论文主要反映了手语翻译员的个人观点和实践经验，在《美国聋人纪事》（*The American Annals of the Deaf*）、《聋人康复杂志》（*The Journal of Rehabilitation of the Deaf*）、《手语研究》（*Sign Language Studies*）等杂志和一些会议论文集里对手语翻译进行了探讨，涉及了翻译场合（如课堂、医疗、法庭手语翻译）、翻译质量（如译员能力、质量评估）和职业问题（如译员的工作环境）、认知问题（如理解、推理）、职业道德、译员角色、手语翻译研究、语言学等[⑤]。在这些论文中，谈翻译场合和翻译质量的文章最多。关于翻译质量的论文几乎都在讨论手语翻译使用者对译语的理解。

目前我国大陆主要是坚持手语翻译观。除此之外，国内当前有小部分

---

① 孟繁玲：《新闻手语翻译的社会作用及问题》，《新闻爱好者》2012年第1期。

② 陈英：《电视手语新闻的问题与建议》，《新闻爱好者》2009年第4期。

③ 李朵朵：《传播学视野下的中国手语电视栏目研究——以厦门电视台〈新闻讲讲讲〉为例》，硕士论文，厦门大学外国语学院，2011，第74页。

④ 马晓蓉：《手语新闻主持人如何展现个性魅力》，《中国残疾人》2003年第4期。

⑤ 肖骁燕、王继红：《手语翻译研究——模式、内容及问题》，《中国特殊教育》2009年第2期。

手语节目类型已经突破了手语翻译这一范畴，首先出现了类似于有声语言谈话节目的手语节目，如上海电视台《时事传真》等节目也是以聋人作为创作主体，也已超出了手语翻译所能覆盖的范畴；除此之外还有一种节目形式，如黑龙江卫视的《点击七日》，创作主体使用手语和有声语言进行同步信息传播活动，也已突破了翻译的范畴。通过以上论述可以看出，当前只用手语翻译这一概念来概括这一活动是不准确的。

2. 关于手语播报观

狭义上的“播音”是指播音员主持人运用有声语言和副语言，通过广播电视传媒进行信息传播的创造性活动。从创作活动来看，手语活动本身就是一种视觉语言传播活动，属于传播声音的活动，所以用手语播音来概括以手语为主要创作手段借助媒介为聋人受众服务的这一活动是不正确的。

“播报”是指通过广播、电视播送报道，主要是针对有声语言的播音主持提出来的，是播音创作系统中表达样式的一种。所以用“电视手语播报”来概括这一活动也不合适。

3. 关于手语主持观

“播音”是指播音员运用有声语言和副语言，通过广播、电视、网络等传媒进行的传播活动。“主持”是指在广播、电视等传媒中，主持人和播音员等以个体出现，代表媒体，用有声语言和副语言对节目传播进程的驾驭活动。“播音”和“主持”最明显的区别有两点：一是以个体出现，二是对传播活动的驾驭能力。与“播音”相比，主持概念没有针对有声语言这一创作手段的特殊要求，概念包容性较强。此外，“主持”这一创作活动跟以手语为主要创作手段的本质是一样的。因此，本书将以手语为主要创作手段借助媒介为聋人受众服务的这一活动称为“手语主持创作”，其活动主体称为“手语主持人”。

20 世纪 80 年代以后，国外对手语进行了一定程度的探讨，不同于早期对手语翻译的界定，这一时期的研究已经开始涉及在电视传媒中手语表达的规范性。以手语主持人为主，手语职业成为关注的重点。这一时期的研究涉及了职业问题、质量问题、职业道德、译员角色、语言问题（如语言学、语言组合、语言结构、话语分析）和认知问题（如翻译过程中大脑的工作机制、记忆机制）的研究。

国外对电视手语主持的研究在近年来不断深入，取得了很多共识。对于手语主持的创作过程，英国的电视手语节目中有两种形式，一种是标题新闻概要，一种是每周新闻评述。在这两种形式中，手语主持人需要介绍他们自己和口语主持人，在介绍新闻内容的过程中还要和口语主持人有适当的互动。手语主持人需提前进入事先准备好的脚本，考虑好在信息传达过程中的表现，并跟随提词器呈现的内容进行表达。两种形式下，手语主持人都需要阅读英语脚本，准备脚本的英国手语翻译，再根据提词器上的英文呈现展示英语手语版的信息。

在进行手语主持创作时，无论是手语主持人还是口语主持人，要想达到有效连贯的主持效果，必须掌握一定的技巧和策略，包括对文本的精读，信息流的控制，根据手语主持人和观众的需求将文本分割成或大或小的组块，团队监控与支持、阐述及语境化的流程或信息的组织。聋人观众对信息的可及性这一点对于手语主持非常重要。

"跨文化能力"是手语主持人必须精通的技能，有效的手语主持需要同时具备语言学和文化学双视角。这类视角的形成需要主持人具备手语和聋人社群文化体验的本土化能力。这样目标信息才可以得到有效的传达。

聋人观众认为，手语主持的内容应该具备符合聋人自然语言特征的参数，需有效地契合其"信息存储、情感和文化视角"等特征，这是手语主持的关键。从翻译学的角度讲，任何对口语的翻译，最佳效果便是将其译成受众的母语，而聋人观众的母语便是手语。

根据我们的调查，当前在电视、网络等大众传媒上，以手语为主要创作手段进行信息传播的活动有多种类型，具体可以分为以下几类：第一类是以中央电视台《共同关注》为代表，这种创作活动更多地接近于手语翻译；第二类以北京电视台《新闻手语》为代表，属于新闻类手语主持；第三类以湖北台手语《天气预报》为代表，属于生活服务类手语主持；第四类是晚会类手语主持，以姜馨田为代表；第五类以《手语胡同》为代表，属于网络手语主持。手语主持创作是一种在电视等大众传播媒介中开展的传播行为，要求所有的创作主体必须遵守电视等大众媒体的传播规律。在创作时创作主体首先要认清自己党的宣传员的本质，要根据自己的理解对所表达的信息进行必要的强化、弱化和淡化处理，而不是完全照搬。对于如中央电视台《共同关注》这一节目的创作活动而言，创作主体的主持行为来源于其对“口播播音员”话语的“翻译”，但实际上作为创作主体的手语主持人同样要受到大众传播规律的制约，要受到党性原则的制约，坚持马克思主义的新闻观，要对表达的信息进行编码，同时考虑到聋人文化程度等综合因素，总之，这种表面上的翻译行为实际上就是一种再创造的主持行为。

根据已有的研究，本书认为，手语主持创作是指在电视、网络等大众传媒中，手语主持人（包括听人和聋人）以手语为主要创作手段，以聋人为主要受众所进行的视觉语言信息传播活动。

三 电视手语主持创作的内涵

根据上文论述，电视手语主持创作是在电视媒体中，手语主持人以手语为主要创作手段，以聋人为主要受众所进行的规范的信息传播活动。电视手语主持作为一种信息传播活动，具有自身的独立性和特殊性。在实践运用中，电视手语主持创作有着丰富的外延，根据当前电视手语主持节目类型，可以把电视手语主持创作归纳为不同的形式和内容。从形态看，可以分为主导型、参与型和配合型三种不同类型；从手语主持的构成看，可以分为语境、形式和主持过程。

电视手语主持创作的形态，指电视手语主持节目的整体样态，具体而言，便是手语主持人在节目过程中的宏观表现，它集中体现为手语主持人对节目的把控力和参与程度，即在节目过程中的地位。目前的电视手语主持创作主要有主导型、参与型和配合型三种。

1. 主导型电视手语主持创作

主导型电视手语主持创作，主要表现为电视手语主持人在节目中处于核心主导地位，能够完全控制整个节目的进程。主导型电视手语主持创作一般不设置口语主持人，即使有口语主持人，其也是以翻译的身份出现，处于完全从属地位。在创作语境中，电视手语主持人自主性强，相关主持环境、节目参与者的妆容、服饰都要配合手语主持人的特征，要突出手语主持人的主导地位。在主持创作过程中，电视手语主持人可以根据节目内容的需要自主组织语言，形成符合节目特征，同时带有个人特色的语法体系、词汇系统和韵律结构。这一类型的节目在内容筹备时需要符合手语主持人的个人风格，电视手语主持人也应当参与并主导整个节目的采编播整个创作过程，其节目主持的理念和要求对节目的策划、内容的选择起到支配性作用。

一般而言，主导型手语主持创作一般运用于专门针对聋人的节目。

2. 参与型电视手语主持创作

参与型电视手语主持创作，主要表现为手语主持人与口语主持人共同完成主持过程创作，口语主持人处于主导地位，手语主持人参与推进节目的进程。在节目语境的构拟中，手语主持人与口语主持人的服饰、妆容相互搭配，并和节目环境相适应。在节目主持过程中，手语主持人的表达形式有一定的自主性和独立性，可以形成自己的语法体系，但是手语词汇的选择和手语韵律必须和口语主持人相互搭配，协调一致，符合对方的特征。参与型手语主持人需要与口语主持人共同参与节目的前期策划、内容选择，参与节目的采编播过程，但是应当以口语主持人的意见和表达需要为主，手语主持人在节目过程控制中，起到辅助推进的作用。

参与型手语主持人和口语主持人拥有各自的话语体系，如贵州卫视的《手语新闻》，该节目的手语主持人与口语主持人搭配出镜，相对独立地进行手语新闻主持。

3. 配合型电视手语主持创作

配合型电视手语主持创作，主要表现为手语主持人不对节目过程起控制作用，他们承担将节目内容或口语主持人的表达进行手语转换的任务。传统的手语研究往往将这一形式的手语主持创作和手语翻译等同，事实上二者还存在明显的不同。配合型手语主持创作除了要承担语言翻译的职能，其表达方式还要受到大众传媒平台上主持相关规范的约束，如从语境来看，节目整体节奏应当是手语主持的主要依据，同时，电视手语主持人的服饰、妆容均需主动适应、配合主持环境和口语主持人；从语言形式来看，配合型手语主持的语法表达是根据口语主持人的语法进行转换，其手语词汇选择需抛却随意，力求准确传达口语主持人的话语含义，手语韵律也应跟随口语主持人的话语韵律，和节目的整体风格达成一致；在节目内容方面，电视手语主持人无须参与采编播整体创作，重点把握节目内容即可，对节目的策划、内容选择等前期创作主要是配合和熟悉了解。

配合型手语主持人无须承担推动节目进程的作用，如中央电视台的

《共同关注》，手语主持人完全配合口语主持人，对节目的有声语言进行手语翻译，见表1－1。

表1－1 手语主持创作的形态

	主导型	参与型	配合型
语境	控制节目过程 服饰、妆容、环境设置自主性强	配合推进节目过程 服饰、妆容、环境设置和口语主持人相互搭配	适应节目过程 服饰、妆容、环境设置配合口语主持人
形式	手语语法自成体系 手语词汇自主选择 手语韵律自主控制	手语语法自成体系 手语词汇符合口语主持人的词汇特征 手语韵律和口语主持人相互配合	手语语法转换口语主持人的语法 手语词汇准确传达口语主持人的话语含义 手语韵律跟随口语主持人
主持过程	主导采编播整体创作 主导节目策划、内容选择等前期创作	参与采编播整体创作 参与节目策划、内容选择等前期创作	无须参与采编播整体创作 配合节目策划、内容选择等前期创作

第二节 电视手语主持创作的性质

电视手语主持创作活动是复杂多样的，我们对电视手语主持创作的认识特别是对其性质的认识不应该是单一的，应是全方位的。电视手语主持创作当前是大众传播与人际传播的结合体，由于其在创作手段、信息传递方式、受众上的特殊性，手语主持创作而具有了独特性质的创造性、视像性、多质性、新闻性。

一 电视手语主持创作的创造性

对于电视手语主持创作而言，创作过程实际上是一个创新的过程。这个创作的过程是由创作主体和创作客体以及创作依据共同完成。它要求创作主体以来源信息为依据，通过对信息进行分析，透过文字语言或有声语言，发现并开掘来源信息背后和在其之外的意蕴和观念，把理想的力量复原为理想的意图，再以这理想的意图为引导，去揭示被加强和加重了的理想的力量，通过主观能动性的发挥以及情感的调动，深化和美化创造性语言，建立一套有别于有声语言的手语符号系统。同时将推动这理想的力量进一步物化和人化，从而达到锦上添花的目的，使这一特殊受众即聋人和部分听人[①]愿意接受。

电视手语主持创作活动本身是由手语主持人、稿件、特殊受众群之间的矛盾运动构成的。其中，手语主持人是电视手语主持创作的主体，稿件和特殊受众群是客体。与有声语言播音主持创作不同，手语主持创作由于主持人、稿件、受众的不同使创造性更具有特殊性。手语主持的创造性主要体现在关系上。

从创作主体同创作依据的关系来看，电视手语主持人通过主观能动性的发挥，通过情感的力量，建立起一套以手语为载体的新的符号系统。当创作主体为聋人时，手语主持人主要是将提词器所传递的文字符号系统转化成通过手语和副语言（眼神、表情等）来传递信息的符号系统。当创作主体为听人时，手语主持人将提词器所传递的文字符号系统或者有声语言系统转化成按手语和副语言（眼神、表情等）来传递信息的符号系统。

从创作主体同创作客体的关系来看，电视手语主持人在进行创作时，面对着的主要是摄像机的镜头，而不是聋人受众及其部分听人受众。因此，电视手语主持人要积极发挥主观能动性，感受聋人受众的存在，做到面前无人，心中有人，从而达到与聋人受众在感情上、语言上的沟通。从二次创作方面来看，由于电视手语主持节目的受众大部分是聋人，所以电视手语主持人在将书面语言或者有声语言还原、转化成手语时，出于对聋人文化、学历和地域等方面考虑，会依照聋人的文化进行转化。我们通过对电视手语节目语料库进行分析发现，从二次创作程度来看，没有二次创作的手语节目约占 38.1%，大约 61.9% 的手语节目有二次创作，并且 14.3% 的手语节目二次创作较为合理。电视手语主持创作主体的异同，决定了手语主持二次创作的有无。根据我们对目前电视手语节目现状的调查，电视手语主持人可分为虚拟和真人两种。虚拟手语主持人只是对语言文字的一种单纯“翻译”，不涉及对内容的创作。而电视手语主持人不仅

① 部分听人是以与聋人受众存在关系为基础或对聋人群体具有兴趣而产生的健全听人受众。

仅要精准翻译、传递节目信息，还要充分掌握播音主持艺术，因而，虚拟手语主持人不具有二次创作性。

从上述两种关系的论述来看，电视手语主持创作是一项独特的创作活动，具有鲜明的创造性。综上，电视手语主持人不仅要把文字语言或有声语言转变成手语符号，而且要把自己的理解感受、个性结构系统、审美理想追求融入手语和副语言中去。

二 电视手语主持创作的视像性

电视手语主持创作的视像性简单来说，就是具有视觉成像传播的特征，是电视手语主持创作最具特点的特征之一。手语主持创作主体的不同及其特殊的创作手段和特殊受众群决定了其具有视像性的特点。

创作主体包括手语主持人，有聋人主持人和听人主持人两种，这就决定了他们的传播过程相同而接收方式不同的情况。手语主持的传播就是以手语、眼神等符号为载体进行的视觉传播活动。主持人依靠手势、面部表情、眼神等视觉语言传播信息。接收方式的不同体现在，听人主持主要是听觉接收，聋人主持是视觉接收。从视觉符号学的角度来讲，相对于有声语言，受众接收到图像信息之后，对其处理需要的时间较长。这就对电视手语主持人的语速、停连、力度等提出了更高的要求。从聋人受众群体角度来看，一方面，聋人对图像感受和处理能力比听人要强烈，视觉会比听觉灵敏度更高，这就对电视手语主持人的手语水平和主持能力提出较高的要求；另一方面，聋人的心理认知机制决定其长期形成的聋人文化定式[①]，对某些图像信息的处理形成自己独特的预示和联想。这导致电视手语主持人必须使用聋人能够理解和接受的传授模式，带有聋人文化。

三 电视手语主持创作的多质性

电视手语主持创作的多质性即为从本身本质出发，所进行的创作过程中具有多种属性的特征，主要表现在符号性、新闻性和艺术性、技术性以及服务性等几个方面。

① 李尚生：《从文化的视角探讨聋人语言教育》，《中国特殊教育》2004 年第 1 期。

创作主体是电视手语主持创作的基础也是多质性的表现所在。从语言符号属性来看，手语主持创作是一项特殊的言语符号创作活动，并具有视觉传播的性质，这一活动中，电视手语主持人需借助手语、眼神等视觉语言符号向聋人受众传递信息；这种言语符号创作活动由于缺乏与受众即时交流性，而使其具有残缺性的特点，是一个相对不完整的开放的系统。此外，与日常的手语交流活动相比，电视手语主持人要能体现和代表党和政府，而不是完全表现其本人。因此，电视手语主持创作是一项特殊的言语符号创作活动。

从艺术属性来看，电视手语主持创作是一项艺术创作活动，因此要遵循艺术的创作规律。在手语的组织和表达过程当中，电视手语主持人以稿件为依据，通过对稿件的分析，发现并挖掘稿件背后、稿件之外的意蕴和观念。按照其情感活动的规律，运用重建深化和美化了的手语传情达意，使得聋人受众愿意接受艺术性。首先表现在创作语言上，电视手语主持的语言不等同于生活语言，要具有规范性，手语主持过程中应该使用国家通用手语，同时要注意结合语境进行合理的二次转换和合理省略；其次表现在手语主持创作过程中，要按照手语主持人情感的活动，从感受到表达，从情感的引发到语言的组织和用手语表现，同时配以丰富的表情、眼神交流等准确、鲜明传播信息，整个创作过程都具有艺术属性。

从技术属性来看，电视手语主持创作活动离不开技术手段的支持。电视手语主持创作活动始终有技术手段伴随，其所有视觉化的表达活动都是建立在技术手段基础上的。当今，虚拟手语主持人技术已经被应用到电视节目中。电视手语主持传播中的技术含量越来越高。

从新闻属性来看，电视手语主持创作更多的是一项新闻实践活动。电视手语主持创作虽然具有多质性，但新闻性是其主要属性，下文将重点介绍。

四　电视手语主持创作的新闻性

电视手语主持创作从本质上讲是一项新闻实践活动。目前我国电视手语节目包括新闻类、娱乐类、晚会类、生活资讯类等多种类型。其中新闻类占绝大多数，约 90%。从建立的电视手语节目视频语料库显示，在 27 个节目中，其中硬新闻有 22 个，所占的比例为 81.5%。其中软新闻有 5

个，所占的比例为18.5%，而我国大陆地区绝大多数是以硬新闻为主，台湾地区则主要以软新闻为主。

电视手语主持创作是党和政府通过大众传媒向广大聋人受众传递和宣传大政方针的最重要的手段，是电视台宣传的最后一环，电视手语主持创作同样要遵循新闻学的基本规律和原则。新闻就其内涵来说是新近发生的事实的报道。新闻具备三大属性：时效性、真实性、客观性。整个手语主持创作过程要充分体现这三大要素。电视手语主持创作的新闻三大属性是受其创作主体的地位即手语主持人的地位和创作客体即特殊受众群所决定的。

在创作主体方面，电视手语主持人是党和政府的喉舌。其在创作过程中，通过手语和副语言（眼神、表情等）传递报道新闻客观事实。其创作过程中要有效地体现真实感和分寸感。在客观性方面，电视手语主持人在创作过程中，从新闻的客观实际出发，具有表态性，不带主观随意性。在创作客体方面，聋人受众是我国合法公民亦是党和政府领导下的人民群众中的一部分。聋人受众也具有第一时间聆听我党声音，获取真实、客观信息的平等权利。因此电视手语主持人在手语主持创作中，特别是手语新闻节目，都是在第一时间向聋人受众提供最新鲜的新闻报道，具有新鲜感和时代感。

第三节 电视手语主持创作的特征

电视手语主持创作研究是一个新兴的研究领域。它在学科分布上表现出交叉性与分离性的特点，这也决定了电视手语主持创作的特征会显得相对复杂。研究透彻电视手语主持这一创作活动的特征有助于指导手语主持创作实践，也对电视手语主持的科学发展起到重要作用。

姚喜双将有声语言播音主持的创作特征归纳为11种，分别是：创造和再造的双重性；创作素材的二度性；创作手段的声像性；交流对象的虚拟性；吐字发音的规范性；感情表达的真实性；创作时间的紧迫性；创作范围的社会性；接受方式的个体性；创作活动的日常性；强烈鲜明的时代性。[①] 手语主持作为播音主持学科体系中的一种，是否也具备这些创作特

① 姚喜双：《播音主持概论》，高等教育出版社，2012，第9～20页。

征值得我们一一检视。

对我国电视手语主持创作特征的研究涉猎较少，在有限的研究资料中，主要集中在对手语的特征以及手语传播特征方面。如李朵朵认为，手语除了具备有声语言的特点外，还具有社会性、系统性和工具性的特点。[①]手语的传播功能有个人传播功能和社会传播功能，表现在可视性特征、记忆性特征、时空性特征。

手语主持创作同播音主持一样，都属于大众传播与人际传播的结合体。所以电视手语主持创作同样具备创造和再造的双重性、交流对象的虚拟性、感情表达的真实性、创作素材的二度性、创作时间的紧迫性、创作范围的社会性、接收方式的个体性、创作活动的日常性、强烈鲜明的时代性等特征。但是由于二者创作手段、信息接收方式、受众的不同，手语主持创作又具有自己创作手段的多样性、手语及副语言的规范性、创作方式的合理转换性这三个独特的属性。

一　创造和再造的双重性

一方面，从节目制作这个大系统看，电视手语主持创作是在采访、编辑这个创作活动后的又一次创造，可以称为再创造；另一方面，从电视手语主持人对有声语言或文字稿件符号系统的转换建构并生成符合聋人受众接收规律的新的符号系统来看，又实属创造。如《共同关注》的手语主持，一方面是在采访、编辑这个创作活动后的又一次信息传递的再创造；另一方面，电视手语主持人把有声语言或文字稿件符号系统转换成手语及副语言等来传递信息，所以在电视手语主持创作中，创造和再造的双重性同时存在。

二　创作素材的二度性

电视手语主持创作的素材有其鲜明特点。在进行手语主持创作时，手语主持人所用素材，包括声音稿件、文字稿件、资料、画面等，已经不完全是原始生活素材，而是经过编辑、记者等观念形态化后的东西，所以具

① 李朵朵：《传播学视野下的中国手语电视栏目研究——以厦门电视台〈新闻讲讲讲〉为例》，硕士学位论文，厦门大学外国语学院，2011，第74页。

有二度性。电视手语节目中的二度性表现在手语主持人对有声语言进行转换时渗透编辑的主观意图。创作素材的二度性特征对手语主持人的素养提出很高的要求。首先，它要求手语主持人自身的手语水平要过硬，能够充分应对一般节目内容表达的要求。其次，对手语主持人的主观能动性要求很高。电视手语主持人不仅是节目制作环节的终端和“把关人”，而且也要参与到一线制作环节当中去，如节目的策划、影像的采集、后期的编辑制作等。只有这样，手语主持人才能把握好节目的要旨，主持节目时才会产生由内而外的真切之情。

三 交流对象的虚拟性

手语节目主持人面对的是摄像机镜头，交流对象（观众）一般不在场。在电视手语主持创作中只存在虚拟的观众。但是在一些电视手语访谈节目中也有交流对象的存在。电视手语主持人在采访时，会和采访对象面对面交流，这为交流提供了有利条件。但多数情况下，真正的受众是电视机前的观众。对于电视手语主持创作来说，手语主持所面对的是一群在生理方面有着特殊缺陷的观众，这就要求电视手语主持人更不应忘记与他们交流，要不断地提示自己要有对象感，并尽可能地用符合聋人文化和接收习惯的传播方与其交流。

四 感情表达的真实性

真实的情感是电视手语主持创作的核心，是手语表达的支柱。由于电视手语主持创作具有新闻主调性的特点，电视手语主持人感情表达必须遵循新闻真实性、客观性的原则。感情表达真实客观是电视手语主持人艺术创作的核心。电视手语主持人必须准确地把握自己的身份，即党的宣传员和新闻工作者。电视手语主持创作在情感表达上，要求做到真实，把握好分寸，切忌艺术的渲染和夸张，要呈现出恰切、质朴的特点。但是在非新闻类节目中，电视手语主持人往往代表个人，允许个人情感的表达，但是表达不是毫无限制的，还要受到电视、网络等大众传播规律的制约。如在一些手语类的谈话节目中，手语主持人会根据谈话题材相对自由地支配情绪。

五　创作时间的紧迫性

电视手语节目制作是一个非常讲究时效性的创作过程。而根据我们电视手语节目视频语料库的调查，90%的手语节目为新闻资讯类节目，这就对手语新闻的时效性提出了更高的要求，也就决定了手语主持创作时间的紧迫性特点。对电视手语主持来说，手语节目从传播方式上，分为录播和直播。中央电视台《共同关注》作为直播类手语主持节目的代表，手语主持人有时甚至来不及看一遍新闻稿就开始手语节目的主持，其准备和表达过程处于共时状态，同步进行。因此创作时间的紧迫性是电视手语主持创作的重要特征之一。尤其是对于直播类手语主持节目而言，创作时间的紧迫性则体现得更为明显。

六　创作范围的社会性

首先，从受众范围来讲，根据中国残疾人联合会、国家统计局、民政部等16个部门进行的第二次全国残疾人抽样调查，截至2010年末，全国各类残疾人总数为8502万人。其中，听力残疾2054万人，占24.16%。作为社会一员，他们很需要通过媒体及时了解国家的方针政策，更好地融入主流社会。截至2013年，全国共开辟省级电视手语新闻栏目30个，开辟地市级电视手语新闻栏目184个。其次，从电视手语节目的类型分布来讲，题材的选取范围是有社会性特征。目前国内电视手语节目类型有新闻类、服务类、娱乐类、社教类等。如《共同关注》《时事传真》《点击七日》等都属于新闻类手语节目；广州电视台王笑芬的《天气预报》属于生活服务类手语节目；上海电视台宋晓波的《时事传真》属于娱乐类手语节目；姜馨田的晚会主持属于晚会类手语节目。除此之外，我们对受众就希望增加的手语节目类型进行了调查。除了新闻节目、天气预报、娱乐综艺节目、谈话节目之外，受众表示还希望增加体育节目、电视剧、电影、购物节目等类型的手语节目。最后，对于电视手语节目而言，聋人受众的文化层次也有广泛的社会性，根据我们对被调查聋人的文化程度统计分析，主要受众的文化程度分布如下：小学学历的占10.7%，初中学历的占26.1%，高中/职高/中专学历的占24.8%，大专学历的占29.7%，本科及以上学历的占8.7%。因此可以认为创作范围的社会性是电视手语主持创作的重要特征之一。

七　接收方式的个体性

电视手语节目作为电视媒体节目中的一个类型，与其他节目类型相比只是在传播载体上有较大差异，而在传播介质上并无明显差异。现在电视传播进入家庭，其接收都是以家庭和个体为单位的。尽管传播者通过视觉语言传递的信息，同时以聋人为主要受众群，但传播者实际上还是与一个家庭、一个或几个人交流，只不过对于电视手语主持人而言，其交流对象变成了一个或几个聋人抑或一个聋人家庭。因此可以看出，接收方式的个性仍然是电视手语主持创作的重要特征之一。

八　创作活动的日常性

当今社会处在一个信息爆炸时代，人们对资讯的需求不断增长。就目前国内的电视手语节目来说，新闻节目在所有的节目类型中所占的比例最大。而新闻节目的时效性要求节目必须不断更新信息传递给受众。根据我们调查的数据，聋人受众对“最满意的手语节目播出频率”的选择是日播的占 37.8%，周播的占 29.3%，月播的占 10%，其他的占 22.9%。由此可见，认为电视手语节目至少一周播放一次的占到 67.1%，由此可以看出聋人受众认为电视手语节目应该常态化播出。因此电视手语主持创作活动的日常性是手语主持的重要特征之一。

九　强烈鲜明的时代性

电视手语主持节目，它的制作方式、内容、周期和反馈机制不可避免地被打上了时代的烙印，随着互联网时代的深入，要更加注重反映当代的政治、经济、文化，对电视手语主持人自身素质的要求也更加严格。在目前电视手语节目当中，绝大部分为新闻类手语节目，更不可避免地要反映时代的印记。

十　创作手段的多样性

在播音主持中，播音员和主持人都会使用有声语言和副语言作为创作手段进行信息传播，而电视手语节目主持却与此不同。有一类电视手语节目，画面中只有手语主持人，有声语言主持人只以声音的形式出现。如一些手语访谈节目，电视手语主持人就是以创作主体出现，有声语言主持人只是以画外音的形式出现。还有一类手语节目，没有任何音响、音乐、画外音等，只有聋人手语主持人在画面中进行独立的信息传播。

由于手语是一种视觉语言，电视手语主持创作对手语主持人的穿着打扮提出了特殊的要求。例如，电视手语主持人最好是穿深色的衣服，从而使手和衣服的颜色形成鲜明的对比，以便观众看清手语主持人的手语。另外，电视手语主持人最好不要佩戴饰品，以免分散观众的注意力。此外，电视手语主持人最好把头发盘在脑后，以便让观众看清电视手语主持人打手语时的面部表情。除此以外，电视手语主持人画框背景安排也很有讲究。例如，画框的背景颜色应为纯色，以避免因背景颜色太杂太花而导致看不清电视手语主持人的手语。再如，电视手语主持人的画框要大一些，让大家都能看到电视手语主持人的面部表情和手势。相比之下，播音主持没有这些列举出来的特殊要求。因此，电视手语主持创作的特征是创作手段的多样性。

十一　手语及非手控特征的规范性

有声语言播音主持节目中，声音作为最主要的沟通要素，对观众了解节目信息起着至关重要的作用。而在电视手语节目中，由于创作手段、信息接收方式、受众的不同，手语主持人手的动作、面部表情、眼神等就成为其重要的表达思想和交流情感的工具。电视手语主持创作的大众传播的特点要求其创作载体要具有规范性的特点，即载体受大众传播特点决定了其语言表达规范性。这就对手语主持人的手语及非手控特征的规范性提出了更高的要求。因此，电视手语主持的特征是手语及非手控特征的规范性。

十二　创作方式的合理转换性

目前国内的电视手语节目中，最常见的类型就是手语主持人将有声语言转化为手语再传递给受众。把有声语言转化成手语时，电视手语主持人不仅要理解有声语言的内涵，还要将所听到的信息用符合聋人思维习惯的手语表达出来。在电视手语主持创作中，手语主持人不仅要积极地使用自己的视觉和听觉，而且要灵活自如地在视觉语言和听觉语言之间转换。由此可见，电视手语主持对主持人的视觉空间思维能力、逻辑思维能力、语言组织能力提出了很高的要求。在电视手语主持创作过程中，主持人不仅要听懂源语言中的信息，还要用目的语打出源语言中的信息，做到合理的转换。

综上所述，我们认为，电视手语主持创作既具有有声语言播音主持创作创造和再造的双重性、交流对象的虚拟性、感情表达的真实性、创作素材的二度性、创作时间的紧迫性、创作范围的社会性、接收方式的个体性、创作活动的日常性、强烈鲜明的时代性的特征；也具有创作手段的多样性、手语及非手控特征的规范性、创作方式的合理转换性这三个特色鲜明的特征。

第四节 电视手语主持创作原则和方法

一 电视手语主持创作原则

原则是指说话或行事所依据的法则或标准。原则是纲，是总领的法则和标准。同时，原则也是观念形态的东西，它是根据规律发展而来的。电视手语主持创作的原则，是基本创作路径的规则，是人们对手语主持这一事物矛盾运动规律认识和把握的基本原则。要研究电视手语主持的创作原则，必须根据电视手语主持基本矛盾运动的特点、电视手语主持创作内外部系统各要素发展运动和相互作用的规律来认识。按照这种指导思想，结合上文对电视手语主持的特征总结，电视手语主持创作原则至少可以概括为以下几个方面。

1. 党性原则

在我国，媒体党性的核心是指媒体是党和政府的喉舌。在无产阶级新闻观点中最根本的观点就是广播电视是党和政府的喉舌。这既概括了新闻的社会属性，同时又指出了广播电视在社会主义事业中的地位和作用。既然是喉舌，就必须服从党的领导，按照党性原则行事，宣传党的路线、方针、政策和中央的决议，不得宣传报道违背四项基本原则、违背党章和中央精神的内容。白瑞霞提出手语主持媒介也是广播电视传播中的一种，新闻媒介是党、政府和人民的耳目喉舌，是构建和谐社会重要的舆论工具。① 随着社会文明的进步，国内各级电视台开辟的手语栏目达100多个。这些手语电视栏目中出现了手语译员的身影。在2008年的北京奥运会、2012年的伦敦奥运会、全国两会及党的十八大会议开幕式中，也出现了手语译员。可以说，手语译员日益为人们了解和熟悉。手语主持创作和播音主持创作要坚持党性原则，站在党性和党的政策的立场上，作为党和人民的喉舌，抒发人民的心声，为人民服务，创作出人民群众喜闻乐见的节目。开设各种手语电视节目，目的是消除听障者与社会及他人的交流障碍，使其文化生活丰富，社会残疾人事业得到发展，最终促进社会文明的进步的务实举措，这符合中国共产党“全心全意为人民服务”的根本宗旨，是“以人为本”的具体体现。这无疑对于关爱听障人群，引导全社会关注无障碍沟通、建立起温暖的社会新环境起到了巨大积极的作用，推动了社会的发展，和谐世界的建构。

对于电视手语主持创作而言，坚持正确的手语主持创作道路，首先就要坚持手语主持创作的党性原则。电视手语主持是在党和政府的领导下对特殊受众群传递我党声音的主要途径。这个接收信息途径相对单一的特殊群体，需要真切听到党的“声音”。因此，手语主持人在为受众服务的同时更要维护党的利益和政府形象。其主要体现在电视手语主持创作中，要有明确的马克思主义新闻观和鲜明的无产阶级感情。站在无产阶级党性和党的政策的立场上，明确播报党和国家的时政导向，传递政治智慧。以新闻工作者特有的敏感，把握国内外形势的发展变化和人民群众的思想实际，准确及时地、高效率高质量地完成这一过程。在电视手语主持创作中，既要有自己感情的表达特点，又要根据创作依据合理地把握分寸，既要有自己的形象特征，又要符合党的宣传员这一总体形象的准则。因此，规范电视手语主持自身的言行举止，塑造良好的聋人公众形象也是党性原则的主要体现。电视手语主持人的主要受众是特殊受众群，是这一特殊群体的公众人物。只有塑造良好的聋人公众形象，规范台前幕后的一言一行，才能提高传播信息的真实度，使特殊受众群融入社会，拥护党和政府，共同构建和谐社会。

---

① 白瑞霞：《关注手语电视新闻　共促社会和谐发展》，《中州大学学报》2013年第3期。

2. 无障碍传播原则

对于电视手语主持创作而言，坚持正确的手语主持创作道路，就是坚持电视手语主持创作的无障碍传播原则。《关于加快推进残疾人社会保障体系和服务体系建设的指导意见》以及国务院专门公布的《无障碍环境建设条例》等相关条例规定，都明确了开设残疾人专题节目和手语节目、电视节目配备字幕等针对残疾人进行无障碍传播的一系列举措。

无障碍传播是指扫除信息传播中的一切障碍，实现信息平等地“到达人人”的过程。[①] 无障碍传播倡导的是一种信息平权的理念。“无障碍传播原则”是电视手语主持一切活动的前提，只有有效完成无障碍传播才能确保特殊受众群能够拥有一个特有的服务体系，并实现有效获取信息等应有的权利。宏观上看，要求国家建立更多的电视手语主持新闻节目满足聋人受众的需求，提高他们的地位和社会参与度。从微观上看，电视手语主持通过创作使传播的信息能够有效地被受众所理解，以达到无障碍传播的目的。因此，在电视手语主持创作过程中要确保手语主持的质量[②]才能实现“无障碍传播原则”[③]。电视手语主持在传播过程中应积极寻找有效途径解决听障者接收信息的障碍。如做到手语表达的流畅、准确无误，同时加配字幕等。

3. 规范性原则

我们就电视手语主持创作中的规范化原则的重要性，对聋人受众进行了问卷调查（问卷时已经向被调查者提前解释了“规范化”的概念），结果如下，见表 1－2。

---

① 李东晓：《无障碍传播的理论模型及其应用——以电视媒体之于视听障碍者的传播为例》，《郑州大学学报》（哲学社会科学版）2013 年第 3 期。

② 从受众的角度提出手语主持质量判断标准：第一层：“理解”。即受众能对其传播的内容准确且没有歧义的理解。“理解”是决定手语主持传播成功的首要因素，也是受众对手语主持最基本的要求。第二层：“舒服”。即受众在理解手语主持表达内容的基础上，具体表现为对其意思表示赞同并引起共鸣。第三层：“美”。即手语主持的各种表达手段，如会对手语主持产生一种心理上的舒适感，表情、节奏、语速、眼神交流等各个方面应该是一脉相承，融会贯通，互为一体的和谐的整体美，具有鼓动性，让受众产生共鸣，甚至产生某种行为，这是手语主持评判标准中最高级别的要求。

③ 问卷调查结果显示：听障群体对手语主持质量满意率只有 7.6%，有超过 76.9% 的被调查者表示不满意当前的手语主持节目现状。

表 1－2　电视手语主持中规范化原则重要性调查

	非常重要	重　要	一　般	不重要	完全不重要
频　次	205	274	343	180	66
百分比（%）	19.19	25.66	32.11	16.86	6.18

从表 1－2 可见，有超过 44.85% 的被调查者认为规范化原则是电视手语主持“非常重要”和“重要”的创作原则。邢红梅等也强调了电视手语主持的规范性，并提出了规范性的几点建议：要规范手语的语法、要优化现行的《中国手语》词汇、以汉字的音形义为主，不用或少用字母手语替代、建立手语研究机构，同时手语的研究工作者应是聋听结合，建立一个完善的手语传播体系。

电视传媒拥有相当广泛的受众群体，而电视媒体语言的规范将关系到全社会语言文字健康规范发展，以及国家和谐语言生活的建设。作为电视信息语言的传播主体，播音员和手语主持人都应当担负起规范和引导国家通用语言的责任。其中，电视手语主持创作还承担着规范和引导国家通用手语的责任。需要规范的不仅仅是专业技巧，而是涉及整个手语主持创作活动的所有细枝末节。对播音员来说，其专业素养、规范化的语音都是不可或缺的部分。著名主持人周彤宇曾举过一个自身的例子：“我在播早新闻《雨江你早》和《宁广早新闻》时，坚持数年如一日，要求自己播讲时准确精练，播音主持用语要属于规范的现代汉语；要措辞精当，符合语法，不生造词语，不说病句，不读错别字。努力做到每一个字、每一句话都惜言如金，经得起推敲。”对电视手语主持来说，不仅主持人的手语技巧需要规范，规范的手语文化体系也具有必要性。这是正确处理听障群体文化与健听群体文化之间关系的需要，不规范的手语将严重影响听障群体接收信息的效果。

电视手语主持创作原则中规范性具有一定的特殊性。电视手语节目的受众大多数是聋人，他们从主持人的手语表达那里获取信息，语言的规范、手语文化体系的规范对整个手语学科的发展都有着重要意义，一方面有利于主流社会对聋人的了解；另一方面也可以减少聋人之间因为地域文化的差异而产生的沟通障碍。在我国，目前手语使用的类别有中国手语、自然手语、混合手语。但在不同的场合，特别是在不同类型的手语节目中，手语使用的通用标准的制定非常紧迫，这有利于更多的聋人朋友获得与主流社会沟通交流的权利。

电视手语主持创作的规范化原则表现在手语主持创作的各个环节。电视手语主持创作是以创作依据为起点，顺时针有序推进（见图1－1）。它是由贴近服务受众的创作依据，做到主观能动创作、符合科学标准播报的创作主体，以手语主持人为主的节目录制，完善合理的电视平台和保证质量的流畅播出以及理性回馈的素质受众所构成，有力支撑规范化原则的贯彻实施。

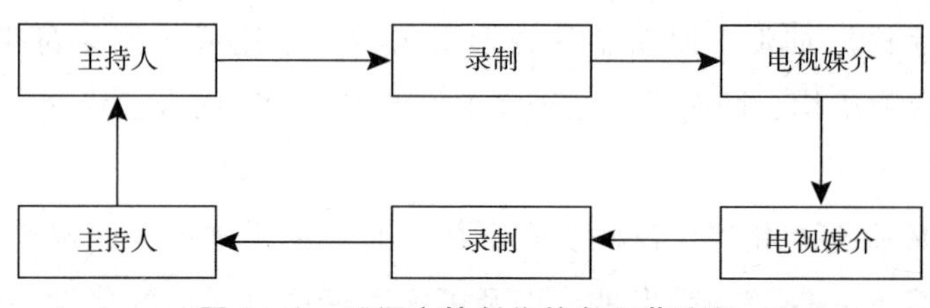

图1－1 手语主持创作的各环节流程

在创作依据环节，分为创作和应用两个方面的规范。在创作方面要切实符合聋人文化，贴近特殊受众群的生活。在应用方面，分为硬、软件规范服务。在提词器等硬件设施上要符合聋人、听人主持的应用需求；加强聋人节目中有声语言播报的规范，相互协作地在有声播报和手语主持上合理衔接。

在创作主体环节，主要分为语言本身和各种要素规范与主持人规范。对于听人主持规范电视传媒具有相当广泛的受众群体，而电视手语主持语言的规范将关系到全社会语言文字健康规范发展，以及国家和谐语言生活的建设。其中手语主持还承担着规范和引导国家通用手语的责任。手语节目的受众大多数是聋人，所以手语主持创作原则中规范性具有一定的特殊性。一方面，应该要求使用《国家通用手语》[①]，统一并合理规范手语的使用[②]。在此基础上，确保创作方法的各要素规范。另一方面，要避免“生活化”“自然亲切”的语言渗透到手语主持中，防止自然主义和随意性的倾向，同时也要规范手语文化体系建设。手语是聋人文化的载体。手语表达要把聋人文化的因素考虑在内，既有利于主流社会对他们的了解，也可以减少聋人之间因地域文化的差异而产生的沟通障碍。关于手语主持

① 《国家通用手语》作为国家语委的重大招标项目，于2015年研制完成并实施推广。

② 我国目前大部分的手语主持人打的是文法手语。

人，要规范手语主持人播报时的衣着服饰，保证在手语播报时不受服装颜色以及首饰等的影响。

在录制环节上，由于手语节目的特殊性，在录制过程中，要让手语主持人始终正面面向镜头画面。手语节目的特殊受众主要的信息来源是手语，只有确保手语主持人的手语出现在画面中，才能有效、清晰地传递节目信息。而电视媒介环节是该体系的载体。电视台切实贯彻实施规范性原则是保障电视手语服务质量的重要环节，播出环节的信号质量就在其中。同时电视台应积极发起和接收受众的节目意见和需求回馈。在建立接收回馈受众意见和需求机制的基础上，应提倡规范服务受众的理性素质观念，营造对节目理性的讨论氛围，才能征集有价值的意见完善服务体系。

4. 真实性原则

我们就电视手语主持创作中的真实性原则的重要性，针对聋人受众进行了问卷调查（问卷时已经向被调查者事先解释了“真实性”的概念），结果如表 1 – 3 所示。

表 1 – 3　电视手语主持中真实性原则重要性调查

	非常重要	重　要	一　般	不重要	完全不重要
频　次	293	443	255	53	24
百分比（%）	27.43	41.48	23.88	4.96	2.25

从表 1 – 3 可见，认为“不重要”和“完全不重要”的占比共为 7.21%，认为“不重要”或者“完全不重要”的占比是很小的，认为“非常重要”和“重要”的占比共为 68.91%。从受众的角度看，真实性原则是电视手语主持创作一个重要的创作原则。

沈纪提出，新闻的本源是事实，但事实必须经过广播电视工作者的能动反映才能成其为新闻。新闻当然要客观、公正、真实，但能否真正做到客观、公正、真实要看广播电视工作者的立场和观点，这种立场和观点显然具有倾向性。[①] 著名播音员夏青曾指出，真实性和准确性是新闻的基础，保证新闻的准确和真实是对播音员的极严格的要求。这里，新闻播音的真实性和准确性是统一的。作为新闻播音员，理应在新闻消息的播读中通过

① 沈纪：《新闻报道必须坚持党性原则》，《中国广播电视学刊》1989 年第 6 期。

自己的再创作把新闻事实传达得更准确，把新闻消息的内在逻辑表述得更清晰，更符合新闻事实的本来面貌，这是播音员的职责所在。真实性含义，既包括现象真实，更要求本质真实，是现象真实和本质真实的统一；既包括局部真实更要求整体真实，是局部真实和整体真实的统一；既包括静态真实，更要求动态真实，要从运动的现在看到运动的未来。在坚持创作真实性的时候，贵在一个"诚"。播音员要有"三诚"，一是对事业，二是对受众，三是对新闻。手语主持和播音主持在这个方面是一致的。社会作为一个有机的整体，就要确保社会中的每一个成员都能平等获取信息。聋人作为社会的一员，也应享有平等获知信息的权利。通过这种社会信息的获得，聋人受众可以更好地融入现有的电视手语节目。当前的电视手语节目大多是以新闻类的节目为主，真实性原则的重要性就更加凸显。

电视手语主持创作原则中真实性具有一定的特殊性。聋人受众作为信息的接收者，获得信息的真实性要从两个方面进行确保：一是信息本身的真实性，这个错误率很小；二是在传播主体的传播活动中，信息的转化是否正确、真实。创作主体不仅要熟悉使用规范的手语，而且要懂得怎样的表达方式是符合受众思维的，这样才可以不产生分歧和误差，保证信息表达的正确性和受众获取信息的真实性。作为党的新闻工作者，电视手语主持人就必须坚持真实性原则。当前我国的电视手语节目以新闻为主，自然要遵循新闻的真实性，即使不是新闻节目，主持人在运用手语进行表达时，也要以稿件内容为依据，完成为目标受众准确的转译，还原新闻事实，让受众从中受到感染后达到共鸣。

真实是一切的根基。它不仅包括新闻节目资讯的真实，还包括其他类型节目的真实。坚持电视手语主持创作的真实性原则，就是指电视手语主持人要本着真实的态度，准确播报真实的稿件。手语主持创作，是大众媒体宣传中的一环，手语主持人是党的新闻工作者中的一分子，手语主持创作具有新闻性特征，所以手语主持创作必然要坚持真实性原则。新闻真实性是一个具有全息性的特点，包括现象真实与本质真实的统一；局部真实与整体真实的统一；静态真实与动态真实的统一。[①] 同时在娱乐类等其他节目，也要信息真实可靠。聋人受众作为信息的接收者，获得信息的真实

① 姚喜双：《播音主持概论》，高等教育出版社，2012，第5页。

性要从两个方面进行确保：一是信息本身的真实性，这个错误率很小；二是在传播主体的传播活动中，信息的转化是否正确、真实。它既包括手语主持人不打错字词、不打错内容，又包括手语主持创作情感表达的准确性和党的政策分寸的准确掌控。同时，这种真实性还体现在形象的塑造、身份的把握等语言和非手控表达的各个方面。

5. 时效性原则

对于电视手语主持创作而言，坚持正确的手语主持创作道路，就是要坚持电视手语主持创作中的时效性原则，主要体现在新闻类节目方面。这是由手语主持新闻宣传的时效性所决定的。这一时效性的体现，一方面，反映在手语主持创作活动的及时性上，即准备的时间很短，特别是新闻类的手语主持直播，不像其他艺术创作活动那样有充分的准备时间；另一方面，反映在新鲜感和时代感的态度体现上。这对节目播出的频次有着一定的规范要求。如果播出频次间隔过长，就不能体现出新鲜感和时代感，也就不能说很好地体现出了新闻的时效性。根据对语料库有关播出频次的调查显示：在被调查的手语节目中，节目的播出周期分为周播、日播两种形式，其中周播所占的比例最大，其次是日播节目。从播出频次来看，周播是当前手语新闻节目的重要播出状态，周播在一定程度上损害了新闻及时性的特点，聋人无法第一时间获取新闻资讯。要实现加大日播节目投放，以更好地满足特殊受众群体的需要。①

6. 和谐性原则

就电视手语主持创作中的审美性原则的重要性，进行了问卷调查（问卷时已经向被调查者解释了“和谐性”的概念），结果如表 1－4所示。

表 1－4　电视手语主持中和谐性原则重要性调查

	非常重要	重　要	一　般	不重要	完全不重要
频　次	290	433	172	78	95
百分比（%）	27.15	40.54	16.11	7.30	8.90

从表 1－4 可见，认为“不重要”和“完全不重要”的比例共为

① 特殊受众群对手语节目播出形式的需求比例如下：聋人受众日播（37.8%）、周播（29.3%）、月播（22.9%）、其他（10.0%）；部分听人受众日播（80.0%）、周播（14.2%）、月播（3.4%）、其他（2.4%）。

16.20%，认为“不重要”或者“完全不重要”的比例是较小的，认为“非常重要”和“重要”的比例共为67.69%。可以说，从受众的视角来看，和谐性原则是电视手语主持创作的重要原则之一。

这里的和谐性一方面是指手语主持的各种表达手段，如表情、节奏、语速、眼神交流等各个方面应该是一脉相承、融会贯通、互为一体的和谐的整体美；另一方面是指手语主持创作中要平等尊重，倡导聋人文化的社会和谐美。

根据言语行为理论，任何一种言语都包括如下三种行为：言内行为、言外行为和言后行为。手语主持本身就是一种语言行为，因此对手语产生的行为分为三个等级：理解等级、共鸣等级、行为等级。手语主持的和谐美不仅要让受众理解，而且要让受众产生共鸣，甚至产生某种行为。为了达到和谐美，要求首先要具有规范、标准、优美的手语，其次，手语主持人的手势幅度、手势力度、停连、语速、表情眼神等视觉语言都要规范，同时也要具有聋人文化，以便受众产生共鸣，得到美的享受。除此之外节目画框的大小、画框的位置、整体色调、主持人服饰也是和谐美的重要组成部分。

在电视手语主持创作的过程中，要平等尊重，倡导聋人文化的社会和谐美。《世界人权宣言》规定，人人生而自由，在尊严和权利上一律平等。我国《宪法》第三十三条第三款规定：“国家尊重和保障人权。”我国《中华人民共和国残疾人保障法》中也规定了要维护残疾人的合法权益，发展残疾人事业，保障残疾人平等地充分参与社会生活；全社会应当发扬社会主义的人道主义精神，理解、尊重、关心、帮助残疾人，支持残疾人事业。平等尊重的社会和谐美主要体现在确保社会中的每一个成员都能平等获取信息，在尊严和权利上一律平等，人权得到尊重。残疾人作为社会中的弱势群体，平等尊重的权力对这个群体来说尤为重要。这就要求手语主持人在创作中要遵循平等尊重的行事理念。创作素材上，多选取与聋人有关的内容，走进并了解聋人的生活，让更多人来关注关爱聋人群体；创作过程上，手语主持人首先要心怀聋人，尊重当地聋人的风俗习惯，在运用手语视觉语言转化时要考虑到聋人文化，尽量做到适合当地聋人的口味。[①] 除此之

① 陈少毅：《从聋到龙》，华夏出版社，2009，第146页。

外，手语主持人平时还应和聋人多接触、交朋友，从生活、学习、工作等各个方面关心、爱护他们，为今后在聋人中间树立威信，开展自己的工作，促进手语主持事业的发展提供有利的条件和机会。

播音主持是一门综合的艺术，是一门视听的艺术。主持人在镜头前的形象、气质、衣着服饰、节目整体的制作、剪辑是一个整体。电视手语主持除了主持人的外在形象，手语主持人的手势幅度，手势力度、停连、表情、眼神，甚至节目画框的大小、画框的位置，及整体色调等都会作为视觉语言的一部分，传递到观众眼里。从视觉传播的角度看，各式各样的视觉影像或视觉符号透过媒体画面呈现给受众，刺激他们的视觉神经，这些符号会经过大脑的过滤、分析、反应，最终进入认知系统。电视手语主持必须充分利用视觉符号的传播规律，用规范、标准、优美的手语，吸引目标受众。

电视手语主持创作若想达到美的高度，离不开整个创作过程的精心筹备、表达技巧的充分应用、节目选题的把握、电视手语主持人的综合素质等因素。电视手语节目的制作团队应该多与目标受众交流互动，了解他们的需求与渴望，制作出更多给聋人朋友带去美的感受的手语节目。

综上所述，我们认为，党性原则、规范化原则、真实性原则以及和谐性原则等在电视手语主持创作中具有同样重要的地位，在主持创作时应该得到重视。

二　电视手语主持创作方法

创作方法是多种多样的，不同的学科门类的创作方法也不尽相同。手语主持是播音主持学科体系中的一个新的极其重要的补充。在播音主持体系中，播音的先辈们通过孜孜不倦的研究和实践总结出了一套基本稳定成熟的创作方法。并经过几十年，几代播音人的具体操作去证实了播音主持创作的方法的科学性、正确性。电视手语主持创作也是一个复杂的系统，有不同层级的分类。当前尚未有关于电视手语主持创作方法的直接论述，多数散落在诸如手语翻译和手语传播研究中，从传播媒介的角度论述了在手语传播技巧中的一些方法，包括提示法、说理法、诉求法等。对于整个电视手语主持创作的系统方法，鲜有研究者涉足。总之，当前的研究存在一些问题。

电视手语主持创作尚未形成一门独立的学科，关于电视手语主持创作方法的研究，尚属于空白阶段。当前研究者所得出的关于手语主持创作方法的部分结论往往是基于对个别手语翻译或个别手语主持节目基础上所得出，因此很多与手语主持创作方法相关的结论是否具有普遍性还难以确定。

手语主持虽然是隶属于播音主持学科体系，但对当前电视手语主持创作方法的界定，是否可以从播音主持的创作方法方面进行类比研究，缺乏理论分析和论证，缺乏大规模受众调查，研究者也多从个人经验出发，结论主观性较强。

在有声语言播音主持的创作方法中，众多的研究者经过数十年的实践和理论研究归纳总结了播音主持的创作方法为还原、转化、表达。电视手语主持是播音主持的一个分支，下面将通过问卷调查和理论推理的方式进一步论证电视手语主持创作方法与有声语言播音主持在创作方法上有何相同，有何不同。

本书是根据有声语言播音主持的创作方法作为参考依据来设计问卷调查，调查“还原”“转化”“表达”在广大受众眼中是否可以作为电视手语主持的创作方法。同时探讨其存在的特殊性。

1. 还原

从表1－5中可见，认为电视手语主持创作方法中“还原”“非常重要”的有30.62%，“重要”的有41.48%，“一般”的有18.16%，“不重要”的有6.37%，“完全不重要”的有3.37%。可以看出，受众认为“还原”可以作为电视手语主持重要的创作方法。

表1－5　电视手语主持“还原”创作方法的重要性调查

	非常重要	重　要	一　般	不重要	完全不重要
频　次	327	443	194	68	36
百分比（%）	30.62	41.48	18.16	6.37	3.37

电视手语主持创作中的“还原”是指手语主持人深入且充分理解、感受文字稿件和电视画面音响等的表达内容和形式，还原文字、画面所反映的现实生活的过程。在进行主持创作时，电视手语主持人把书面语或有声语言转化为视觉语言之前，在充分理解内容的基础上，站在受众的角度换位思考，从聋人思维出发，进行创作的过程。与播音主持受众不同，电视

手语主持的受众多数是聋人，聋人第一语言是自然手语，其相应的思维方式通常是较为直接和形象化。这就要求手语主持人提前做好准备，需要手语主持人在自己深入理解后再进行表达，要站在受众的角度，换位思考，用聋人受众的思维方式去感受，这样才能正确地还原。还原是电视手语主持创作必不可少的方法，也是必不可少的创作过程。

因此，跟日常的播音主持创作一样，电视手语主持创作也需要还原。还原是手语主持创作过程的开端，是手语主持创作过程的基础，也是手语主持基本矛盾的特殊性反映在手语主持创作中的必然，即根据素材本身寻找素材背后的认知语境，找到与素材关联的认知假设，还原素材反映的现实生活。手语主持人对创作素材的还原，实则是理解创作素材背后语境的过程。要根据丰富的手语主持创作的素材（稿件、资料、画面等）还原这些符号的真实内涵。这些素材主要以聋人受众为主，大多为聋人传统素材，如图像资料、文字资料等，其次是为部分听人受众准备的声音稿件以及为弱听聋人受众准备的综合聋人与听人的素材。而素材背后蕴含着很多语境，语境背后的假设反映的是现实生活本身。双方认知语境中显映的部分是理解的基础，并且主持人在理解话语时所使用的语境并不是哪一方单独的语境，而是双方的“共有语境”，即创作素材和手语主持人认知语境中相互显映的部分，二者的共同语境越多，相互显映的部分越大，就越容易理解创作素材的具体含义和内容。

因此手语主持人首先应该回溯到稿件中，运用情景再现，把文字稿件或声音稿件上的一个个具体场景在自己脑海中展现，唤起情感，理解稿件蕴含的语境，其次手语主持人要理解内在语，即理解文字稿件或声音稿件所不便表露、不能表露或没有完全显露出来的语句本质和语句关系，这进一步扩大了二者共同语境及相互显映的部分，有利于手语主持人更好还原语境背后的现实生活。

在对聋人博士进行深度访谈时，她指出“最好是能起用聋人来担任主播，这样打出的手语地道，聋人能理解的部分多。聋人自己做主播，表情到位，对自然手语的把握也更准确，只需要注意仪态、语速等细节问题即可”。她的建议不失为一个良策，聋人主持人在对创作素材的理解与感受会比听人更能站在受众的角度进行思考和还原。

通过问卷调查结果，结合深度访谈，可以认为“还原”是电视手语主持重要的创作方法。

2. 转化

从表1-6中可见，认为电视手语主持创作方法中“转化”“非常重要”的有63.20%，“重要”的有21.63%。可以看出，受众认为“转化”可以作为电视手语主持重要的创作方法。

表1-6 电视手语主持“转化”创作方法的重要性调查

	非常重要	重　要	一　般	不重要	完全不重要
频　次	675	231	87	38	37
百分比（%）	63.20	21.63	8.15	3.56	3.46

转化一定是在还原的基础上进行的，一定是在理解感受深入的情况下而转化的。其中核心是要把握住转化的本质。一定程度上，转化不仅是一种语言的转化，同时也是一种情感的相统一。跟日常的播音主持创作一样，电视手语主持创作也需要转化。电视手语主持创作中的“转化”要按聋人接收信息的规律，对文字稿件和其他素材进行重新组织结构，转化为视觉传达系统。在进行主持创作时，电视手语主持转化的内容具体包括语言转化、文化转化、符号转化三个部分。语言转化包括词汇与语法的转化。电视手语主持人在语言转化时，是将听觉语言或书面语转化为视觉手语，一种语言就是一种文化，手语有自己的语言特点和规律。手语的语法、词汇在语言转化中电视手语主持人必须熟练掌握的技能。文化转化的重点在于对情感、背景的理解感受。文化转化中，聋人受众有自己独特的聋人文化。创作者在转化形象的时候就更需要特殊对象特殊对待，站在聋人的角度，从不同的年龄、职业、性格爱好、兴趣范围、文化水平、所处不同的地区、习惯、审美层次、心理特征等各个方面进行全面考虑，使得聋人受众完整、准确地获得信息，减少与周围的人的交流障碍，他们就能更好地适应周围环境和社会。一是要求传播者与受众拥有对语言文字等符号理解的共同性，二是要求双方拥有文化背景和生活经验的共同性。符号转化，主要是指听觉符号和视觉符号的转化。手语主持中要从表情、眼神、停连、力度、速度、流畅度、节奏感、手势幅度等多方面进行转化，符合聋人受众视听规律的，才是应当遵循的方法和规律。

从另一个角度来讲，转化在手语主持创作过程中起到一个承上启下的作用。具体而言，手语主持创作的转化，即按视觉规律，对文字或声音稿件和其他素材进行重新组织结构，使其融入视觉系统，更加符合视觉规律的体现系统。转化过程所转化的创作依据为听觉稿件、文字稿件、图像稿件。听觉稿件主要是听人手语主持人所进行的转化，通过声音稿件转化为手语符号的转化过程；文字稿件主要是手语主持人通过文字符号转化为手语符号的转化过程；图像稿件主要是手语主持人通过图像稿件转化为手语符号的转化过程，这种转化一般出现在评论类节目中。根据关联理论，在言语交际过程中，对受众认知语境把握的好坏会直接影响到生成话语的关联程度，会直接影响到生成话语的质量。因此手语主持人除了要对稿件背后的语境予以关注外，还要对受众群体的认知语境给以关照。所以手语主持人在通过符号转化生成视觉语言表达时，应该积极从受众群体的认知语境出发，通过对他们的认知能力、感知能力以及其所处的文化背景、知识背景等因素的预测和推断，全面细致地把握他们的认知语境，从而生成合理的视觉语言表达。由于手语节目不同于一般的言语交际方式，所以它涉及的受众不仅仅包括手语节目的现场参与者，还包括大量潜在的受众，这就意味着，手语主持人视觉语言生成不仅要考虑到在场嘉宾或现场受众，还要充分关注到潜在受众的认知语境。这要求手语主持人要具有“对象感”，即创作者为了与其交流，设想受众在面前、在心中，并与设想的受众交流，从而引起思想感情的运动，激发传播表达愿望。一般来说，不同的手语节目都有不同的聋人受众定位，每一个节目都有相对固定的受众源。在节目中，手语主持人要时刻站在受众的角度进行视觉语言生成，深入了解聋人群体，以使双方达到“互明”，即交际双方对认知环境的事实和假设在心理上能做出共同的认知推断，从而完成手语节目作为一种大众传播形态的功能。

总之，“转化”是电视手语主持重要的创作方法。一般来说，聋人的知识文化水平有限，与外界交流的渠道也相对较少，手语主持人优秀的“转化”能力就变得非常重要。

3. 表达

从表1－7中可见，认为电视手语主持创作方法中“表达”非常重要的有48.78%，重要的有31.55%。可以看出，受众认为“表达”可以作为电视手语主持重要的创作方法。

表1-7 电视手语主持“表达”创作方法的重要性调查

	非常重要	重 要	一 般	不重要	完全不重要
频 次	521	337	107	62	41
百分比（%）	48.78	31.55	10.02	5.81	3.84

“表达”究其内容来看，是对创作素材的体现；究其本质来讲，又是对现实生活的反映。所以，“表达”一方面要掌握创作材料（手语和非手控特征）的结构运作方式；另一方面要把握现实生活本身的发展运动规律。各种类型的电视节目，都是现实生活的反映，手语电视节目也应当是受众的生活反映，反映出聋人生活的现实。跟日常的播音主持创作一样，电视手语主持创作也需要“表达”。这种表达应该包含两层面：一是对所掌握的创作素材通过视觉语言的结构向聋人受众传达信息；二是对聋人受众需求的精神内涵的传达、氛围的营造和意境的塑造，通过手语这一视觉语言进行表达。

电视手语主持的表达就是把还原转化的符号用一定的方式方法表达出来的过程。而这个过程主要是由各种外部技巧所构成的，这些外部技巧更多地表现在流畅度、手势幅度、速度、力度、停连、节奏感上。手语主持的表达过程还是重构语境的过程，根据聋人受众来重新构拟一个聋人可以理解的语境。但是无论选择好的“话语”还是好的方式都是基于语境的理解和聋人受众的选择。因此，在合适的语境下选择恰当的符号和表达技巧就显得尤为重要。把转化过来的系统，把运动着的思想感情，通过手语和非手控特征体现出来，传达给受众。这既是“还原”“转化”的物化、实现，又是思想感情的外化、展现。这一传达活动，就其内容来看，是对创作素材的体现；究其本质来讲，又是对现实生活的反映。所以，“表达”一方面是在正确认识语境的条件下掌握创作素材（有声语言稿件或文字稿件）的结构运作方式；另一方面要把握现实生活本身的发展规律。从某种意义上讲，创作素材的运作方式，同生活规律有着紧密的联系，后者是源，前者是流。如手语主持中停连、节奏和流畅度等外在技巧，往往同生活中聋人的语言活动的一些规律相对应，而所传达的新闻内容，也是现实生活的反映。可以看出，手语主持人的表达是由主持语境、外部表达技巧两个方面所构成的。两者是相互支撑的关系，由语境所搭建的平台支撑外部表达技巧这一具体表现内容。而在这个表达过程当中，最终的目标是为了满足受众的服务需求。因此，要讨论手语主持的表达过程，就要首先从受众的角度来分析不同层面语境（宏观、中观、微观）中外部表达技巧的内容。

从宏观层面来看，当前手语主持的主要受众是聋人受众，他们是手语主持的主要服务对象。据不完全统计，全世界约有2.78亿中度以上听力障碍者，中国有听力障碍者2780多万人，占世界听障人群的25%。听力残障者中7岁以下的聋儿达80万人，先天性听力丧失新生儿还在以每年3万人的速度递增，加上后天药物等外界因素所导致的听力丧失，我国每年新增的听力障碍者在6万~8万人。① 这一庞大的受众群在手语主持的表达过程中，首先要享有的就是流畅度的保障。流畅度是手语主持表达过程中的最基本要求，主要是指手语主持人手语表达的流畅程度和连贯程度。手语主持中的流畅度要求手语主持人在前期备稿中，认真准备，理解稿件内容，做到心中有数。创作过程中，保证手语词汇和手语转化的熟练度，一方面能够用手语表达出连贯的、合情合理的句子，以让受众理解和掌握该语义；另一方面运用手语填充时间，能够连续表达而无明显的停顿。②

从中观层面来看，手语主持具有不同的节目类型以及不同的聋人受众群体，如不同的年龄段等。在速度这一外部技巧方面要相应地控制调节速度。手语主持表达过程中的速度，主要指手语主持人以手语在传播信息过程中聋人受众视觉的接受速度。手语主持的速度首先要以聋人能看清手势，理解手语内容所需的速度为基础。其次，要根据不同的体裁、内容、受众等有所改变，在满足受众需求的同时又要兼顾手语节目的传播效果。

从微观的层面来看，特殊受众群是从电视屏幕传出的画面接收信息。电视主持语境不同于电视一般的主持语境，有其独特的构成。它主要体现在主持的时空语境上：手语主持人所占画框比例，画框位置，以及画框形状；主

① 徐志国：《3万聋人背后的科研与思量》，《中国科学报》，http://news.sciencenet.cn//htmlnews/2010/5/232821.shtm?id=232821，2010年5月31日。

② 根据视频语料库调查：手语节目主持人达到流畅的只占38.9%，基本流畅和不是很流畅的手语节目主持人达61.1%。

持的背景画面（纯净背景画面更加有利于受众获取手语信息）；是否有同期字幕（同期字幕对聋人受众获取信息有很大帮助）①。而手语主持因时空语境的不同，需要一个相对恒定的标准值。随着微观语境的变化这种恒定的参数也会发生变化。当画框的比例越大，手势幅度、力度、停连、节奏感以及眼神和表情所受的局限也会相对变小，受众通过手语主持人的表达方法（正确的恒定标准值）能更清晰准确地接收信息。在手势幅度上，主持人的手势幅度既不能太过夸张也不能幅度太小，确保手势范围不出画框；其次手语主持人的手势幅度应该在胸部以上，但不能超过嘴的位置。手势在胸部以下，不符合聋人的视觉习惯；手势超过嘴的位置可能会遮挡住手语主持人的面部表情、唇语、眼神等传递信息的重要因素。力度是手语中为传情达意而着重强调的词语或句子，应注意力度强调的方式，力度的大小应根据感情和内容的需要灵活掌握。在停连上，手语主持停连要尊重手语使用的习惯（自然规律）。当手语主持人的稿件是文字稿件时，不一定按标点符号停顿，有时有标点的地方可能会没有停顿，没有标点的地方也可能安排停顿；有时逗号可以比句号停的时间还长，有时句号可能比顿号停的时间还短。当手语主持人的稿件是文字稿件时，就要结合聋人文化，选择聋人可接受的视觉接收习惯在有声语言稿件的基础上重新进行停连；在节奏感上，手语主持人在把握节奏时，应注意其整体性，即从全篇来把握。注意其变化性，即注意地域差别并体现各个语句语气的变化。注意其回环性，即注意相同或相似语气变化的规律。节奏的把握通过对比来实现，具体方法一为欲扬先抑、欲抑先扬（扬，一般指手语的趋势向起伏发展；抑，一般指手语的趋势向平缓发展）；二为欲慢先快、欲快先慢（慢，是指手语的手势动作稍长，或停顿多而时间长；快，是指手语的手

① 根据视频语料库调查，主持人画框比例，包括八种：全屏、1：1、3：1、6：1、8：1、9：1、10：1、18：1。其中全屏的占比为4.5%，1：1的占比为31.8%，3：1的占比为4.5%，6：1的占比为9.1%，8：1的占比为18.2%，9：1的占比为9.1%，10：1的占比为13.6%，18：1的占比为13.6%。主持人所处位置，包括七种：左下角、右下角、右侧、左侧、中间、右下侧、右中侧。其中在左下角的占比13.6%，右下角的占比45.5%，右侧的占比13.6%，左侧的占比18.2%，中间的占比4.5%，右中侧的占比4.5%。主持人画框形状有六种：长方形、正方形、横椭圆形、竖椭圆形、圆形、无画框。其中长方形的占比18.2%，正方形的占比9.1%，横椭圆形的占比18.2%，竖椭圆形的占比9.1%，圆形的占比4.5%，无画框的占比40.9%。

势动作短促，或停顿少而时间短，或链接较多）。要做到慢而不断，快而不乱，有时也可以慢中有快，快中有慢。手语主持的表情在手语主持中具有独特的表意功能，是手语主持最重要的情感表达手段。手语主持人一方面要符合聋人文化的丰富的表情；另一方面要符合新闻节目特征的客观的表情，同时要做到表情的适度、和谐、真情实感；充分发挥表情在手语主持中的语义功能、表意功能、词义语法功能等。眼神作为手语主持非手控特征之一，起到与聋人受众增进交流感的作用。调查显示，约有72.2%的主持人眼神缺乏交流感。手语主持人要积极融入聋人群众，多与聋人进行眼神交流，多汲取聋人文化，多吸纳聋人的意见和建议，充分发挥眼神在手语主持中表意、推动话轮转换、空间定位的作用。

无论是传达形式还是内容，都受现实生活的制约，要求创作者把握现实生活的规律。与此同时，手语主持表达系统的运作不是封闭的，而是开放的，它需要传达者在传播的同时，又接受想象中受众的反馈和刺激；在手语和非手控表达中又同其创作素材协调一致。我们也不难看出，熟练地掌握手语主持的创作方法以解决矛盾运动，是成为手语主持人的专业基本条件。

总之，通过问卷调查结果，深度访谈、逻辑推理的方法，可以得知，“表达”是电视手语主持重要的创作方法。

4. 结语

电视手语主持创作和播音主持创作本质上都是进行信息传递的传播活动。他们的目的都是将源语言信息重新编码为目的语信息，促成交际各方的相互理解和交流。由于电视手语主持是一门视觉传播艺术，电视手语主持创作手段的特殊性，决定着手语主持和播音主持创作方法上的差异。就电视手语主持创作而言，还原的关键在于理解和感受，电视手语主持人拿到稿件后第一步要做的工作，就在于在备稿过程中去理解和感受。在还原的基础上，第二步要做的就是转化。转化不仅仅需要手语主持人熟练掌握手语技巧，还要在第一步理解的基础上，结合聋人受众特有的文化和稿件内容的语境，将源语言符号转化成符合视觉接收规律的具有观赏性的视觉符号。第三步，也是在第一、第二步的基础上进行表达，电视手语主持人在进行表达的时候不仅要熟练掌握手语的技巧，更要展现出相应的精神风貌。因而，我们概括手语主持的创作方法为：还原——深入认识，具体感受；转化——与受众情感相统一，缩小与聋人受众的距离；表达——用聋人喜闻乐见的方式去传播表达信息。

总之，电视手语节目中主持人要做好充分准备，提前审读稿件，熟悉节目的内容，排除不认识的汉字，对一些新词或无法用手势语表达的词，要事先查找相关资料或与文化水平较高的聋人商讨请教，同时要结合聋人受众的接受能力，否则会造成误解，影响表达。在剪辑方面，聋人也可参与进来，加强监督，这样手语主持才会收到好的表达效果。

第二章　电视手语主持创作主客体

电视手语主持创作的主客体是创作的主要依据。电视手语主持创作主体是电视手语主持人，可分为新闻类、服务类、娱乐类、社教类等几种主持人类型。电视手语主持创作客体即主持创作的接受者和服务对象，主要群体为聋人受众，他们对手语主持创作的语境、语言表达韵律等要素有着特殊的要求。

第一节　电视手语主持人

一　电视手语主持人的内涵

一般而言，主持人具有“驾驭节目”“平等传播”“代表集体”“以有声语言为主”等特征。由于电视手语主持创作与播音主持创作具有很多相似的特点和规律，这就决定了手语主持人也具有一些一般主持人所具有的特点。根据手语主持特有的传播规律，这里我们提出电视手语主持人具有四个方面特征，即“驾驭节目”“平等传播”“代表集体”“以视觉语言为主”。

1. 驾驭节目

在电视手语主持创作活动中，手语主持人应该参与和驾驭节目的进程。要求手语主持人要真正地深入整个节目创作过程中，参与节目的策划，以及内容、题材选择等环节，真正做节目的主人。整个节目要由手语主持人来控制和驾驭，手语主持人完全参与创作策划，并且能够主动控制整个节目的节奏。

2. 平等传播

在电视手语主持创作中，手语主持人与受众（聋人）是一种平等传播的关系。此外，聋人受众，作为弱势群体，更应该受到平等的对待。这样不仅维护了受众的尊严，也提高了传播效果。对于聋人来说，如何做到真正的平等，其核心就是要了解聋人文化和习惯，使用聋人接受的手语来进行信息传播。从电视手语节目现状、收视率现状等调查来看，我们不能否认主持人对待聋人的态度是平等的，但是从实际效果来看，又是不平等的。

3. 代表集体

电视手语主持人在节目当中是以自然人的身份出现，因此具有自己独特的主持风格。电视手语主持人在面对受众进行传播时，要遵守人际传播的规律。电视手语主持人不仅是其所在栏目和媒体的代表，还应该是党的宣传员，是新闻工作者。同时创作主体也可以有自己的个性特点，但必须把自己的“小我”和“党的宣传员”的“大我”的身份有机统一起来。由于创作主体的身份是新闻工作者，所以创作主体在进行表达的时候，既要按照语言（非手控特征）自身的表达规律，又要遵守新闻真实性、时效性原则，体现新闻工作的规律。总之，电视手语主持中的创作主体——手语主持人，应该坚持马克思主义新闻观，更加有效地传递党和国家的声音。

4. 以视觉语言为主

在以有声语言为主要创作手段的播音主持中，播音员和主持人都使用有声语言和副语言作为创作手段，而电视手语主持却不同。当前的电视手语节目表现为主持人较为被动地进行手语创作，还有很大改进空间。从港、澳、台一些电视手语节目来看，多数是电视手语节目主持人和口语主持人并排端坐在荧屏前共同完成信息传播过程。一些成熟的电视手语节目只有电视手语节目主持人，有声主持人只以话外音的形式出现，其角色往往是充当手语翻译。相对口语播音主持而言，电视手语节目中非手控特征的作用更大。

由于手语是一种视觉语言，因此，电视手语主持人的穿着打扮也有特殊要求。电视手语主持最好是穿深色的衣服，使手和衣服的颜色形成鲜明的对比，以便观众看清手语主持人的手势语言。另外，电视手语主持人最好不要佩戴装饰品，装饰品可能会分散观众的注意力。电视手语主持人最好把头发盘在脑后，让观众看清手语主持人打手语时候的面部表情。电视手语主持人画框背景安排也很有讲究，画框的背景颜色应为纯色，以避免因背景颜色太杂太花而导致看不清手语主持人的手语。电视手语主持人的画框要大一些，让受众能看到手语主持人的面部表情和手势。相比之下，有声语言播音主持没有这些特殊要求或者要求与此不尽相同。

在有声语言播音主持当中，主持人的肢体动作、面部表情等副语言往往只是起到辅助有声语言的作用。电视手语节目主持当中却不同，电视手语主持的视觉语言的特点，不仅表现在手势语言上，还表现在大量辅助性且重要的因素上，如表情、眼神、唇语、手形等。我们对电视手语节目手型清晰度情况进行了调查。手型清晰度按照类型分为手型清晰、手型较为清晰、手型不清晰三类。根据对语料库的调查发现，三种类型所占比例分别为：25.9%、66.7%、7.4%。其中主持人手型清晰的节目有《共同关注》、《星期天报道》、《爱心浙江》、《小芮说新闻》、《我们同行》和《时事传真》等；主持人手型较为清晰的节目占多数，包含19个节目；此外还有两家县级手语节目主持人的手型不清晰，对于受众来说辨识较难。手语主持的手型清晰度直接影响受众的信息获取的准确度。它等同于播音主持中吐字发音的规范性，要求声音必须集中，字音准确清晰。从调查来看，92.6%的国内电视手语节目符合其手型清晰的要求。

二　电视手语主持人的分类

从电视手语节目类型来看，手语主持人可分为新闻类手语主持人、娱乐类手语主持人、服务类手语主持人等几大类，具体如表2-1所示。

表2-1　手语主持人按节目类型分类

节目名称	手语主持人	节目类型
河南电视台新闻频道《手语新闻》	姜明园	新闻类手语节目
上海电视台新闻综合频道《时事传真》	宋晓波	娱乐类手语节目
广州电视台《天气预报》	王笑芬	服务类手语节目

从传播媒介来看，手语主持人可分为：电视类手语节目主持人、网络类手语节目主持人。具体如表2-2所示。

表 2－2　手语主持人按传播媒介分类

节目名称	手语主持人	传播媒介
北京卫视《新闻手语》	俞晓生	电视类手语节目主持人
《手语胡同》	冯　刚	网络类手语节目主持人

综上所述，电视手语节目信息的传递可以通过图像、文字等方式进行，手语主持人可以运用手势、表情、眼神等要素传递信息。《共同关注》《爱心浙江》《星期天报道》等的手语主持都属于电视手语节目主持系列。这就要求手语主持人手语技能要过关，与手语相关的非手控特征的表达也要准确生动，同时在手语和图像的配合上要有深厚的功底。

网络手语主持，信息传递交互性强，手语主持具有较强的综合性，但从当前大陆网络手语主持来看，只有《手语胡同》等相对形成了一定影响。总之，我国网络手语主持时还只是停留在萌芽阶段，与国外相比差距很大。

此外，根据电视手语节目形态，电视手语主持人可分为：主导型手语主持人、参与型手语主持人、配合型手语主持人。

主导型手语主持人在前期制作中，以“聋人”受众为核心，手语主持人完全参与节目的策划、选题、备稿等工作；创作过程中，手语主持人占主导地位，以“我”为核心，很好地运用视觉语言传递信息。有声语言在后期制作中以配音的形式出现。

参与型手语主持人在前期制作中，以“听人”受众为核心，手语主持人没有参与或者一定程度上参与到节目的前期制作中。创作过程中，手语主持人掌握并保持自己的主持选择，配合但不依附于有声语言主持，运用有限的视觉语言传递信息。例如《爱心浙江》的手语主持人，保持了一定的独立性，主持表现沉稳，表达清晰。《星期天报道》中的手语主持人也同样如此，在主持时，手语较为到位，并有聋人表情。

配合型手语主持人在前期制作中，以“听人”为核心，手语主持人完全没有参与节目的创作。在创作过程中，手语主持人占完全附属地位，创作语境、创作语言和表达韵律等都完全附庸于口语主持人，他们只是对有声语言主持的翻译。

三 电视手语主持人能力提升路径

综上所述，对于任何形式的传播而言，创作主体在整个传播过程中始终要占有重要地位。无论是有声语言的播音员主持人，还是手语节目主持人，作为创作主体，都居于一种传播者角色，手语主持人在节目创作中处于绝对的主导地位，是整个节目的核心、节目的灵魂，控制着整个节目的节奏。根据当前电视手语主持人的状况，本书特提出一些手语主持人能力提升的路径。

（1）加强手语熟练度训练。在平时的手语训练中，应运用科学的方法，不仅要正确地表达出意思，而且要注意手语的逻辑和情感。此外，在进行手语训练的时候要注意节奏的变化，做到抑扬顿挫，还要注意非手控特征的表达，如表情、唇语等因素的综合运用。这样才能为其在手语主持创作实战中积累必备的技能，提高职业素质。

（2）掌握聋人文化。在进行手语主持创作过程中，要将聋人文化运用到手语的表达中去，能够自如地使用手语，并且生动活泼，富有表现力。手语主持人的形象、服饰、妆容都是手语主持创作的主要组成部分。因此，手语主持人在出镜时也要注意形象与所主持的节目定位相适宜。

第二节 电视手语主持受众

一 电视手语主持受众的内涵

传媒受众，是指由传播媒体中接收信息的人。信息的来源可以是任何传播媒介，如文字、电影、平面媒体、电视和广播等。对于电视手语主持创作而言，其主要的受众为聋人。当前我国听障人群有 2800 多万人。作为社会一员，他们很需要通过媒体及时了解国家的方针政策，更好地融入主流社会。力争把电视手语新闻节目办成广大听障者生活中必不可少的一部分，在当今社会具有十分重要的现实意义。随着社会的进步和发展，聋人群体的权利意识、参与意识和平等意识都在不断增强，他们对信息的知情愿望也随之增强。在这一背景下，越来越多的人认为积极创造条件，帮助聋人群体获取更多的信息意义重大。实践证明，电视手语节目，特别是电视手语新闻节目在新闻传播过程中确实发挥着积极的社会作用。电视手语主持创作的主要作用是通过手语传递信息，更好地服务于聋人群体。

从受众地位来看，从传播学中信宿（受众）的重要性来看，即使在最简单的传播系统，如美国数学家申农 1918 年提出的通信模式之中也可以看出受众是不可或缺的。从受众分类来看，分类方式相对多样：从接收方式上可以分为广播听众和电视观众等；从受众态度上可分为积极受众、固定受众和随意收听收看的受众；从受众结构上，可以分为基本受众、参照受众、特约受众和潜在受众；还可以从文化程度、政治态度、职业、性别、年龄等许多角度、许多方面去分类。就电视手语主持创作而言，从接受方式上，由于手语主持交流的特殊性，手语主持主要包括电视和网络媒体传播。从受众其他分类上，由于同属于媒体受众，各种主持方式基本共性相通。但由于电视手语主持创作活动为视觉语言传播，手语主持中的主要受众为聋人受众。

表 2－3 受众对手语节目质量关联度

单位：人,%

	受众 N（%）	残联相关主管 N（%）	电视手语译员 N（%）	不知道 N（%）	总计 N（%）
聋　　人	761（88.2）	32（3.7）	51（5.9）	19（2.2）	863（80.8）
手语老师	177（86.4）	13（6.3）	9（4.4）	6（2.9）	205（19.2）
总　计	938（87.9）	45（4.2）	60（5.6）	25（2.3）	1068（100.0）

从表 2－3 可见，88.2% 的聋人受众认为“受众”群体最具有资格评判手语节目的质量，3.7% 认为“残联相关主管”最具有资格评判手语节目的质量，5.9% 认为“电视手语译员”最具有资格评判手语节目的质量，2.2% 选择“不知道”。“手语教师”对这三个不同群体的选择分别为：86.4%、6.3%、4.4%。“受众”是最能评判节目质量的群体。通过问卷分析我们可以看出，受众群体最具有资格评判手语节目的质量。

表 2-4　电视手语节目的收视状况

单位：人，%

	经常看 N（%）	偶尔看 N（%）	基本不看 N（%）	没看过 N（%）	总计 N（%）
聋　人	48（5.5）	533（61.8）	226（26.2）	56（6.5）	863（80.8）
手语老师	37（18.1）	95（46.3）	56（27.3）	17（8.3）	205（19.2）
总　计	85（8.0）	628（58.8）	282（26.4）	73（6.8）	1068（100.0）

从表 2-4 可见，聋人中，经常看电视手语节目的占 5.5%，偶尔看的占 61.8%，基本不看的占 26.2%，没看过的占 6.5%；在手语老师中，经常看的占 18.1%，偶尔看的占 46.3%，基本不看的占 27.3%，没看过的占 8.3%。为帮助答题，我们提供了节目提示（如《共同关注》）。《共同关注》的传播形式为口播主持人和画框中的手语主持人共同进行信息传播。为了获取更有效的结论，我们还对手语教师进行了“深度访谈”。在问及“您所关注的是《共同关注》电视画面中的手语主持人还是有声语言主持人”时，手语老师的回答均为“有声主持人”。通过数据调查和深度访谈可以看出目前的手语节目较低的收视现状和存在的诸多问题，但从调查还得知大部分聋人和手语教师对目前的电视手语节目抱有很大的期待。那么，聋人对手语节目的需求是什么？这值得我们进一步调查研究。

二　基于受众需求视角的电视手语主持创作发展

从电视手语节目的现状来看，当前电视手语主持创作还存在一些问题，我们从受众的角度出发，对电视手语主持提出以下几点建议。

（1）电视手语主持人在电视画面中所占比例的大小应为全屏或 1∶1，画框形状倾向于无框或长方形，建议电视手语主持人在画面的右侧。

（2）通过对受众的问卷调查和访谈，我们发现“完全不懂”“看懂一点点”的比例总数过半的原因在于电视手语主持人的语速、手势幅度、唇语、字幕等问题。因此，建议电视手语节目应该加字幕和同步唇语，便于受众的理解。

（3）各栏目的电视手语主持人所使用的手语不够统一，所使用的手语达不到聋人受众的理解程度。因此，电视手语主持在手语创作中的词汇和语法要遵从聋人视觉优先的原则，按照视觉规律，对文字稿件（针对聋人电视手语主持人）或声音稿件（针对听人电视手语主持人）等其他素材进行重新组织结构，将其纳入视觉系统，转换成符合视觉规律的易于聋人受众理解的一种方式。

（4）对于电视手语主持中的新闻节目而言，不仅要提高播出频次，还要加大新闻量，延长播出时间。所以，根据受众满意度调查，我们提出建议，电视手语节目播出频次最好为日播，播出时长倾向于 20～30 分钟。

电视手语主持节目的受众是手语电视节目的接受者和服务对象。他们是电视手语主持传播中重要的组成部分，具有不可忽视的地位。受众是同传播者一样重要而不可或缺的元素。由于数量和身份的不确定性，受众在传统的传播过程和传播者的眼中始终处于隐身状态，是模糊不清的；但是，受众又不是完全被动的，而是积极的、主动的信息寻求者。受众总是根据自己的需求、兴趣、价值观念等因素去寻求、选择和理解信息。受众的信息取向，对电视手语主持的传播过程有很大的制约作用。

相对于传统大众传媒中的受众所表现出来的不确定性和大众性，电视手语主持中的受众相对具有确定性，即主要受众为聋人受众。根据问卷所体现的受众需求，我们不难看出，电视手语主持的发展道路仍旧漫长。但随着电视手语节目的成熟化、多元化发展，在激烈的媒体市场的竞争下，电视手语节目创作照顾及容纳听人受众，尤其是聋人受众的健听家庭成员，也将成为大势所趋。随着未来电视手语节目日益多样化，其受众会越来越清晰，更加具有针对性。

第三章　电视手语主持创作心理

聋人受众的心理是电视手语主持创作的内部驱动力，是手语主持创作的重要依据。本章从两个层面进行了论述，第一层面是电视手语主持创作中聋人受众的心理特殊性，主要表现为想象认知心理、思维认知心理以及人格情意心理；第二层面是电视手语主持创作的心理技巧，聋人受众心理的独特性决定了手语主持创作独特的创作心理技巧："情景再现""内在语""对象感"。

第一节　聋人受众心理的重要性

一　受众心理在电视手语主持创作中的重要地位

电视手语主持过程是一个完整的循环传播过程，离不开广大聋人受众群体。受众对电视手语主持节目的需要、兴趣爱好等心理倾向，对电视手语主持人的情感、态度、认知、评价、舆论等心理反应，都会对节目的制作与发展以及电视手语主持人的成长产生重要的影响作用，也在很大程度上决定了电视手语主持创作质量的高低和节目的成败。以聋人为主要受众的电视手语主持受众群具有一些与众不同的特点。第一，这些受众具有自发性与短暂性的特点。第二，受众的人数颇多，形成一个群体，受众个体在选择信息时对受众群体具有一定的依赖性，群体规模越大，个体从众行为和受到的约束力越强。第三，受众的组成成分复杂，层次类别多样，成分复杂，差异比较大，包括不同的年龄、性别、文化程度、职业、需要、兴趣、动机、居住地区、经济地位等。第四，受众是自由的，他们具有选择媒体的权利，具有接收与加工某种信息的自主性，同时由于受到兴趣、需要以及其他不稳定因素的影响，受众群体又是流动多变的。第五，受众与手语主持在时间和空间上是分离的，二者的联系是间接的，并非面对面的信息交流。对于电视手语主持创作来说，受众是匿名的，身份是不确定的，唯一的稳定性表现为相对固定的聋人群体。第六，受众的喜好、需要、情绪、情感、态度、认知、期望以及评价影响着电视手语节目的形式与内容。由此看来，只有在传播过程中充分考虑受众的心理需求特点，才能真正促进电视手语节目的完善，真正达到传播的最佳效果。电视手语主持人要尽量去全面加强对受众心理的整体认识，以提高受众对主持创作的认同度，疏导受众的认知偏差，唤起受众积极愉快的情绪体验，增强信息传播的效果。

二　聋人受众心理与电视手语主持创作传播形态的结合

聋人受众的心理诉求，也是与电视手语主持创作作为大众传播与人际传播结合体的特点相统一的。塞弗林等人曾明确提出："有效的传播节目往往是大众传播与人际传播的结合。"[①] 施拉姆也认为，"大多数以说明、教育为目标的运动都力图把大众媒介与个人的渠道结合起来，以期互相加强，互相补充"，"在其他条件相等的情况之下，通过面对面的交流比通过媒介渠道更易于引起并集中注意力"。[②] 电视手语主持创作是由大众传播与人际传播相结合而成的独特的传播活动。电视手语主持创作要实现大众传播的人际化和人际传播的大众化。这与聋人受众的心理特点相吻合。通过对聋人受众的访谈调查结果也证明了这一点，即聋人受众对融合了大众传播与人际传播的电视手语主持创作活动的传播效果满意度较高。电视手语主持作为大众传播组织机构所采用的一种面向社会大众传递信息的传播手段，其仍属于大众传播范畴，具有大众传播的特点，即传授关系的非对称性、传播对象的大众化、具有明确的传播目的、传播反馈的滞后延时等。但与此同时，作为一种人性化的传播方式，电视手语主持创作又不可避免地具有许多人际传播的特点，即此传播虽然隶属于某个传播机构，但直接实施传播行为的主体更倾向于电视手语主持人个体，实现了传播主体

① 〔美〕塞弗林、坦卡德：《传播学的起源、研究与应用》，陈韵昭译，福建人民出版社，1985，第 142 页。

② 〔美〕威尔伯·施拉姆、威廉·波特：《传播学概论》，陈亮、周立方、李启译，新华出版社，1984，第 129 页。

的人格化转向。虽然传授双方有时无法实现信息的完全对称，无法实现严格意义上的地位平等，但电视手语主持人所采取的人性化传播方式和平民化的传播视角，使得受众感受到传播双方在传播语境上的平等性。总之，电视手语主持创作是大众传播的人际化，或者是人际传播的大众化，是一种处于人际传播与大众传播之间的中间状态。在这种传播方式中，大众传播者在提供信息满足受众信息要求的同时，给予受众一种人情味和亲近感，创造了一个人与人相交往、相交流的虚拟传播环境，弥补了大众媒介传播所造成的受众的情感断流，从而使大众传播更加充满生机和活力。

电视手语主持创作这种大众传播与人际传播的结合体，要求其创作要有人格化的特点，即电视手语主持人以生活中的具体的人的身份同受众进行交流。电视手语主持创作的人际传播属性，要求电视手语主持人要充分尊重和考虑聋人受众的心理因素，要能充分发挥自身的心理技能，适应聋人受众的独特心理特征；而其所具有的大众传播属性则要求电视手语主持人能引导聋人受众心理健康发展。

第二节　“情景再现”——基于聋人受众想象认知心理

一　聋人受众的想象认知心理

想象是对头脑中已有表象（形象）进行加工改造而形成新形象的心理过程。例如，人们在听广播、看小说时，在头脑中所呈现的各种各样的情景、人物形象。这些根据别人的介绍描述，或者根据自己已有的经验，在头脑中形成的新形象，都是想象活动的结果。形象性和新颖性是想象活动的基本特点。想象是在感知的基础上，改造旧表象创造新形象的心理过程。它是以直观的形象呈现在人们头脑中，而不是词或者符号。而且想象中出现的形象是新的，不是表象的简单再现，是在已有表象的基础上加工改造的结果。

对于聋人而言，由于其存在听力障碍，其感知觉就变得非常强大，也为其营造丰富的想象提供了基础。丧失了听力的聋人，靠手语与别人进行交流，靠视觉器官的直观形式获得信息。因此，聋人视觉敏感力非常强，形象思维非常发达，想象力也十分丰富。一般来说，正常儿童思维的发展可以划分为三个主要阶段：直觉行动思维阶段、具体形象思维阶段和抽象思维阶段。听力残疾儿童的思维发展也大体经历了这三个阶段。实验研究表明，前两个阶段的发展，听力残疾儿童并不比同龄正常儿童落后，只在第三个阶段显出落后。事实上，前两个阶段聋人表现得甚至优于正常人，这一特点，不仅表现在听力残疾儿童层面，在成年聋人那里也十分突出。这也就从一个侧面证明了聋人具备较强的想象认知能力的假设。

在电视手语主持创作过程中，视觉器官是聋人受众获取信息的重要渠道。聋人的视觉感知经过以下神经通路：眼睛→大脑的视觉通路→大脑枕叶皮层→大脑皮层上的联合区。视网膜是视觉器官里最主要的组成部分，由光细胞组成，负责把光（这里指电视图像所反射的来自光源的光线）转化为神经脉冲。这种神经脉冲再沿着视觉传入神经，到达大脑枕叶皮层上的视觉区，并在这里对视觉信号进行初步分析，然后再传到大脑皮层上的联合区对视觉信息进行整合处理，产生完整、丰富的视觉，从而完成聋人受众对电视手语主持创作内在意义的认知和理解。这其中想象认知发挥了重要作用。

二 “情景再现”创作心理技巧

“情景再现”是根据聋人受众丰富的想象认知所提出的创作心理技巧。所谓“情景再现”，就是在符合稿件需要的前提下，以稿件提供的材料为原型，使稿件中的人物、事件、情节、场面、景物、情绪……在手语主持人脑海里不断浮现，形成连续活动的画面，并不断引发相应的态度、感情的过程。这个过程实质上是通过充分发挥手语主持人的想象的生动性、丰富性、新颖性的特点，将这些形象思维和想象传递给聋人受众，使其有身临其境的感觉，充分激发其想象认知心理。因此，聋人受众独特的想象认知思维决定了主持人在创作时必须使用“情景再现”的心理技巧，只有通过“情景再现”，手语主持人才能更好地满足和发挥聋人受众想象认知较强的特点。对于电视手语主持创作而言，特别是对于电视新闻手语主持创作来说，节目类型在我国占绝对主导地位。新闻节目的制作由多个新闻事实的叙述构成，而这些新闻事实之间大多数情况是相对独立的，彼此没有联系。手语主持人需要厘清每个新闻事实的头绪，做到主次得当。只有经历了这个过程，手语主持人才能设身处地地将新闻事实在脑海中还原，才能实现电视手语主持创作的目的，才能将自己的“所见所闻”传达给受众。通过逻辑感受和形象感受，主持人就有了对新闻稿件内容主次、详略的把控能力，从而从根本上把握作者的创作意图。因此，“情景再现”可以说是针对聋人受众想象认知心理提出的一种切实可行的创作心理技巧，可以有效保证手语主持创作的传播效果。

1. 聋人受众对“情景再现”重要性的认同度分析

我们对“情景再现”的重要性做了问卷调查（本调查结论是建立在向聋人受众解释了“情景再现”含义的基础上得出的）。

表 3－1　聋人受众对“情景再现”重要性的认同度

	非常重要	重　要	一　般	不重要	完全不重要
频　次	413	395	145	72	43
百分比（%）	38.7	37.0	13.6	6.7	4.0

从表 3－1 可见，聋人受众认为电视手语主持中“情景再现”非常重要的占 38.7%，重要的占 37.0 %，可有可无的占 13.6%，不重要的占 6.7%，完全不重要的占 4.0%。选择“非常重要”和“重要”的比例超过了 75%，因此，可以认为“情景再现”是很受聋人受众欢迎和认同的一种心理技巧。在电视手语主持创作过程中，“情景再现”应当引起重视。

2. 电视手语主持创作中如何实施“情景再现”

（1）情景再现的准备

电视手语主持人在创作过程中，要为“情景再现”做好充分的准备工作。

①厘清头绪。以稿件内容为创作依据，手语主持人通过备稿对稿件的脉络和层次有一个清楚的认识，提炼出重点内容，对稿件内容进行全面的梳理，做到心中有数。对电视手语主持创作而言，这一环节至关重要，在情景再现传递过程中，主持人是没有时间对稿件的脉络和主次进行梳理的，电视手语主持人只有将稿件脉络事先了然于胸，才能在后面的环节中做到收放自如。

②设身处地。手语主持人要对稿件描述的情景展开丰富的联想，将稿

件内容在脑海中形成动态的画面。手语主持人要有“我就在”的意识，体会稿件内容表达出来的喜怒哀乐，从而引发自己的情感储备，将自己的情感投入稿件描述的情景中。在一些重点内容的感受上，手语主持人要仔细品味，强化印象，为稿件内容传递的准确性做好铺垫，为后面的创作打好基础。

电视手语主持人是聋人受众与主流社会交流沟通的桥梁和纽带。手语是一门视觉语言，电视手语主持人要有“我就在”的感觉，将不同的手势进行组合形成连续活动的画面，完成节目内容准确完整的传播。

（2）“情景再现”的传递

何伟指出：“在播音主持中应用情境再现的目的是增加节目的表现力、吸引力和感染力，而只有将感情与情景全面地传达给听众，才可实现这一目的。”[①] 如果“情景再现”只是停留在准备的阶段，那么只有手语主持人感受到了稿件描述的场景和相关的情感，节目受众并没有从中感受到，更不用说产生共鸣，这要求手语主持人做到以下两点。

①触景生情。这是“情景再现”的核心问题，强调手语主持人内心积极的反应，摒弃“充耳不闻”“视而不见”的无动于衷，要追求情景交融，以情为主。电视手语主持人首先要做到把自己融入节目内容之中。思想感情要随着稿件内容的变化而变化，只有这样，在向聋人受众传递信息的时候才能做到感情真挚，有感而发。为从“自知”到“他知”打下良好的基础。

②现身说法。手语主持人要把通过“情景再现”得到的所见所闻所感再现给受众，使受众也展开一定的“情景再现”，从而引发相应的情感互动。电视手语主持人要在全面理解稿件的基础上将内容进行再创作，使聋人受众融入画面中，产生情感上的交融，最终达到共鸣的目的。

三　电视手语主持人想象认知心理的培养

电视手语主持节目类型丰富、内容广泛，电视手语主持人经历再丰富，也不可能事事身临其境。运用想象加深对节目内容的感受是电视手语主持人必须具有的能力。只有想象力丰富，才能去感受别人的经历，才能

① 何伟：《在播音主持中情景再现的应用》，《中国传媒科技》2012 年第 12 期。

从中捕捉到真情实感，才能在此基础上进行再创造，从而将这种想象传递给聋人受众，从而与聋人受众强大的想象力实现有效对接。培养手语主持人想象认知心理的有效途径有以下几条。

1. 增加表象储备

想象中任何新形象的形成都是以头脑中原有表象为基础的，没有旧有记忆表象作为原材料，新的表象是不可能被加工出来的，就更谈不上创造性想象。人的知识经验范围决定着表象的丰富程度。对电视手语、主持人来说，要在社会实践中开阔视野，尽量扩大对自然界和社会各种形象的储备，参与社会调查、参观、游览、欣赏影视歌舞、读书、制作，都可以扩大表象储备。手语主持人要扩大与聋人受众群体相关的形象储备，如聋人文化、生活、娱乐等。生活积累越丰富、坚实，想象力的发挥面就越广阔，产生的新形象也越深刻、越生动，也越有利于情景再现的表现。

2. 配合积极的思维活动

想象力的丰富程度与个体的知识经验并不成正比，因为想象是通过对已有表象加工、改造和重新组合，在头脑中建立新形象的过程。它不是感性材料的胡乱堆砌，而是一种严格的构思过程，受思维活动的控制、调节和支配。对电视手语主持人来说，只有积极、严密的思维才能保证创造想象沿着正确的方向顺利进行，它的产物才会符合节目的要求，才会激发起受众的兴趣。

3. 经常展开联想训练

联想是想象力的花朵，经常展开联想，可使想象活跃。联想就是从一个事物、概念、方法、形象想到另一个事物、概念、方法和形象。经常进行联想，会增加电视手语主持人想象的细密程度和丰富程度，从而促进其想象力的发展。

第三节　“内在语”——基于聋人受众的思维认知心理

一　聋人受众的思维认知心理

思维是人脑对客观事物的本质属性及其内在规律的反映。思维是在感知的基础上产生和发展起来的借助语言、表象或动作实现的理性认识过程，是人类最复杂的心理现象之一。

衡量思维的主要指标是理解度，以理解度为总指标的分指标系列有：对传播内容的思路、观点、构成及各构成之间的逻辑关系和因果关系的清楚度，对传播内容的主旨、本意、特色的把握度，对传播内容及其所含系列概念与相似内容所含相似系列概念的区别度或混淆度，等等。电视手语主持人在传情达意时，常包含着对某一事物的是与非、善与恶、美与丑、进步与落后的价值判断，并努力使受众认同这种判断，客观上起着形成与维护社会规范和价值体系的作用。受众在接收这类信息时，就会用大脑去思考、判断，从而形成相应的价值取向，实现良好的传播效果。① 这种思考与判断就是通过其思维认知心理来完成。

思维和语言是共同存在的、共生的。“语言是思维的工具，思维是用语言进行的”，“思维是在语言材料的基础上产生和存在的”。② 对于聋人受众而言同样如此，聋人的思维发展可以概括为如下推进过程：形象思维 → 形象思维 + 手语思维 → 手语思维 + 文字思维 → 以文字思维为主。③ 文化层次的高低决定了聋人是否能形成以文字语言为载体的思维活动。这一纵向分布实际上也代表了当前聋人受众思维层次的横向分布。根据我们的调查，由于文化层次等因素造成的差异，电视手语受众的思维认知差异性很大，其中“纯形象思维”和“以文字思维为主”的受众占少数，而另外两种受众所占比例较大，也就是说聋人受众群更加依靠的是形象思维和形象思维 + 手语思维，其文字思维能力相对较差。因此，对于电视手语主持人来说，要充分把握和了解当前受众的思维特点，运用合理的技巧来满足受众的需要，处理好文字素材与受众文字思维学习的矛盾，才能更好地解决这一矛盾，以实现受众能够完全理解其所传递信息的目标。

二 “内在语”创作心理技巧

就电视手语主持人而言，满足聋人受众“知事”“知情”“知理”的需求是其手语主持创作的第一要务。同时，很好地适应和服从当前聋人受众思维认知心理状况则是手语主持人实现“知事”“知情”“知

① 许耕源：《收视率不是衡量节目质量的唯一标准》，《视听天地》2001 年第 5 期。

② 吴桂藩：《论思维和语言的起源》，《中国社会科学》1981 年第 3 期。

③ 《聋哑人的语言与思维》，http//www. spe - edu. net/Html/shuangyujx/201004/20289. html。

理”的关键。而有效地使用“内在语”这种心理技巧是解决这一难题的有效手段。通过它，手语主持人可以帮助聋人受众实现理解信息的目标。

1. “内在语”的重要性及其在电视手语主持语料库中的表现

（1）“内在语”的内涵及重要性

在日常社会交际中，由于年龄、性别、场合、身份等原因的影响，人们说话的方式会含蓄委婉些，这在语言的实际运用中比较常见。这就是我们所说的“话中话”，也就是我们要说的“内在语”。内在语是承接语言链条的连接点，如果手语主持人无法明确隐含性的关联词和语句关系，也就无法有效给受众传递信息，也就是说，自身无法吃透稿件，就谈不上吸引和感染受众。“内在语”是语句目的的集中体现，比如说同样的语句，在不同的语言背景下表达的含义是不同的，原因就是内在语的不同。如果能够很好地把握、理解作者的态度倾向，也就能够表达出一句话的真正内涵和实质。斯坦尼斯拉夫斯基也说过，只有当人们借自己的体验从内部赋予所要表现的作品的潜台词以生命的时候，在这部作品里，同时也在演员自己心里，才显露作品所要表达的精神实质，创作的意义就在潜台词上了。

李昱认为，内在语并不在播音员的有声语言中出现，它是播音员的内心意念，使思维与感情处于运动状态，对有声语言的表达起着深化的作用。[①] 任何类型的节目创作，主持人都要在感受和体验生活的基础上，提升自身对语言的驾驭能力，对“内在语”的确定和表达技巧要运用自如，为受众揭示稿件的语言链条和显示语句内涵。电视手语主持人也同样如此。很好地把握和运用“内在语”是使受众达到“知事”“知情”“知理”三个层级最重要的手段。

（2）电视手语主持语料库中“内在语”的表现

对于电视手语主持的内在语而言，在众多的相关因素中，最能凸显内在语质量的是受众对节目的理解程度，还有就是受众对节目聋人文化的满意程度。下面我们将结合语料库和问卷调查对这两个方面进行

---

① 李昱：《播音创作过程内在语的重要性——浅谈电视节目主持语言风格》，《文学界（理论版）》2010 年第 6 期。

分析。

表3-2 受众对节目的理解程度

	完全不懂 N（%）	看懂一点点 N（%）	看懂很多 N（%）	全部都懂 N（%）	没看过，不知道 N（%）	总计 N（%）
聋人受众	266（30.8）	312（36.1）	65（7.5）	5（0.6）	215（25.0）	863（80.8）
手语老师	31（15.1）	102（49.8）	53（25.9）	13（6.3）	6（2.9）	205（19.2）
总　计	297（27.8）	414（38.8）	118（11.0）	18（1.7）	221（20.7）	1068（100）

从表3-2可见，针对受众对电视手语节目内容的理解程度，聋人受众完全不懂的占30.8%，看懂一点点的占36.1%，看懂很多的占7.5%，全部都懂的占0.6%，没看过，不知道的占25.0%。对电视手语节目内容手语教师完全不懂的占15.1%，看懂一点点的占49.8%，看懂很多的占25.9%，全部都懂的占6.3%，没看过，不知道的占2.9%。

让聋人受众理解节目播出的内容是对电视手语主持人基本的要求，从上表我们可以看出，聋人受众在观看节目时，对节目内容“完全不懂”和“看懂一点点”的占了66.9%，节目的播出质量低下是个事实，这就要求主持人要提高对稿件的驾驭力，主持人对稿件内容的驾驭能力需要不断增强，需要先消化稿件的语句本质和语言链条，再传播给聋人受众。这离不开对内在语的把控能力，需要主持人理解稿件内容的语句内涵，明确语句之间的逻辑关系，通过手语的表达，准确、清晰地将稿件内容传递给受众，以此保证手语节目的播出质量，达到与受众共鸣的效果。可以看出电视手语主持的创作离不开“内在语”的把握。

手语节目的主要受众是聋人群体，由于他们生理和心理的特殊性，需要主持人在节目的创作中，考虑到他们的聋人文化、认知水平、接收方式、思维习惯等，手语节目整体的创作过程要考虑到聋人受众的特殊性，在语言表达技巧的把握上要考虑到聋人群体的特殊性，这当中就包括对“内在语”的把握。聋人文化是一个很宽泛的概念，是指聋人因其听觉的障碍及其独特的语言系统所产生的独具一格的文化。在主持时，坚守聋人文化是指主持人在主持过程中，其手型的打法、肢体的动作、表情及词汇表达的语序、语言的组织等传达出了“聋人感”。也就是说，手语打得符不符合聋人的习惯。一些聋人文化满意度较高的手语节目主持人在进行二次创作的过程中往往会表现出如下特点：语法上遵循聋人自身的特点；表达过程中注意营造空间感；肢体协调，顺达通畅；表情到位，随句子中的词汇的变化而变化。

在电视手语主持创作中，“内在语”的表达非常重要，“手语节目受众对节目的理解程度”问卷调查结果显示，手语节目的播出质量确实有待提高，主持人要准确向受众进行语句内在含义的表达，帮助受众准确、完整地接收节目内容。所以“手语节目受众对节目的理解程度”的问卷调查结果完成了内在语在电视手语主持中重要性的验证。手语内在语的表达，要考虑到受众人群的特殊性，表达的方式要更加清晰明了。“电视手语主持人有无聋人文化”调查问卷结果显示在把握内在语时，要考虑到聋人群体生理、心理的特点，特别是其逻辑思维较差的特点。

2. 聋人受众对“内在语”重要性的认同度

我们对电视手语主持“内在语”的重要性做了问卷调查（本调查结论是在向聋人解释了“内在语”含义的基础上得出的）。

表 3-3　受众对电视手语主持“内在语”重要性的认同度

	非常重要	重　要	一　般	不重要	完全不重要
频　次	427	411	132	63	35
百分比（%）	39.9	38.5	12.4	5.9	3.3

从表 3-3 中可见，受众认为电视手语主持中“内在语”非常重要的占 39.9%，重要的占 38.5 %，可有可无的占 12.4%，不重要的占 5.9%，完全不重要的占 3.3%。因此，“内在语”“非常重要”和“重要”的占比超过了 75%，在电视手语主持创作中，“内在语”应当引起重视。

3. 电视手语主持创作中如何把握“内在语”

首先，电视手语主持人要把稿件内容消化成自己的语言，使思想感情处于运动的状态，再把自己的所思所想转化成手势语言。电视手语主持人若想传递出稿件当中存在的“内在语”，不光手语要打得好，汉语水平的功底也要深厚。缜密的思维逻辑也是必不可少的，由于手语和汉语有各自独立的语言体系，在很短的时间内将二者转换，难度很大。这需要电视手语主持人注重自己的文化修养。对手语主持人来说，无论何种类型的手语节目中，内在语的表达，都要做到态度明确，分寸得当。

其次，“内在语”所体现的是一种内在的，在语言中不便透露，不能透露或者没有完全表露的话语，即语句关系和语句本质。电视手语主持人要有娴熟的手语表达技能，在转换的过程中，考虑到聋人的文化水平和认知水平，用相对简单明了的手势语言来表达稿件内容的深层含义。

第四节 “对象感”——基于聋人受众的人格情意心理

一 聋人受众的人格情意心理

当代心理学认为，人格是支持个人生活的认知、情感和行为的复杂的身心组织，它既包含了人先天的基因要素，也包含了人后天的生活经验。对于聋人受众来说，其在人格方面的特异性主要表现在其性格与个性层面。性格是指个人对现实（社会、国家、机体、他人和自己）的稳定态度，是一个人在现实生活中形成的对现实比较固定的态度以及与之相适应的习惯化了的行为方式。个性是指一个人不同于他人的特点，仅仅表达人的独特性。不同的性格及个性往往会带来不同的情意表现。对于聋人受众来说在性格和个性方面有其不同于一般人的不同点。

日本大桥正夫指出：“聋儿在思想交流上有困难，社会经验狭窄。因此，他们在社会的、情绪的各个侧面的行为特征，一般地说显著落后于正常儿童。主要的特征表现为畏首畏尾、过分盲从等。”① 张海从在其文章中提到，何华国在列举听力障碍学生的行为特征时指出：“如果学生无法听，他的人格与行为问题便可随之而生。他也可能为寻找补偿而显得特别浮动。有的学生也会经常表现出退缩、固执或害羞的行为。”美国学者梅多指出：“聋人儿童总是表明比正常儿童有更多的顺应问题，他们表现出行动固定化、自我中心、缺乏内部控制能力、冲动和易受暗示的特点。”② 有调查显示：“聋人大学生在意志上遇到困难更多，更不易坚持，在人格

① 〔日〕大乔正夫：《教育心理学》，上海教育出版社，1980，第145～146页。

② 张海从：《健听大学生与听障大学生人格特征的比较研究》，《中国特殊教育》2004年第4期。

上没有听力正常大学生那么乐观，在适应社会方面，融入社会会更为困难，在适应人际方面，由于交往的限制，对各种社交场合，并不能总是应付自如，在适应自然方面，对外界自然的变化不是特别敏感和关注。”①这些都表明了聋人受众更多属于情绪型、依从型性格。聋人这些在人格心理层面的表现会带来他们在情意心理上的变化。我国一些从事聋儿教育的专家，从各自接触到的聋儿的实际表现中，也概括出一些聋儿的个性特点，诸如孤僻、自高自大或自卑、急躁、主观片面、猜疑心强、自私等。调查显示，聋人大学生与正常大学生相比情感反应方式比较强烈，频度高，但持续时间短。性格豪爽、耿直，“好”就是“好”，“坏”就是“坏”，很少拐弯抹角。受众的情绪影响着受众的认知，甚至直接影响到传播行为。因此，高高在上、板着面孔教训人的电视手语主持人，一般都会引起受众的厌恶甚至反感，一味地灌输、宣传、命令的信息不容易被受众接受；只有那些充满了平民意识、真心为受众着想、真诚为受众服务的电视手语主持人才能得到受众的普遍认同与喜爱。一般来讲，受众对电视手语主持人的认同度越高，预期的传播效果就越好；对其认同度越低，预期的传播效果就越差。而受众对主持人的认同度高低就取决于主持人对聋人受众人格、情感心理的把握。

因此，对于聋人受众而言易于接受的电视手语主持创作方式包括：快捷的方式——传播新闻信息，注重时效性，速度很快；平等的方式——对聋人受众体现足够的尊重，把受众当作知心朋友，对他们讲述其所关心但却不知道的事情；交流的方式——受众有参与的机会，能自由地发表意见；赏心悦目的方式——具有可看性。而这些创作方式的根基就在于手语主持人在创作时必须有“对象感”，即真切感受到对象感，并达到与之真实交流的效果。

二　“对象感”创作心理技巧

斯坦尼斯拉夫斯基曾说过，没有对象，这些话就不可能说得使自己和听的人都相信有说出的实际必要。这句话凸显了确定传播对象的重要性。

---

① 安敏：《聋人大学生心理理论的特点及其与和谐心理的关系研究》，硕士学位论文，郑州大学教育系，2012，第35页。

对于电视手语主持来说，创作空间大多数还是在封闭的播音间，面对的是镜头，而不是直接面对观众，不会产生真正意义上的交流，只是单方面地进行信息的传递，也不可能在现场得到受众的反馈和建议。所以，这就要求主持人做到“心中有人”，要在心里感觉到受众的存在和反应，考虑到他们的需求。手语主持人要根据传达信息的不同，选择合适的表达方式，要让聋人受众最大限度地理解和感受主持人表达的内容，从而使其产生共鸣。这就是所谓的“对象感”。

1. “对象感”的重要性及其在电视手语主持语料库中的表现

（1）“对象感”的重要性

在电视手语节目的制作过程当中，只有电视手语主持人意识到对象感的存在，整个创作过程才更有针对性。任何类型的节目，假如主持人脑海中没有对象感的存在，受众定位就是模糊的，节目的传播就没有针对性，也只能算得上自说自话。正如张颂所说：“对象感就是播音员必须设想和感觉到对象的存在和对象的反应，必须从感觉上意识到听众的心理、要求、愿望、情绪等，并由此而调动自己的思想感情，使之处于运动状态。”① 对象感的设定在节目的创作过程中有着非常重要的意义，想要达到预期的播出效果离不开对象感的设定。

对电视手语主持人而言，“对象感”心理技巧的核心就是要求做到能够跟聋人受众“换位思考”。“对象感”和“换位思考”贯穿于电视手语主持创作前期准备、创作期间及后期制作全过程。刘京林认为：“播音员、主持人面对的是镜头和话筒，他们与观众和听众的交流，实际上是间接的，他们需要靠想象、联想等心理活动与受众进行心理沟通。由于观众、听众一般不在眼前，为了产生对象感、交流感，必须通过换位思考去理解观众的需求，这样他/她才能够进行正常的播音和主持。所以换位思考是播音和主持工作中一种非常重要的心理活动，没有这种心理活动，播音员和主持人就不能唤起谈话欲，传播活动就容易终止。”② 电视手语主持人在节目策划、创意、制作和播出的整个过程中要始终坚持换位思考，即站在受众的角度真切地思考、感受、体验受众的心理需求，然后思考受众在

① 张颂：《中国播音学》，中国传媒大学出版社，2011，第280页。

② 《刘京林：学术音符是真、奇、巧》，人民网，http://www.people.com.cn/GB/14677/21965/22072/2329873.html，2004年2月10日。

看完节目后会产生何种的心理反应，是否满足了受众的需求。只有这样才能在仿人际互动中获得对象感和交流感。电视手语主持人面对摄像机，主持节目时首先要做的是调整心理状态，找出最佳对象感的心理反应，在对象感的想象中应强调具体化、真实性。必须能够真切地想象出自己面前有具体而真实的受众，并且打心里认为自己是受众的挚友。受众最喜欢聆听你推心置腹的讲话，要用最易于被受众接受的通俗易懂、深入浅出的口吻，亲切自然的手语与表情告诉受众你所讲的内容。这些内容是受众不了解却又很想知道的。在主持人讲述的过程中，凭借曾经有过的经历，仿佛真的看到这些朋友的表情和心理反应，不断地调整说话的技巧，用这种双向交流的方法达到与实际生活的最大相似，把自己与节目融为一体。

（2）“对象感”在电视手语主持语料库中的表现

就对象感而言，在众多的创作手段中，最能突显“对象感”的手段是主持人的眼神与表情，下面我们将结合语料库和问卷调查对这两个创作手段进行分析。

表情是电视手语主持中对象感把握的一个重要因素，它常常被听人手语主持人忽略，它是手语中对某一段话的情绪判断最直观的表现，也是在手语中对词汇性质理解的辅助标准。

在手语节目中，主持人不仅要辅之以相应的表情，还要求表情要能随报道内容的变化而变化。通过语料库中的视频进行抓取时，发现有些主持人在介绍学手语时间太久容易忘时，随之出现因为忘记手语而苦恼的表情，让受众充分感受到了主持人表达内容时传递的情绪，对之前的意思有所理解，对后面句子也会传声联想。再如介绍图画对手语学习的辅助作用有限，主持人露出无奈的表情，让受众的情绪受到感染。手语的最大特点就是视觉化，而表情无疑是手语内容情绪的重要补充。主持人对手语表情的把握很到位，所以观众满意度比较高，让受众感受到节目是根据他们的需求而制作的，考虑到了聋人受众的特殊性，“对象感”的把握较为准确。

眼神交流感是电视手语主持中对象感把握的一个重要因素。眼睛是心灵的窗户，电视手语主持人在创作的过程中，眼神表达出来的交流感是与受众进行互动、产生共鸣的前提，是主持人表情达意的重要组成部分。眼神与传播内容的契合，与其他表达技巧的配合，是取得良好传播效果的保证。手语是视觉化的语言，对眼神这种可以传递出画面感的因素有很大依赖性，是主持人与目标对象和谐交流的重要体现，契合的眼神交流是正确把握对象感的前提之一。

在电视手语节目中，只要主持人的表情生动，眼神有交流感，受众就会感受到主持人在打手语时传递出来的美感，从而产生情感上的共鸣。电视手语主持人合适到位的眼神必定是电视手语主持产生美感不可缺少的因素。没有眼神交流的电视手语主持是不可能打出让观众产生共鸣的手语的。正是因为主持人与受众产生了适合的眼神交流，受众感受到了自己是节目的服务对象。因此，手语主持人对象感的把握水平高，受众的满意程度自然也高。

手语是一种视觉性语言，表情、眼神、节奏、语速都是表情达意的重要手段，也是“对象感”把握的重要组成部分。在众多的创作手段中，最能凸显对象感的手段是表情和眼神。以上论述证明了这两种手段在电视手语主持对象感把握中的重要性，体现了与以有声语言为主要创作手段的播音主持的不同之处，验证了电视手语主持的创作离不开以表情、眼神、语速等因素构成的对象感的把握，同时也验证了对象感的把握在电视手语主持中的特殊性。

2. 聋人受众对“对象感”重要性的认同度

我们对电视手语主持的“对象感”的重要性做了问卷调查（本调查结论是在向聋人解释了“对象感”含义的基础上得出的）。

表 3－4 受众对电视手语主持“对象感”重要性的认同度

	非常重要	重　要	一　般	不重要	完全不重要
频次	428	401	132	68	39
百分比（%）	40.2	37.5	12.3	6.4	3.6

从表 3－4 中可见，认为电视手语主持中“对象感”非常重要的占 40.2 %，重要的占 37.5 %，可有可无的占 12.3%，不重要的占 6.4%，完全不重要的占 3.6%。因此，认为“对象感”“非常重要”和“重要”的超过了 70%，在电视手语主持过程中，“对象感”应当引起重视。这也证明了在电视手语主持创作过程中，“对象感”对于达到良好传播效果的重要价值。

3. 电视手语主持创作中如何获取对象感

（1）根据稿件和节目的内容——设想“对象感”的需求

电视手语主持节目的制作，要考虑到受众的需求，对节目受众的需求进行设想。在这个过程中手语主持人需要从节目定位、稿件内容、受众的信息接收方式和理解方式等因素进行综合考虑。只有这样，在节目的创作过程中，才能感受到聋人受众的存在，考虑到他们的所思所想。在电视手语主持创作中，手语主持人要考虑到聋人受众的特殊需求。由于聋人的文化水平有限，在手势表达的时候需要更加直观明了，以帮助他们对节目内容准确完整的理解。汉语语法和手语语法有很大的差别，电视手语主持人要熟练掌握手语技能，同时提高汉语和手语的表达水平，二者要能够做到自如转化。聋人受众由于生理条件的限制，对抽象概念的理解能力较为薄弱，电视手语主持人需要配合眼神、表情、手势幅度、力度等表达方式来帮助聋人对抽象概念的理解。并且根据稿件内容的变化，通过自己思想感情的不断运动，带动节目受众的情感起伏，达到共鸣的效果。

（2）积极参与节目采编——获得“对象感”

手语主持人对节目制作的参与程度同最后的播出效果有很大的关系。主持人若深入节目采、编、播的各个环节，对节目整体的把控能力自然会提高，制作环节最后的语言表达也更有发言权和感染力。与此同时，积极参与节目的整个创作过程，与团队的其他成员相互交流与沟通，对节目内容的来源、发生背景也就有了更透彻的理解。做节目时，才会做到心中有数，情感的把握也会做到有的放矢。在电视手语主持的创作过程中，电视手语主持人除了要遵循以上提到的要求外，还要注意保持自己的主体性地位，配合但不依附于有声语言主持人，以“我”为核心，要对聋人受众负责。如王晓书就全程参与到节目的制作，从选题、制作到播出，考虑到聋人受众的兴趣、爱好和需求，节目的播出质量受到了大家的一致好评。

（3）熟知了解受众——感知“对象感”

电视手语节目要想达到好的宣传效果，对节目的目标受众要有深入的了解，如在电视手语主持中，电视手语主持的服务对象是聋人。在对象感的把握上，应该考虑到这个群体的特殊，尊重聋人文化，考虑到手语的语法、词汇、语义等，还要遵循聋人的思维习惯和逻辑方式。只有在了解和熟知目标受众的基础上，电视手语主持人的手势表达才能够更加准确、生动，更有针对性。在手语主持创作上，要尊重聋人文化，遵循手语语法。不依附于播音主持人，有自己的节奏和理解，将节目内容准确完整地传达给聋人受众，并且产生互动，而不是忽略聋人受众的理解和接受，只是单纯地进行手语翻译。主持人要站在聋人受众角度考虑问题，充分发挥好聋人受众与主流社会的纽带和桥梁作用。

第五节 电视手语主持人心理调适技巧

手语主持人在面对镜头进行新闻播报时，必然会产生一定的心理压力。尤其是在新媒体时代，新闻事件发生的瞬时性和现代信息传播的飞速化，促使新闻节目逐渐从录播向直播发展。由于直播环境容错性低，并且无法进行后期的修改与补充，手语主持人必须保持高度的紧张感和专注度，且与口播主持人不同，手语主持人不仅需要应对播出环境的压力，还要尽量保证手语传译的准确性，这在一定程度上给手语主持人造成了更大的心理压力。结合祁芃《播音心理学》中对口播主持人心理调适技巧的相关描述，本文结合手语主持创作的独特性，对手语主持人的心理调适技巧提出了参考性建议。

一 生理调控

一般情况下，人们紧张、激动、兴奋、恐惧等心理情感都会通过一定的生理形式呈现出来，通常表现为心跳加快、呼吸加速、气息不稳等。因此，为保证自然、稳定的镜头前状态，我们需要充分把握心理活动与生理变化的关系，及时地进行控制和调节。

1. 呼吸调节法

呼吸调节法也是我们常用的调节方法。通过“深呼吸”的形式，缓解自己的紧张情绪，使自己的声音状态由紧绷到放松。首先，在吸气时，我们要保证的是口鼻同时进气，不要抬肩，胸部放松。同时，在深吸一口气时，我们可以将手放在脖子处，感受脖子处肌肉的状态，引导气息下沉至小腹，保持“腹壁站定”的状态。其次，呼气时要尽量保持长时间的匀速吐气，可以发出“呼”或“嗞”的声音，稳定持久地进行呼气。最后，在呼气结束后，放松肌肉。呼吸调节法在直播或节目开始前能够有效地消除主持人的紧张感，帮助主持人稳定情绪。

2. 目光训练法

与面对观众进行直接的眼神交流不同，面对镜头时，会因为缺乏现实的交流对象而产生紧张感。尤其是手语主持人，眼神作为手语中重要的非手控特征，是与聋人受众建立联系的重要步骤。王晨华等老一辈手语主持人也强调，要用眼神跟聋人受众沟通，做到目中有人，在面对镜头时，可以想象自己是在面对面与聋人进行沟通，这样也可以使手语主持人产生对象感和交流感，分散注意力，减轻镜头前的心理压力。进行目光训练法时，可以通过“照镜子”或者“录像”等方式进行实况主持训练，在经过一定时间的常态化训练之后，会减轻在镜头前的压力。

3. 熟悉稿件法

在节目正式播出前，手语主持人可以通过熟悉稿件，重点找出其中的生僻词汇或抽象词汇，通过查阅书籍或进行手语的二次创作，将其转化为简单易懂的手语词汇。这样可以有两方面的作用：一方面，通过熟悉稿件，降低文字稿件转化为手语的难度，减轻手语主持人的工作负担和心理压力。另一方面，通过对稿件的提前演练，可以帮助手语主持人寻找合适的手语表达速度，找到镜头前的主持状态。

人的生理和心理相互影响并且相互作用，因此，恰当地进行生理的调节能够帮助手语主持人寻找恰当的主持状态，同样，心理活动的变化也能够促进主持人更加自信、充满热情地完成工作。

二　心理调控

一般情况下，人们在公开讲话以及考试等关键时刻，总会下意识地紧张，或进行消极的自我暗示。体现在手语主持人身上通常表现为会产生“我会不会手语表达失误”“一些词用指拼聋人会不会看不懂”“会不会跟不上口播主持人的速度”“会不会表情没有控制到位”等一些消极的想法，但是，这些想法往往会增加主持人的不安和紧张，产生更多的失误现象。因此，手语主持人需要给自己建立自信、积极的心理状态，克服主持过程中可能会遇到的问题，提高手语主持质量。

1. 积极的自我暗示

暗示可以对人的心理和行为产生很大影响，给人脑以兴奋的刺激，这种心理影响表现为使人按一定的方式行动或接受一定的意见或信念。而积极的心理暗示能够使人树立信念，克服不利因素，以积极、乐观的心理处理事情，稳定自己的情绪，超常发挥。比如，在节目播出前，告诉自己“我不会出错”“我今天状态真好”等，通过自我鼓励、自我暗示对心理进行诱导，克服由紧张等不良情绪所带来的消极影响。

2. “抗干扰”心境的培养

手语主持人作为手语主持创作主体，在主持过程中的心境会对其主持状态产生很大影响。一方面，良好的播出环境能够为主持创作者提供最佳心境，使其高水平发挥。另一方面，主持人需要培养良好的抗干扰的能力，即使在播出环境不够安静的情况下，依然能够适应环境、调整心态、稳定心境，进行节目的正常播报。因此，主持人在面对声音干扰时，应该具备听而不见、视而不闻的能力，只有这样，才能够全身心地投入工作。

人的情感状态千变万化，无论是外部刺激还是内部因素的影响，都会导致情绪的不稳定。想要达到稳定、大方、自然的主持状态，主持人就必须随时调控自己的心理，掌握一定的心理调适技巧，使其时刻处于最佳的主持状态。

第四章　电视手语主持创作语境

语境是电视手语主持创作重要的外部条件。本章将探讨电视手语主持创作的语境类型，尝试建立电视手语主持创作的语境标准。电视手语主持创作语境类型主要包括宏观语境（社会语境、文化语境、民族语境、地域语境和时代语境）、中观语境（电视媒体层面的媒体语境）、微观语境（节目语境、手语主持人形象语境、时间语境、空间语境）；电视手语主持创作语境标准主要讨论与手语主持创作直接相关的微观语境，包括形象语境，如服装饰品、稿件和提词器等标准；时间语境，如手语主持节目的播出时长、频次以及制播方式标准；空间语境，如具体主持场景和画框比例标准。

第一节　电视手语主持语境的概念

一　语境的概念

语境，简而言之，即语言环境或言语环境。Schlagel 提出："所有的经验和知识都是相对于各种语境的，无论物理的、历史的、文化的和语言的，都是随着语境而变化的。"在相关专业领域中都离不开语言的表述和内容的理解传达，所涉及的领域的发展都与其时代语境息息相关。如今，语境已成为语用学、语义学、语体学、社会语言学等多个学科的核心概念。把握和理解语境的概念，是电视手语主持创作中语境规范的理论根基。

"语境"是英国人类学家马林诺夫斯基于 1923 年提出的，虽然这一术语诞生的时间并不长，但是对语境的研究古已有之。如清代学者袁仁林的《虚字说》中提出："实字虚用，死字活用，此等用法，必由上下文知之，若单字独用，则无从见矣。”明确指出上下文的功能。当然，类似观点远未形成完整的理论，直到马林诺夫斯基在其著作《原始语言的意义》中阐述了情境语境的问题：“话语和环境互相紧密地纠合在一起，语言的环境对于理解语言来说是必不可少的。”马氏认为，语境可以分为“情境语境”和“文化语境”，前者是说话时在实际发生的事，即语言的发生环境；后者则是指某种语言赖以根植的民族里人们思想和行为准则的综合。

马林诺夫斯基之后的语言学家又对“语境”的内涵进行了宏观方面的完善，但是更侧重于对其内涵的微观描写。英国语言学家弗斯继承并发展了马氏的“语境”理论并进行了更为微观细致的描写，他将语境分为语言语境和情境语境。语言语境即上下文，而情境语境则是指语言参与者的有关特征、有关事物和非语言性非人格性的事件以及语言行为的结果三个方面。韩礼德进一步将语境分解成三个变量：话语范围（find）、话语基调（tenor）和话语方式（mode）。海姆斯用 SPEAKING 的 8 个字母来涵盖和描述语境的八个要素，包括场合（setting）；参与者（participant）；结局（ends），指目的和后果；行为序列（act sequence）；基调（key），即说话者的语调和态度；媒介（instrumentalities），指系统和形式，即语言传播的媒体如语言渠道、非语言渠道；相互交流和理解的规范（norms of interaction and interpretation）；语类（genre），即语篇的类型和体裁。Lyons 认为：语境是个理论的建构体，它是基于语言学家从具体情境中抽象出来的，对语言事件中的参与者有影响的，并且能系统地决定话语的形式、恰当性及意义的所有因素。他用“知识”这个概念来描述这些语境因素，并确认了六类交际者应该了解的知识为语境的变量。[①] Verschueren 把语境划分为交际语境和语言语境，其中交际语境又包括语言使用者、心理世界、社交世界和物理世界等因素。[②] Sperber 和 Wilson 认为“语境是一个心理建构体（psychological construct），是听者关于世界的假设集”[③]，“一个人的全部认知环境就是他能感知或推出的所有事实之集合，是其所处的物质环境及其

① Lyons, J., Semantics (Vol. 1), Cambridge: Cambridge University Press, 1977.

② Verschueren, J., Understanding Pragmatics. Foreign Language Teaching, 1999.

③ Sperber, D. & D. Wilson, *Relevance*, *Communication and Cognition*, Cambridge, Massachusetts: Harvard University Press, 1986: 15.

认知能力两者的函项”[①]。

“语境”的研究不断深化，逐渐由语义学研究发展到语用学研究，形成了认知视域下的语境研究。从语义学领域到语用学领域内的语境探讨，认识得到不断深化，语境的性质特征在认知视域下得到了逐步深刻的认识。所谓的语境，其实多半是认知性质的语境。在关联理论中，认知语境以“认知环境”概念出现并得到最初的定义，认知语境即一个人的全部认知环境就是他能感知或推出的所有事实之集合，是其所处的物质环境及其认知能力两者的函象。熊学亮认为认知语境由具体语言使用中所涉及的情景知识（具体场合）、语言上下文知识（工作记忆）和背景知识（知识结构）三个语用范畴所构成，也包括社会团体所共有的集体意识，即社会文化团体办事、思维或信仰的方法，它们以社会表征的方式，储存在个人的知识结构里，使个人的语言行为适合社会、文化和政治环境。[②] 吴郁认为：“从大众传媒的角度看，广播电视传播是社会系统的一个子系统，是众多的要素及其相互关系的集合。”[③] 手语主持是广播电视传播的一部分，手语主持与播音主持一样，在任何节目类型中的任何语言活动都离不开语境的支持和制约。

经过不断完善，“语境”已经形成了一个完备、丰富的体系，它既考虑语言，也包含非语言；既受主观制约，也受客观条件制约。正如王建平对语境的定义：“交际过程中语言表达式表达某种特定意义时依赖的各种表现为言辞的上下文或不表现为言辞的主客观环境因素。”[④] 西槙光正以语篇内外为界把语境分成言辞内语境和言辞外语境，前者又分篇章、段落、句子、词组四种语境，除词组外，其他三种又分所在单位语境和前后单位语境。后者分为主观语境因素（交际者的认识水平、思想修养、心理背景等）和客观语境因素（交际的时间、场合、对象、话题等）。[⑤] 而电视手语主持创作也类同一般交际过程，总是处在语境中进行，只是由于其本身的特殊性而具有不同于其他有声语言交际语境的内涵和特征。

---

① Sperber, D. &D. Wilson, *Relevance*, *Communication and Cognition*, Cambridge, Massachusetts: Harvard University Press, 1986: 39.

② 熊学亮：《认知语用学概论》，上海外语教育出版社，1999，第 115 ~ 116 页。

③ 吴郁：《电视节目主持人综合素质研究》，中国广播电视出版社，2007，第 15 页。

④ 王建平：《语言交际中的艺术》，求实出版社，1989，第 44 页。

⑤ 西槙光正：《语境研究论文集》，北京语言学院出版社，1992，第 62 页。

二 电视手语主持创作语境的界定

电视手语主持创作需要适应语境，同时，作为能动性的创作活动，也应当根据节目的需要对语境进行调整。在探讨这一问题之前，我们首先要明确什么是电视手语主持创作语境。根据陈望道所提出的构成语境的“六何”因素，电视语境的“何故”是指电视节目的目的，即怎样传播信息，怎样教育人、感染人、以理服人；“何事”即说什么事，传播什么信息，拍摄介绍什么事件、人物；“何人”是认清电视节目的对象，即聋人观众；“何地”是指电视台播音员、主持人所处的地方，是中央台还是地方台，是省市台还是县电视台，是有线台还是无线台，是一套节目还是两套节目；“何时”是要了解电视节目播出是什么时候，是节假日还是平时，是一个重大宣传的什么阶段，或者当时中央有什么方针、政策、指示；“何如”是为了完成电视的播出，怎样采编、怎样主持、怎样剪辑、怎样编排、怎样使声音与图像配合等。对电视手语主持创作语境的专门研究较少，总体而言可以分成三个层面。

第一个层面是主持人本身，即电视手语主持人进行手语表达时的语境。这是电视手语主持创作的核心和主体。第二个层面是来自观众的语境。这是电视手语节目的辅助语境，或者叫作副语境、侧面语境。这个语境中的主持人要根据观众的特征进行表达。第三个层面的语境来自主持环境，包括社会环境、播音室的环境以及语言环境等。

三 电视手语主持创作语境的特征

电视手语主持作为大众传播方式的一种，也是语言交际的组成部分。其语境特征具有一般语言交际、一般播音主持所具有的特征，同时，与其他有声语言交际和有声语言主持相较，电视手语主持创作语境又具有一些独立的特点。概而述之，可总结为择定性、完形性、动态性、有限性四个特征。

1. 择定性

从认知的角度看，所有潜在的语境信息也不是自动地应用于解释交际中出现的每一个概念，因为这样的潜在信息范围庞大，如果全部应用于解释话语中的概念，结果将使人类不堪理解话语的负重，从而导致荒谬的结果。电视手语主持创作过程同样是语言交际的过程，择定性是电视手语主持创作的主要特征，对视频语料库的分析可知，手语主持人可以根据节目类型的不同、节目中的话题差异等语境信息选定服装等。同样，聋人受众在收看电视手语主持节目时也有自由选台换台的权利。因此在电视手语主持中，这种择定性是双向的，在手语主持人对节目类型、节目话题、主题等主要内容的主导性选择确定的同时，不仅给予受众对节目类型主观性参与选择的权利，同时也为受众选择了话题信息范围。

2. 完形性

"完形"是德文"Gestalt"的中文音译，中文意译为"格式塔"。在完形心理学中为"通过整合使之完形"的意思。格式塔是一个有组织的整体，整体中的各个部分相互影响，它说明了人脑是倾向于把事件和情景作为一种典型模式或整体来感知，而不是当成一些单独的、独立元素的集合来认识。在手语主持的认知语境中，各个要素通过手语主持的创作与受众进行交流从而构成整体性的认知语境。主要表现在各要素之间不是独立运作和起作用的，而是整体地相互关联，相互作用，共同对意义建构和诠释产生影响。如重大事件的手语新闻播报就是由画框承载播出画面，使节目的类型以及节目内容和手语主持人的服饰构成一个整体语境来完成创作的。

3. 动态性

认知语境是在交际展开的过程中由交际主体不断选择建构的，这一选择过程本身是动态的。因此，电视手语主持的语言交际过程在具备前两项特征的同时也具备动态性。有区别的是，不同的电视手语主持节目类型的认知语境动态特征大部分都是人为编排、刻意加工的结果，如真人秀节目随着场景的不断变换，所构建的不同语境的本身转换过程——场景动态变换；谈话类手语主持节目的每期话题都会根据热门事件等进行设定等。

4. 有限性

认知语境在一定程度上是人在交际过程中的限制，同样电视手语主持活动也受其限制。有所区别的是，由于手语主持是特殊的传媒活动，不仅受到普通认知语境的限制，作为大众传媒平台上的党的喉舌，党性原则、公众形象很重要。

第二节 电视手语主持创作语境的类型

电视手语主持与有声语言播音主持都是在当前中国的社会环境背景下，由中国共产党领导的信息传播活动。电视手语主持创作要符合这一社会语境的需要，同时电视手语主持创作作为播音主持的组成部分，还要符合播音主持的语境规范。除此之外，手语主持不同于有声语言主持，其语境规范还有一定的特异性。本书参照吴郁有关有声语言主持人的语境分类，结合电视手语主持人的认知语境特点提出电视手语主持创作语境的分类，即宏观语境、中观语境和微观语境。在宏观语境与中观语境中，电视手语主持的创作语境虽然与有声主持人语境共处在大的社会环境背景下，但仍然存在聋人社群文化和不同地区自然手语的使用差异、电视手语主持传播性质特征以及相关政策的差异。且电视手语节目的受众为聋人观众，形式上和有声语言播音主持也不一样。宏观语境及中观语境与有声语言播音主持的差异使得电视手语主持创作的微观语境成为该创作独立衍生的特有语境。本节将就此逐层进行阐述。

一 电视手语主持创作的宏观语境

电视手语主持创作的宏观语境主要包括社会语境，民族、文化语境、地域、时代语境。人类的语言交流活动使得人不是单一的个体。“一个社会的历史、政治、法律、道德、文化、教育、民族心理、民族审美情趣、宗教信仰等社会因素，构成了语言交际的社会历史文化环境，这个语言环境决定着整个社会的语言潜在信息量，影响着整个社会的语言风格。”[①] 电视手语主持创作是在宏观语境中进行，也必须自觉接受宏观语境的约束和规范。

1. 社会语境

中国的电视手语主持是具有中国特色社会主义的传播活动，是在党和政府的领导下对聋人这一特殊群体传递党的声音的主要途径，这一特征构成了电视手语主持创作的社会语境。“所有社会制度都要对它们的

① 吴郁：《主持人的语言艺术》，北京广播学院出版社，1999，第41页。

媒介进行控制，往往控制在一定的社会团体手中，通常是统治阶级手中。因此，社会制度决定了传播制度。”① 聋人这一特殊群体接收信息的渠道相对单一，需要通过电视手语节目真切听到党的“声音”，因此，电视手语主持人在为受众服务的同时要维护党的利益和政府形象。主持人在创作中要有明确的马克思主义新闻观和鲜明的无产阶级感情，站在无产阶级党性和党的政策的立场上，明确播报党和国家的时政导向，传递政治智慧，以新闻工作者特有的敏感，把握国内外形势的发展变化和人民群众的思想实际，准确及时、高效率高质量地完成这一过程。在创作方法上，主持人既要有自己感情的表达特点，又要根据创作依据把握政策分寸，既要有自己的形象特征，又要符合党的宣传员这一总体形象的准则。因此，规范电视手语主持自身的言行举止，在聋人群体中塑造良好的公众形象也是电视手语主持宏观语境下的表现。只有塑造良好的聋人公众形象，规范台前幕后的一言一行，才能提高传播信息的真实度，有效地影响特殊受众群融入社会，拥护党和政府，共同构建和谐社会。

2. 民族、文化语境

中国是一个拥有悠久历史的多民族国家，多年的历史积淀致使中华民族具有深厚的文化底蕴和丰富的精神财富，也形成了中国社会生活的民族和文化语境。电视手语节目是传播文化、弘扬民族精神的重要途径，是中国近3000万聋人受众以及聋人家庭宝贵的精神食粮。除了中华民族的文化背景，聋人文化的特殊性也应当是电视手语主持人面对的重点。“聋人文化”（Deaf Culture）代表了一种独特的习惯和行为模式，是聋人群体在长期的社会活动中所形成的文化现象。聋人文化表现为：“聋人群体有自己共同喜爱的交往方式，有一种对自身价值的理解。在聋人这个群体中，聋人有自己的归属感和自豪感。聋人认识到自己的权利，并在需要的时候维护这种权利。”② 在电视手语主持创作中，不仅要传播对民族文化的认同，还要深入聋人文化当中。相对有声语言，聋人文化的语境制约是相对苛刻的，手语中的词汇远远少于口语中的词汇。这就对手语主持人如何融

---

① 胡正荣：《传播学总论》，北京广播学院出版社，1997，第193页。

② 赵锡安：《聋人双语双文化教学研究》，华夏出版社，2004，第71页。

入聋人文化，兼顾民族文化语境和聋人文化语境提出了进一步的要求。

3. 地域、时代语境

随着科技的飞速发展，地域的划分逐渐模糊化，文化交流加速，地域语境与文化语境、民族语境的联系愈加紧密。但是，聋人群体社会角色的边缘化导致了跨地域的信息交流贫瘠，地域语境的区分仍旧凸显，体现在手语形式上，则是不同区域的自然手语的差异性。例如，由于历史原因，港、澳、台地区与大陆隔绝了几十年，受经济条件、外来文化等各方面影响及意识形态的差异，聋人地域语境区别于大陆，香港、澳门地区所用的手语类似于上海手语，而台湾地区所使用的是日本手语。1991 年 10 月 4 日，民政部、原国家教委、国家语委、中国残联发布《关于在全国推广应用〈中国手语〉的通知》中指出，为使我国手语更加规范、统一，便于聋人学习和交往，拟在全国推广应用《中国手语》，通知如下：各级残疾人联合会和福利企业的专职或兼职手语翻译，在集会、电视节目等公共场合，必须使用《中国手语》。该通知在一定程度上模糊了地域语境的部分差异，但在地域语境下的电视手语主持仍然要结合人们的生活环境、审美情趣、行为习惯、心理承受等因素进行传播创作。

不同时代的人，在社会生活、文化修养、思想情操、风俗习惯方面都有差异，所具有的时代语境都有所不同。在电视手语主持人进行传播创作的过程中，其语言应用上表现出的不同时代的语言风格受时代语境的影响。遵守和引导时代主流：无论是主持人还是受众都会受时代语境的影响，主持人在不同的时代背景下要从语言方面、主持风格方面牢牢地把握时代风格，引领时代的主旋律，发扬时代的正能量。电视手语主持的服务对象是聋人受众群。在时代语境的引导下，除了语言之外手语媒体在跟随主流时代的前提下，会根据不同年龄层段的受众细分不同的节目类型和节目内容等。受众也会在时代语境等宏观的大背景下驱使聋人大众紧跟时代主流精神，也会影响其兴趣趋向，从而选择不同的节目类型。

综上所述，电视手语主持人在节目中应自觉遵循宏观语境的规范。在社会语境方面，电视手语主持人在对待社会主流的认识和态度上要有准确的衡量尺度，“讲话”要有分寸，这对电视手语主持人的责任意识是一个严峻考验。尤其是新闻类的电视手语主持人，在传递时政要闻的时候要明确自己的立场，时刻清晰地认识到自己承担传递党的“声音”的重任。电视手语主持人要站在无产阶级党性和党的政策的立场上，明确播报党和国家的时政导向，传递政治智慧，以新闻工作者特有的敏感，把握国内外形势的发展变化和人民群众的思想实际，准确及时地、高效率高质量地完成这一传播过程，在日常生活中要严格要求自己，以身作则，深入学习和理解党的政策和精神。

在民族语境、文化语境方面，电视手语节目主持创作要深植于民族文化语境体系，重视中华民族“文以载道”的文化传统和几千年以来所形成的伦理道德精神。主持人要自觉做到民族文化语境的规范，提高自身素质，恪守应有的道德标准，继承其深远文化，不可在创作中违背中华民族文化的圆满和谐。同时还要熟知党的民族政策，在主持过程中要尊重少数民族的习俗，避免因不知道少数民族的相关习俗而伤害民族感情。“聋人文化”是电视手语主持创作所要遵守的特殊文化，电视手语主持人尤其是健听电视手语主持人要深入聋人生活，切身融入学习和感受聋人文化，了解聋人的交往方式和聋人对自身价值的理解。使聋人受众能够在电视手语主持节目中有归属感和自豪感。

在地域语境、时代语境方面，电视手语主持人要认真贯彻和执行民政部、原国家教委、国家语委、中国残联发布的《关于在全国推广应用〈中国手语〉的通知》，尽量消解聋人受众因地域语境差异造成的认知困难；地方电视手语主持节目创作要符合当地聋人社群的认知特征，符合当地的特色。另外，电视手语主持人还要准确把握时代语境，手语主持创作符合当下的时代精神，一方面要反映时代的变化，另一方面要丰富不同年龄段聋人受众的电视手语主持节目。如电视手语主持访谈节目在话题的选择上要考虑不同年龄聋人受众的喜好、丰富话题内容等。

二　电视手语主持创作的中观语境

“传播总是在一定的结构中进行的，传播的特点就表现为那种结构的关系特点。”① 传播关系主要由传播者、传播媒介、传播渠道、受众、传播效果构成，传播表现是由传播关系的各要素依次传播的活动，这种传播关系便构成了中观语境。与宏观语境不同，中观语境关注传播活动本身的

① 沙莲香：《传播学——以人为主体的图像世界之谜》，人民大学出版社，1990，第97页。

特点，对于电视手语主持创作，中观语境应当包括媒体语境和主持人的职业角色。

1. 媒体语境

（1）电视手语主持创作的媒体语境具有政治性

电视手语主持创作首先要明确其媒体语境的特征。中国特色社会主义电视手语主持事业是拥护党的领导、宣传党的政策、正确引导舆论和积极监督、求真务实的电视手语主持媒体，自诞生之日起便承担了政治性角色。1978 年上海电视台二台在上海市盲聋哑协会的协助下，录制了一套《学一点手语》电视小品在电视台播出，这是电视手语节目的雏形。1984 年 10 月 30 日，全国第一个为聋哑人服务的电视专栏《聋人手语节目》在广东电视台正式播出，节目由文丹丹和王凤萍主持。1989 年 5 月 7 日，北京电视台开播我国第一档手语新闻节目《手语一周新闻综述》。随后，电视手语主持节目在全国开始逐步推广，并形成了覆盖中央、省、市、地方四级的手语节目网络。1984 年第一个电视手语主持节目刚刚播出时，广播电视的发展已经日渐成熟，中央以文件形式明确指出："广播电视是教育、鼓舞全党、全军和全国各族人民建设社会主义物质文明、精神文明的强大的现代化工具，也是党和政府联系群众最有效的工具之一。"[①] 电视手语主持媒体是广播电视媒体的一部分，同样是教育、鼓舞全国聋人群众建设社会主义物质文明、精神文明的强大的现代工具，也是党和政府联系聋人群众最有效的工具之一。

（2）保障聋人媒体生活需求

中国电视手语主持节目诞生至今，电视手语主持事业在我国推出的一系列政策保障下正飞速发展和完善，为保障聋人的媒体生活需求做出了突出的贡献。电视手语节目作为保障聋人媒体生活需求的功能在多项法律法规中被提及，例如《中华人民共和国残疾人保障法》第四十三条、《中国残疾人事业"八五"计划纲要（1991 年～1995 年）》、《中国残疾人事业"九五"计划纲要（1996 年～2000 年）》、《中国残疾人事业"十五"计划纲要（2001 年～2005 年）》、《无障碍建设"十一五"实施方案》，中共中

① 《关于批转广播电视部党组〈关于广播电视工作的汇报提纲〉》（中发〔1983〕37 号文件），《广播电视简明辞典》，中国广播电视出版社，1989。

央、国务院《关于促进残疾人事业发展的意见》（2008年3月28日），《关于加快推进残疾人社会保障体系和服务体系建设的指导意见》陆续提出要求开办电视手语节目，开办残疾人专题广播栏目，推进电视栏目、影视作品加配字幕、解说，推广完善无障碍信息传播，保障和丰富残疾人的精神文化生活。由中宣部、财政部、文化部、国务院新闻办、国家广电总局、新闻出版总署、中国残联联合发布的《残疾人事业宣传文化工作"十二五"实施方案》以及中华人民共和国国务院令第622号《无障碍环境建设条例》（2012年8月1日起施行）规定了每周播放至少一次配播手语的新闻节目等细化规定。2012年12月4日，教育部、国家语委发布了《国家中长期语言文字事业改革和发展规划纲要（2012～2020年）》。纲要指出，要加快制定、完善通用手语和通用盲文标准。

电视手语节目是保障聋人生活的信息需求，丰富聋人群体的精神文化生活，服务聋人群体的日常生活的重要传播平台。电视手语主持人要始终把握法律法规的要求，始终牢记这一角色担当，时刻注意媒体语境的规范。

2. 职业角色

角色是"比喻生活中某种类型的人物"。参与者必须知道自己在整个语言活动中的角色（role）和所处的地位（status）。"每个人在不同的场景里，相对于不同关系的人，需要不同的角色规范，因此也需要有角色调适的能力。"[①] 每个社会人都要受其社会角色的制约，不同行业的从业者的行为也要接受职业角色的规范。电视手语主持创作同样需要遵守手语主持人职业角色的规范。在中观语境中，电视手语主持人的这一宏观概念致使手语公众媒体行业从事主持工作的传播者都要共同遵守职业角色形成的语境制约。这是关于"电视手语主持传播者"的再认识，是对电视手语主持媒体语境中的传播主体的认识。其规范主要包括政治素质规范、语言能力规范和知识水平规范。电视手语主持人的政治素质规范，主要由政治立场、人格素养、职业道德规范构成。政治立场规范包括电视手语主持人对政治理论、方针、政策的把握能力，在电视手语主持宣传中体现的政治智慧、政治预见性和政治坚定性，在电视手语主持中坚持党性原则，贯彻全

① 吴郁：《主持人的语言艺术》，北京广播学院出版社，1999，第47页。

心全意为人民服务的宗旨。人格素养规范包括电视手语主持人的人格、资质、行为方式、行为习惯。职业道德规范包括职业品德、职业纪律、专业胜任能力及职业责任等。

对于电视手语主持人的职业道德规范对象要分为入职前的培养选拔标准规范和入职后的职业道德规范。入职前的培养选拔标准规范是在认知语境的规范基础上提出的，即在政治素质上，遵守中华人民共和国宪法和法律，身心健康。语言能力上，要具有较好的手语水平，双手灵活，无疾病症状，五官端正，男生身高一般不低于1.70米；女生身高一般不低于1.60米（手型条件特别好或熟悉“聋人文化”的考生，形象可以适当放宽）。在知识水平上，要具备高级中等教育学校毕业或具有同等学力条件，掌握一定的社会科学知识、自然科学知识。入职后的职业道德规范为在符合入职前的规范标准的基础上，在政治素质方面，具有一定的政治理论水平和政策水平，有强烈的事业心和责任感，有良好职业道德，身心健康。严格遵守职业纪律。语言能力方面，熟悉《中国手语》以及地区自然手语，有较高的手语水平。同时，国家有关部门应尽快制定《中国手语水平测试实施办法》，根据媒体和节目需要确定其手语标准和形象标准。知识水平方面，要具有一定的社会科学知识、自然科学知识，善于学习专业知识、学科知识，了解和积极学习学科前沿知识。

根据电视手语主持创作的特征，主持人所受的职业角色规约包括“个人出面”、“代表集体”、“以视觉语言为主”、“平等传播”和“驾驭节目”。“个人出面”需要具有自己个体独特的主持风格。“代表集体”是要必须把自己的“小我”和“党的宣传员”的“大我”的身份有机统一起来。“平等传播”其核心是要了解聋人文化和习惯，使用聋人接受的手语，来进行信息传递。这些都需要进行相关的语境假设，建立相应合理的认知图式才能更为有效地进行电视手语主持传播。而“驾驭节目”则需要根据主持人在节目中主导性的差异，形成不同程度的参与和驾驭节目后的效果。“以视觉语言为主”的特点则对电视手语主持人的妆容、主持画框等提出了更为细致的特殊要求，进入了语境的微观层面，这也是下文将要具体阐述的内容。

三　电视手语主持创作的微观语境

电视手语主持创作的微观语境由电视手语主持的节目语境类别、主持人形象语境类别以及时空语境类别三部分组成。其中主持人形象语境包括稿件和提词器、服装和饰品两个语境要素。时空语境类别包括：播出时长频次、具体主持场景（具体场合）、画框比例三个语境要素。随着电视手语主持对语境主导能力的降低，电视手语主持认知语境的相关类别和要素数量也会有所差别。

1. 节目语境

电视手语主持可以分为不同节目类型的媒体语境子系统。每一种类型的电视手语主持节目有不同的个性特点和分工，可以体现在范畴、功能、目的、内容、形式、风格等方面。按照广播电视的传统分类习惯一般分为：新闻类、社教类、文艺类、服务类四种。电视传媒的传播和服务性质相互交叉，电视手语主持媒体也随着受众需求朝着“窄播化”“细分化”发展。据此，电视手语主持节目，有新闻评论类电视手语主持节目、文艺娱乐类电视手语主持节目、社教类电视手语主持节目、服务类电视手语主持节目。电视手语主持人是依托于不同节目而存在的，理所应当受到不同电视手语主持类型节目语境的制约。

2. 形象语境

本章中观语境部分所讨论的主持人职业角色是广义主持人形象。而狭义的主持人形象语境类别主要为电视手语主持人在各电视手语主持节目中形象的语境假设定位和电视手语主持人的服装饰品。

由于受众的需求不断细化，电视手语主持人在不同电视手语主持节目类型中形象语境也有所区别，不同的节目类型语境对电视手语主持人语言也提出了不同的要求，如新闻评论类电视手语主持人的形象要朴实大方、稳重得体，具有深刻的思辨能力、敏锐的洞察能力、平易近人且真实明朗、反应迅速；综艺娱乐类电视手语主持人的形象要积极明快、开朗亲和，具有热情主动、亲切大方、机制灵活、雅俗共赏的能力；教育服务类电视手语主持人的形象要贴近生活，具有亲和力，能深入浅出地进行手语服务；等等。

（1）稿件和提词器

稿件和提词器之间是相互依存的关系，它们在电视手语主持过程中处于准备过程和生成过程之间。电视手语主持人选择稿件内容的过程即是准备过程，是电视手语主持人为接下来在节目话语建构上提供文本的准备。

根据节目类型的不同，稿件在内容上分为固定稿件和提示型稿件两种。固定稿件多出现于新闻类节目，形式上主要有四种形式：纯音频稿件，提词器为虚拟提词器（有声播报）；音频加文字提词器；纯文字稿件加文字提词器；文字加手语符号稿件。而提示型稿件是以文字提示性大纲为主的参考稿件，多出现在谈话类节目等中。由于节目类型和主导性的不同，语境的限制会存在差异。这种选择行为实际上是一种预先的交际行为，不同于一般的语言交际选择的过程，而是处在一个由电视手语主持和聋人受众作为主体的交际系统中，因此提前受到了限制。而在创作过程中，电视手语主持人根据稿件和提词器进行主持活动是话语生成的过程，语境的限制主要来源于稿件的内容和提词器的形式。稿件的内容不仅要遵守语境要求，还要建构引导语境，而电视手语主持人对稿件内容的播报——二次创作，即是对语境的再加工。在创作过程中，由于电视手语主持人与有声主持人的主导性差异，因此，也要划分出不同的提词器形式和传播语言内容的获取形式。

（2）服装饰品

电视手语主持创作和有声语言不同，在形象语境假设的限制之外，主持人还要根据“以视觉语言为主”特征选择服装饰品。电视手语主持人着装要尽量简约，颜色不能过于鲜艳，以深颜色为主。由于电视手语主持活动主要是以手语传递信息，聋人受众的获取信息方式为视觉获取，饰品的佩戴会影响聋人受众的注意力。尤其是手上的饰品，如戒指、手镯；服装的颜色过于艳丽会使聋人受众产生视觉疲劳，也会使电视手语主持人的手与服装颜色无法形成视觉反差，影响聋人受众获取手语信息。

3. 时空语境

Lyons 认为：语境对语言事件中的参与者是有影响的，并且能系统地决定话语的形式、恰当性及意义的所有因素。[①] 交际者应该了解的知识为语境的变量，其中参与者必须掌握语言活动的时间和空间。在电视手语主持创作中，客观具体的时空环境关系到电视手语主持人的语言把握。电视手语主持的时空语境类别主要包括时间语境和空间语境。区别于一般的语言交际，电视手语主持的交际过程的时间和空间都已明确进行过加工，确定了时间和空间的语境假设。

---

① Lyons, J., Semantics (Vol. 1), Cambridge: Cambridge University Press, 1977.

（1）时间语境

时间语境假设分为播出语境和制播语境，即电视手语主持节目的播出时长、频次以及制播方式。在电视手语主持的微观语境中，播出时长频次属于播出语境，其播出时间、频次、时长对于电视手语主持人和聋人受众都是已知的语境时间变量。因为电视手语主持的媒体活动是特殊的语言行为，无论是直播还是录播都会在前期进行制定和编排。所以语境的时间变量往往是定量的。例如，中央电视台的《共同关注》就是日播，播出时长为 53 分钟。

但在电视手语主持节目的制播方式上，假设两种形式的环境语境相同，录播和直播两种形式的制播时间语境限制会有所区别。从时间概念上划分则前者是“将来时”，后者是“现在进行时”。因此在录播语境中时间语境的界限是模糊的，例如，黑龙江卫视的《点击七日》、浙江电视台新闻综合频道的《爱心浙江》、上海电视台新闻综合频道的《时事传真》等属于录播类手语节目。而在直播语境中时间语境的界限相对清晰，如《共同关注》就是直播类电视手语主持的典型代表。

（2）空间语境

熊学亮所提出的三个认知语境范畴中的情景知识（具体场合），即是电视手语主持活动的具体主持场景。① 但由于电视手语主持媒体的特殊性，空间语境假设分为具体主持场景和画框比例。

①具体主持场景。电视手语主持媒体创作会根据不同节目类型的需要指定相应的主持空间环境，对语境空间进行编排。从节目类型划分，其主要包括固定场景、室内多景别、户外场景。

固定场景的电视手语主持节目多以新闻类节目为主，其中也包括谈话类节目。也有一些节目类型为固定场景。因此，大多新闻类节目拥有固定的语境空间，所加工的语境空间会营造出以严肃庄重为主的气氛。

室内多景别即室内移动场景，其手语节目不同于传统的新闻类节目，多以时事评论类节目、大型晚会节目为主。由于场景的少量变化，使得空间语境也发生了变化，丰富了传播交流的情景知识。同时，在多模态语篇分析中空间语境的转变也对话语方式（电视手语主持方式）产生了限制。

---

① 熊学亮：《认知语用学概论》，上海外语教育出版社，1999，第 115 ~ 117 页。

户外场景的电视手语主持节目主要以真人秀节目为主。例如，泰国聋人电视真人秀节目。户外场景的空间语境略为丰富且有许多外界多变的不确定因素。相比其他场景，户外场景的空间语境会增加电视手语主持人的语境假设，使认知图式更为丰富。从关联理论来看，户外场景的空间语境导致寻找关联的过程更为复杂。

②画框比例。不同于一般的语言交际，媒体主持的交际过程是由媒体画面承载主持人进行交流传播的。而电视手语主持人不同于有声语言播音主持，存在着特有的空间语境现象，即说话人（电视手语主持人）所存在的画面中，承载的画框比例大小不同。由于电视手语主持为视觉语言，相对于有声播音主持，电视手语主持对画框所构成的空间语境依赖性更强。

第五章　电视手语主持创作语言

语言是电视手语主持创作最主要的表达形式。本章重点介绍了电视手语主持创作词汇和语法的合理转换规则；介绍了电视手语主持创作非手控特征主要包括表情和眼神，并提出表情是手语主持重要的情感表达手段，要随着主持内容而变化；手语主持人的眼神要具有交流感，要与聋人受众形成良性的互动。此外，还介绍了电视手语主持创作流畅度，提出流畅度是衡量电视手语主持人语言表达的重要指标，它既包括手语主持人手语表达的流利性，又包括聋人受众理解内容的通畅性。

第一节　电视手语主持创作语言使用现状

根据调查，当前在我国电视手语主持创作中所使用的手语包括以下三种形式：自然手语、手势汉语、自然手语和手势汉语并用。我们将结合语料库和问卷调查、深入访谈进行分析，重点就电视手语主持创作过程中手语的使用进行深入探讨。

一　自然手语

白瑞霞指出，自然手语是由聋人创造，在聋人群体中传播，聋人文盲也会使用的手语。[①] 自然手语是聋人的独特文化，是聋人文化的核心，有其独特的语法结构体系，与有声语言没有直接联系，能独立地为聋人交往活动服务。自然手语为中国聋人群体使用的形义结合的手势——视觉沟通符号体系，有自身的语音（语形）、词汇、形态和句法，是与美国手语、英国手语相对等的一种称说方式。魏伟也指出，自然手语是“聋人之间进

① 白瑞霞：《电视媒体与聋人手语之路》，《新闻爱好者》2010 年第 2 期。

行交际的语言，其特点是与有声语言没有必然的联系，不受有声语言语法规则的制约”。① 自然手语是聋人群体约定俗成的语言，在未接受学校教育前就已经使用，是聋人最重要的交际工具，往往因地域不同而形成不同的手语方言。通常自然手语用于聋人和聋人之间的交流。聋人和听人之间由于听人大多对自然手语不了解，所以聋人在与听人的沟通中是不打自然手语的。

对语料库分析发现，我国省级以上卫视没有使用纯自然手语节目，目前只有江苏栖霞电视台的《小芮说新闻》采用的是自然手语，这与手语主持人本身为聋人有关。

二 手势汉语

手势汉语是根据英文 Signed Chinese 翻译过来的。其定义有很多，白瑞霞认为，手势汉语是手势依附于有声语言，是用手语的手势把汉语视觉化，汉语是基础，手势是表现形式，没有文化的聋人使用起来比较困难，拼打时按照汉语的语法、结构、顺序表达。② 手势汉语是用手势表达的汉语，它基本按照汉语构词法的句法来逐句地用手势翻译汉语句子，它没有自己的语法和句法特征，不能自成体系，充其量只是汉语的代用品。郑璇也认为，手势汉语是汉语的手势符号化，是用手势来表达汉语。③ 手势汉语的具体词汇和汉语中的词汇成分严格对立，手势组合方式和汉语语法规则完全相同，主要运用于聋校教学以及听人和聋人的交往。由此我们可以看出手势汉语的特点：其一，与汉语语法联系紧密，与汉语语法具有一致性；其二，聋人之间是不用手势汉语的，聋人之间使用自然手语。手势汉语只有聋人和听人之间交流以及聋人在某些特定情况会使用，比如说教学。通过对语料库分析发现，目前我国的电视手语节目中主要以采用手势汉语为主，手语主持人大部分为听人，其中以中央电视台《共同关注》、省级电视台《点击七日》和县级电视台《苍南新闻》等为代表。

三 自然手语和手势汉语并用

自然手语和手势汉语并用，即自然手语和手势汉语相互补充使用。对

① 魏伟：《电视手语新闻的问题与建议》，《中国有线电视》2011 年第 5 期。

② 白瑞霞：《电视媒体与聋人手语之路》，《新闻爱好者》2010 年第 2 期。

③ 郑璇：《上海手语非视觉概念表达研究》，博士学位论文，复旦大学，2009，第 93 页。

语料库进行分析发现：一类是以江苏苏州电视台的《苏州新闻》的袁敏为代表的手语主持人，他们在手语主持过程中，大部分采用的是自然手语，一些词汇、句子采用手势汉语；一类是以贵州卫视的《星期天报道》的范刚丽为代表的手语主持人，他们在手语主持过程中，大部分采用的是手势汉语，个别词汇、句子采用自然手语，伴有一定的聋人表情。

表5－1　国内电视手语主持创作中手语使用现状

节目名称	手语使用现状
中央电视台《共同关注》	手势汉语
北京卫视《新闻手语》	手势汉语
陕西凤翔电视台《凤翔新闻》	手势汉语
甘肃卫视《午间20分》	手势汉语
贵州卫视《星期天报道》	手势汉语为主，自然手语为辅
河北卫视《新闻专递》	手势汉语
河南卫视《一周新闻综述》	手势汉语
河南电视台新闻频道《手语新闻》	手势汉语
黑龙江卫视《点击七日》	手势汉语
湖北远安电视台《远安新闻》	手势汉语
陕西宝鸡电视台《一周要闻回顾》	手势汉语
上海电视台新闻综合频道《时事传真》	手势汉语
陕西临潼电视台《一周要闻回顾》	手势汉语
浙江富阳电视台《富阳新闻》	手势汉语
浙江苍南电视台《苍南新闻》	手势汉语
浙江卫视《爱心浙江》	手势汉语
安徽马鞍山电视台《晚间新闻》	手势汉语
吉林省吉林市电视台《大城小事》	手势汉语
江西赣州电视台《一周新闻日历》	手势汉语
陕西阎良电视台《阎良新闻——一周要闻回顾》	手势汉语
福建福州电视台《新闻110午报》	手势汉语
天津电视台《我们同行》	手势汉语
上海电视台新闻综合频道《午间新闻》	手势汉语
陕西电视台新闻综合频道《第一新闻》	手势汉语
内蒙古电视台新闻综合频道《这七天》	手势汉语
江苏苏州电视台《苏州新闻》	自然手语为主，手势汉语为辅
江苏栖霞电视台《小芮说新闻》	自然手语

我们把手语分成了“自然手语”“手势汉语”“手语汉语为主，自然手语为辅”“自然手语为主，手势汉语为辅”共四个类别，对统计结果进行整理分类，得出以下结果，见表5－2。

表5－2　电视手语主持中手语使用类别占比

类别	自然手语	手势汉语	手语汉语为主，自然手语为辅	自然手语为主，手势汉语为辅
个数	1	24	1	1
所占百分比（%）	3.7	88.9	3.7	3.7
节目名称	《小芮说新闻》	《富阳新闻》 《爱心浙江》 《时事传真》 《凤翔新闻》 《共同关注》 《苍南新闻》 《一周要闻回顾》（陕西临潼电视台） 《手语新闻》 《新闻专递》 《新闻手语》 《晚间新闻》 《大城小事》 《一周新闻日历》 《阎良新闻——一周要闻回顾》 《新闻110午报》 《一周要闻回顾》（陕西宝鸡电视台） 《远安新闻》 《点击七日》 《一周新闻综述》 《午间20分》 《午间新闻》 《第一新闻》 《这七天》 《我们同行》	《星期天报道》	《苏州新闻》

据统计，当前电视手语节目主持人使用自然手语的只占3.7%，使用手势汉语的为88.9%，手势汉语为主，自然手语为辅和自然手语为主，手势汉语为辅的均为3.7%。由此看出，当前国内手语节目的手语使用类别主要为手势汉语。

从表5－3可见，聋人受众对电视手语节目不同手语类别的认同度中，支持完全的自然手语的占27.3%，支持以自然手语为主，手势汉语为辅的占43.3%，支持以手势汉语为主，自然手语为辅的占25.4%，支持完全的手势汉语的占4.0%；从手语老师来看，支持完全的自然手语的占9.8%，支持以自然手语为主，手势汉语为辅的占42.4%，支持以手势汉语为主，自然手语为辅的占38.5%，支持完全的手势汉语的占9.3%。通过对比我们发现，聋人受众与手语老师在“完全的自然手语”这一选项上的差距较明显。经过深度访谈，我们发现聋人受众把自然手语作为他们的第一语言，认为应在手语主持中采用第一语言来传达信息。而手语老师认为，我国聋人的手语存在南北两大手语体系，部分手语词语存在差别；而手语节目，特别是上星频道的手语节目主要受众是全国聋人，为了让全国聋人都能获得信息，因此应当采用统一的手语词汇。整体而言，人们更加倾向于以自然手语为主，手势汉语为辅的方式。

表5－3　受众对手语节目中不同手语类型的认同度

	完全的自然手语 N（%）	以自然手语为主，手势汉语为辅 N（%）	以手势汉语为主，自然手语为辅 N（%）	完全的手势汉语 N（%）	总　计 N（%）
聋　人	236（27.3）	374（43.3）	219（25.4）	34（4.0）	863（80.8）
手语老师	20（9.8）	87（42.4）	79（38.5）	19（9.3）	205（19.2）
总　计	256（23.9）	461（43.2）	298（27.9）	53（5.0）	1068（100.0）

通过对上述调查数据分析可以发现，受众普遍偏向于使用自然手语的电视手语节目，究其原因，一方面，自然手语更加符合聋人受众的语言习惯。自然手语作为聋人的母语，手语主持人在词汇的转换、语法等的使用上都较为熟练，更加符合聋人受众的语言表达习惯。且在自然手语中，手语主持人还可以通过丰富的面部表情和肢体动作等非手控特征辅助进行信息的传递，帮助聋人受众直观理解信息。另一方面，手势汉语存在大量的指拼和书空现象，不利于信息接收。在电视新闻手语节目的播报过程中，存在大量的生僻词汇和专业术语，无法直接转换成手语词汇，手语主持人通常采用指拼的形式进行代替，但是，由于指拼可代替的词汇较多，容易词意混乱，而且聋人的文化程度普遍相对较低，因此在新闻信息的接收上存在困难。

第二节　电视手语主持创作词汇

从当前电视手语主持创作现状来看，存在的最大问题就是手语使用的问题，通过调查研究发现，大部分受众期望电视手语节目在使用手语时，以自然手语为主，手势汉语为辅。那么在手语主持的过程中应该怎样贯彻执行这一原则和标准呢？这就涉及手语表达中如何进行合理转换的问题，即在电视手语主持创作中手语词汇和语法的使用，要遵从聋人视觉优先的原则，按照视觉规律，对文字稿件（主要针对聋人手语主持人）或声音稿件（主要针对听人手语主持人）等其他素材进行重新组织结构，使其纳入视觉系统，转换成符合视觉规律的易于聋人受众理解的符号系统。

手语主持创作和播音主持创作在传播介质以及形态上的不同，导致了二者在合理转换上存在很大的区别。首先是传播媒介的不同，有声语言可以通过声音的抑扬顿挫来表达稿件的情感和信息，但是电视手语主持则是要通过手势的节奏、速度、力度等来抒发情感和传递信息。其次是形态的不同，有声主持通过声音来刺激听众的听觉使受众产生联想，达到理解稿件的目的，声音是无形的；然而手语主持要通过手势的变化，用视觉化的语言立体呈现稿件，手势是有形的。这是手语和口语的差别之处，因此在不同的主持过程中，其转换的要求也是不一样的。有声主持中的合理转换，是针对原稿件的文字通过播音主持技巧以声音的方式表达，即按照稿件逐字逐句地播报；那么如何做到手语主持中的合理转换呢？下面将予以重点论述。

我们针对词汇使用的满意度对受众进行了调查，分值设置为：非常满意：5 分。满意：4 分。一般：3 分。不满意：2 分。非常不满意：1 分。

调查结果见表 5－4。

表 5－4　受众对手语词汇使用的满意度

	A 《小芮说新闻》	B 《苏州新闻》	C 《共同关注》	D 《星期天报道》	E 《时事传真》	F 《爱心浙江》
分　值	4.7	4.1	3.0	4.0	3.5	3.8

从表 5－4 可见，《小芮说新闻》词汇的使用，包括词汇转换和生成是受众最满意的，得分达到了 4.7 分，介于“非常满意”与“满意”之间。然后依次是《苏州新闻》《星期天报道》《爱心浙江》《时事传真》《共同关注》。《小芮说新闻》是一档在词汇使用方面受众满意度最高的电视手语主持节目，那么接下来我们就以《小芮说新闻》中的词汇转换方式方法为参照，同时结合对专家的深度访谈，提出词汇合理生成标准。

一　《中国手语》书中聋人不太常用词汇的处理

《中国手语》是一本词汇类的书籍，在《中国手语》上下两册中共收录了 5586 个词，但是该书并没有涉及手语语法。对于《中国手语》书中聋人不太常用的词汇要根据语境转换成易于聋人理解的相近词汇。此外，手语中存在一词多义的情况，如果脱离语境，只是生搬硬套，势必会造成聋人受众对手语主持传达意思的不理解。所以在手语表达过程中，根据语境的转换而打出符合聋人习惯的词是解决聋人看不懂手语的重要手段。比如说“小明为了救落水的儿童而牺牲”，这里“牺牲”属于聋人不常用的词甚至有些都不知道，那么聋人受众在观看的时候手语主持手语打的是“牺牲”（见图5－1），聋人理解比较困难，而在这里将“牺牲”用“死”来表达，再配上遗憾的表情，那么聋人就会理解其内涵。

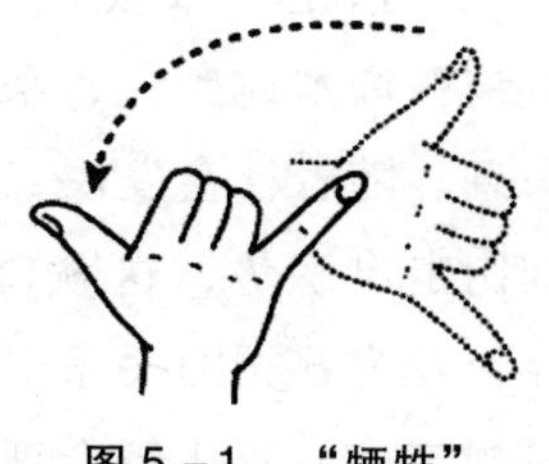

图 5－1　“牺牲”

二　针对一词多义现象的处理

关于一词多义现象应结合语境，对词语进行意译和转换。由于中国的汉字文化博大精深，相同的词可能有多重意思。这就要求在手语新闻中，手语主持人要结合语境进行意译，选择正确的打法。例如在“春天来了，小草看起来也很有生气”这句中，“生气”在这里是“生机勃勃、有活力”的意思，因此就不能打成“一手五指撮合，指尖朝上置于胸前，然后用力向上张开五指，面露生气样”的手势。

三　同一词汇在《中国手语》和自然手语中同时呈现时的处理

对于此类情况要以“聋人能看懂”为原则优先选择。在《中国手语》书中“省”“市”的手势非常相近，只是在范围和幅度上有所变化，在手语主持过程中，因为屏幕等各方面的限制，聋人受众无法看清楚。然而在聋人手语中“市”有另外一个打法，那么手语主持在表达过程中就可以采用聋人手语“市”的打法来进行区分，而不至于使聋人受众看得模糊不清。

四　《中国手语》书中没有的词汇的处理

对于此类情况要采用大部分聋人受众易于理解的自然手语词汇。《中国手语》一书只列了5586个词汇，在聋人日常表达过程中是远远不够的。比如说“启蒙”（见图5－2)，在《中国手语》书中是没有的。在聋人手语使用中，根据调查我们得知，聋人是先打一个“迷惑”再打一个“清楚”来表达“启蒙”。因此，《中国手语》书中没有的词汇，应该咨询本地聋人，采用大部分聋人受众易于理解的自然手语词汇传达信息。随着社会发展，新词不断出现，《中国手语》书不可能很快为新词制定出手势，这就需要自然手语中词汇做补充。因此两者是同时并存，互为补充的关系。目前还未制定的手语词汇，可以在本省本地区暂时规定出一套比较合理的规范，统一的地方手语手势，方便当地聋人受众接收信息，更好地参与社会生活。

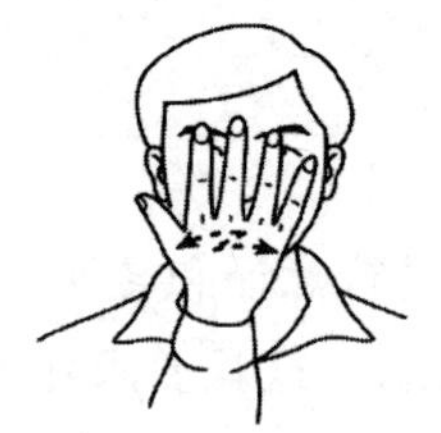
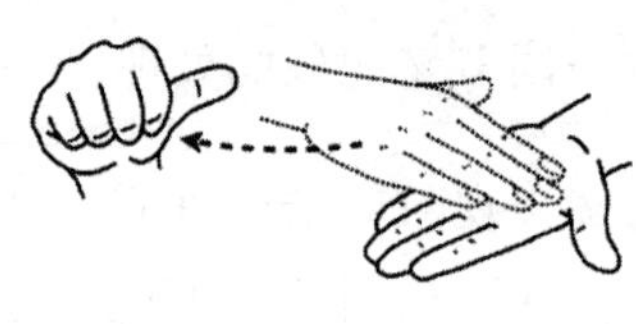

图5－2　“启蒙”

五　自然手语中不常用词汇的处理

对于此类情况，可根据语义结合创造或者找同类词替换。张宁生提到，如果手语词汇只是死板地用固定的手势动作来表现，这显然是不够的，为弥补手语词汇的局限，《中国手语》中用了大量拼音字头来表现，在实际使用过程中，遇到一些《中国手语》还未收录的词也常用拼音字头来表示，在很大程度上弥补了手语表现力不足的问题，但是，类似的手语词往往违背了手语直观形象性特征，聋人受众多难以理解，因此，用大量拼音字头来代表手语词汇并非最佳处理方法。应该在理解词义的基础上用相近词的手语打出来，即使感觉表达起来有困难，也要尽量减少用手语字母代指词的情况。必要的时候，可以根据上下文语境创造新手语手势。所以在有声语言向手语的合理转换过程中，可能存在不匹配，或者说没有一个直接的手语可以表达有声语言中的词语，这就需要联系上下文语境根据词义的内容予以创作，或者找同类型词语进行替换。比如说，“电子商务中的物料清单”中的“物料”这个词语在手语中可以说是不存在的，如果根据表面的字来打“物”“料”，这个意思是不成立的，就需要结合语境语义进行再创造了，这里为求标准可以打“w”“u”“料”，但是难以让聋人真正理解这个词的真实意思表达。聋人可能知道一个“wu”什么的东西，但是对词汇的意思理解就比较困难。在针对该词对聋人调查过程中，很多聋人无法给出一个合理手语，笔者通过走访并与聋人访谈后得出了一个结果是，用“东西”“总”“表格”来表示，表达的意思是“汇总东西的表格”。结合前后将物料和清单放在一起表达，这样聋人就会理解“物料清单”是一个表格，用来汇总东西用的。通过用这样的方式来传递该句话的意思。

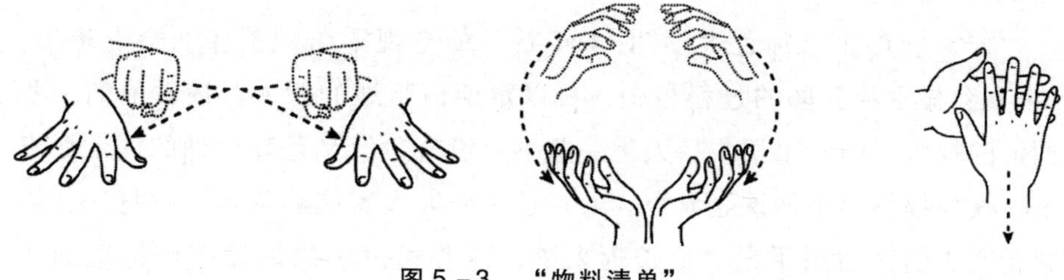

图5-3　“物料清单”

六　专有词汇的处理

在手语中存在一些专有词汇，比如职务、姓名、国家名、专业名词等。那么该如何处理呢？在手语主持中国家领导的职务和名字一般是连在一起说的，《中国手语》对名字的处理一般都是表达字头拼音，实际上只依靠字头拼音。可以组的词汇有很多，比如说字母“XJP”，可以组成很多种不同名词，像“新加坡”“喜剧片”等，存在很多意义。另外，如果在句子中突然加入名字的指拼也会显得特别突兀。一般来说，国家领导的行为往往是代表其所在职务的行为。因此，遇到带有职务的国家领导人通常只需打其职务即可。在打国家名的时候，《中国手语》一书是2009年的修订版，但是手语近几年的发展一日千里，新词出现的概率比原来高很多，比如说像“阿富汗”，其国家手语的名字几度变更，再比如说“朝鲜”，现如今“朝鲜”的打法也已经跟《中国手语》书中的手势有很大不同。此外，地方聋人对“朝鲜”都有自己的理解，手势也大不相同，像北方的聋人会以朝鲜韩服上面衣襟带子作为其手势，还有地方手语会以“韩国”手语，只打上半部来代表“朝鲜”。在国家名上面应该以尊重其本国的手语手势为前提，进行表达，这既是对该国家的尊重，也是对该国家手语的认同与支持。专业名词在手语主持创作过程中处理起来比较困难，首先专业化的名词在手语中不多见，甚至大部分是没有的，在《中国手语》中就更没有了。手语主持创作时遇到这种词汇的时候会比较尴尬。手语主持在遇到该类情况的时候，应该首先向具有相关专业背景的聋人请教，如果没有，那么应和导播提前商量，在主持过程中的标题栏中加上，这是相对比较好的办法；对于不文明手语，在手语主持创作过程中，应杜绝。手语主持创作作为一种大众传播手段，在手语表达过程中应该注意不应有不文明用语。

顾定倩在北京师范大学2014年召开的电视手语规范座谈会上指出：“电视台做手语新闻的过程当中，可以定期请当地的聋人，请教他们一些词汇的打法，同时手语主持人把一些书上没有，但又是高频词的词汇划出来，这样提供出来做课题研究，通过这个研究大家能够约定一种打法，给它转变成国家通用手语。从长远来讲，需要通过中国通用手语标准的研究，手语的打法规范进一步完成之后，将从根本上改善目前大家书上的打法看不懂的情况。”汉语是世界上最丰富的一种语言，字词繁多。《现代汉语词典》一共收录411834条语词，21208个标准汉字，28745条成语，18806条歇后语，22063条灯谜，英汉、反义、古文言词语等，是中国第一部普通话词典，也是当前电视播音员主持人参考的极具权威性的工具书。而目前作为我国官方推广通用手语的工具书《中国手语》，只收录了5586个手语词，虽然这些手语词中有相当一部分手语具有构成其他词的功能，但还是无法满足教学的需要，这些都给手语教学带来了一定难度。这就要求加大手语研究的力度，尽快扩充中国手语的词语量，改进《中国手语》书中设计不合理的词汇，使《中国手语》更为规范，更为科学。

第三节　电视手语主持创作语法

我们针对电视手语主持语法使用的满意度，对受众进行了调查，分值设置为：非常满意：5分。满意：4分。一般：3分。不满意：2分。非常不满意：1分。

统计结果如表5－5所示。

表5－5　受众对电视手语主持语法使用的满意度

	A《小芮说新闻》	B《苏州新闻》	C《共同关注》	D《星期天报道》	E《时事传真》	F《爱心浙江》
分值	4.8	4.5	2.5	3.7	3.5	3

从数据统计我们可以看出，《小芮说新闻》的语法使用是受众最满意的，分数为“4.8”，介于“非常满意”与“满意”之间，然后依次是《苏州新闻》《星期天报道》《时事传真》《爱心浙江》《共同关注》。《小芮说新闻》是一档在语法使用方面，受众满意度最高的电视手语节目，那么接下来我们就以《小芮说新闻》中的语法转换方式为参照，同时结合对专家的深度访谈结果，提出语法合理生成的建议性标准。

从当前中国电视手语主持创作的现状来看，手语主持处于被动地位，几乎所有手语主持人都跟着电视播音员的有声语言，逐字逐句地打手语，导致受众从看不懂主持内容演变成了不看的结果，当然看不懂还有其他的因素，这是综合累积的结果。

从目前我国电视手语主持节目中手语的使用情况来看，大部分采用的是现代汉语语法，由于手语是一门视觉语言，视觉优先原则决定了手语语法的特殊性。因此，手语主持要参照手语的特点在语法上进行必要的修正。接下来介绍一下手语主持创作中常遇到的一些语法结构以及怎样做好汉语和手语之间语法的转换。

一　电视手语主持创作中动宾一体的处理

聋人在表示所有的词语、句子时，所有的手语词汇都是在动作中产生，所以就造成了聋人手语一个特有的现象：词可以转类，同样一个词，可以是动词，还可以是名词，如“踢足球”“弹钢琴”等语句，见图5－4。所以，在手语主持创作过程中也应注意该特点，注意一些表示动作的词汇动宾一体的表达。

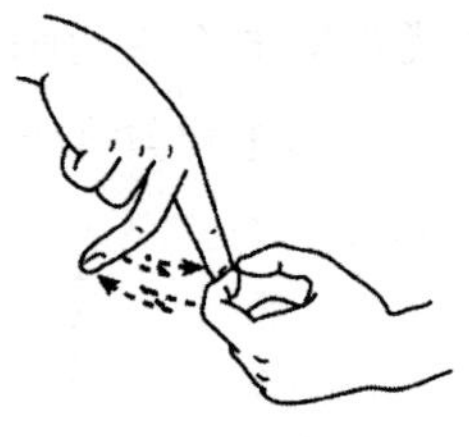

图5－4　踢足球

二　电视手语主持创作省略的处理

省略虚词。聋人自然手语一般缺少虚词，如“的、地、得、在、把、当、着、了”等。例如，“你写得好”可以用“（你）写/好”来代替，“妈妈在家里洗衣服”可以用“妈妈/洗衣服/家里”来代替，见图5－5。手语主持在表达过程中应该注意省略虚词。

图5－5　“你写得好”“妈妈在家里洗衣服”

省略定语。定语是名词前面表示领属、性质、数量等的修饰成分。名词、代词、形容词、数量词都可以做定语。在手语主持创作过程中，这个可以灵活掌握，根据语句和语境来确定定语是否省略，不同情况下省略也不同。

省略量词。聋人的交流往往是缺量词的，但是这并不影响他们之间的交流。量词是汉语中特有的词汇，如“个、只、支、匹、件、条、块”等。聋人经常将量词跟数词一起使用，往往打出数词之后紧接着打出所要表达的事物。比如说“一个苹果”会以“苹果/一”来代表，见图5－6。而手语主持在表达过程中应该注意省略量词从而更好地传达意义。

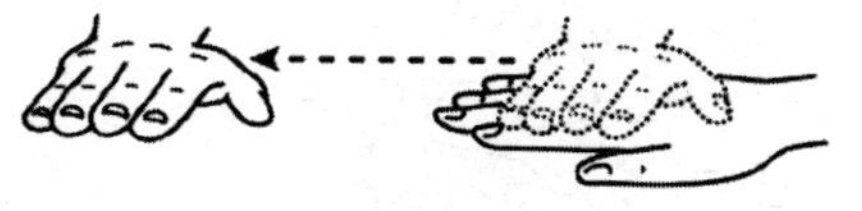
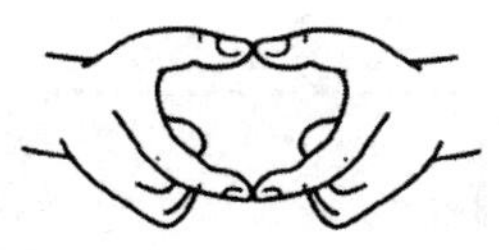

图5－6　“一个苹果”

省略状语。状语是在动词、形容词前面表示状态、程度、时间、处所等的修饰成分。形容词、副词、时间词、处所词都可以做状语。聋人表达中常常缺少表示修饰性的词语。比如说“你（认真）学习”“我们（尽情）跳舞”，见图5－7。因此，在手语主持创作时，主持人应根据语境进行必要的省略，但是省略成分的含义会通过表情予以补充。

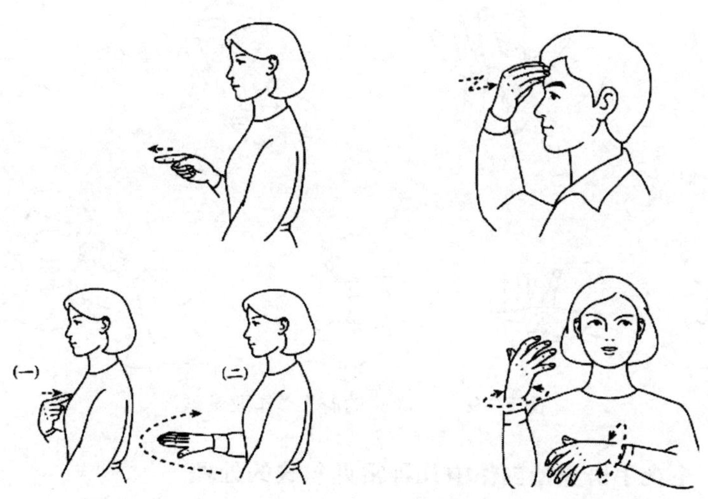

图5－7　“你（认真）学习”“我们（尽情）跳舞”

三 电视手语主持创作动宾倒装的处理

聋人打手势的时候，顺序往往遵循事件在视觉中的时空发展过程，视觉必须在看到表述主体和客体后，才能看出主体要对客体“干什么”，所以聋人的语言表述往往是先宾后动的，也就是先打出来表示事物名称的词，再打出来表示相应动作的词。比如，“桌子上面有书”会以“桌子/书/有”来代表，见图5－8。手语主持创作也应该如此。

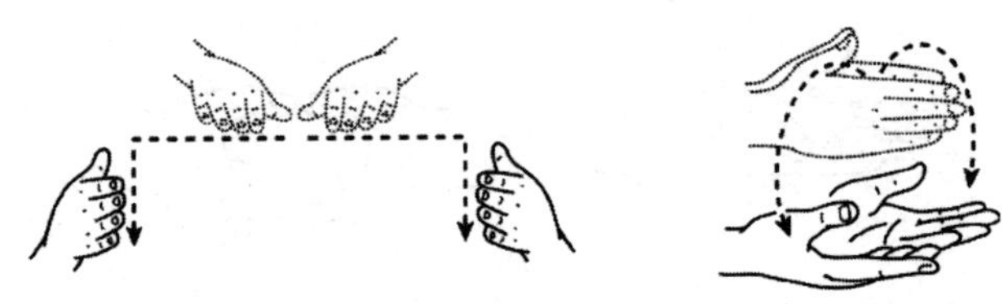

图5－8 “桌子上面有书”

修饰语倒装。在电视手语主持过程中，往往要先打出被修饰限制的事物名称，然后打出表示修饰限制的手势词汇。如“漂亮的花”会以“花/漂亮”来代表；“作业难做”会以“作业做/难”来代表等，如图5－9所示。

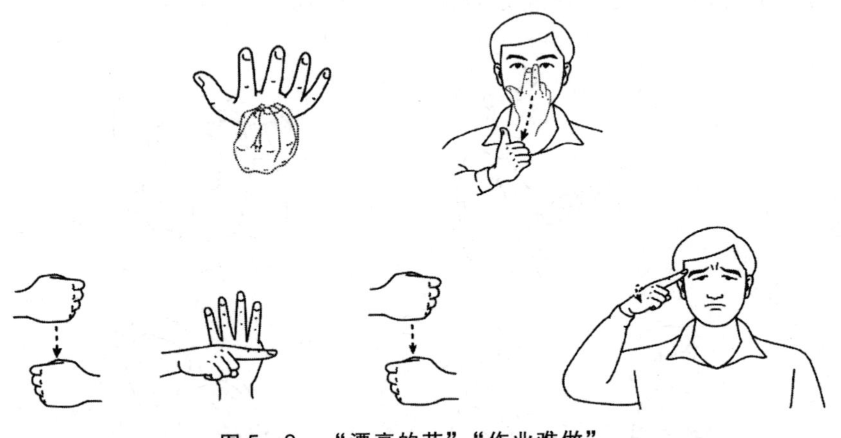

图5－9 “漂亮的花”“作业难做”

四 电视手语主持创作中几种常见句式的处理

1. 肯定/否定句的处理

手语中有些手势的否定是有固定打法的，而不是在“肯定词”前面加上“否定词”，如“好”（伸出大拇指）与“不好”（伸小指）。类似的如“相信”（左手拇指与四指呈框形，右手四指插入框中表示相信）与“不相信”（右手四指由框中往外抽出）。

手语句法规则中强调“关键词、否定词后置”，即主题词和描述对象常常放在语句的前面，后面跟上动词、形容词等，最后才是肯定和否定类的词汇。这是由手语作为视觉语言，遵循时间在视觉中的时空发展过程和接收语言信号的规律决定的。如“书/我/没有”“我/坐/不行”。还有一种类型，汉语中的双重否定即为肯定，但表达的侧重点与肯定句不同，若将汉语中的双重否定句译成手语，通常采用的方法是直接将该双重否定句转化成肯定句。例如，“为了身体健康，我不得不每天锻炼身体”转化成“为了身体健康，我必须每天锻炼身体”。

2. 疑问句/祈使句的处理

手语表达中，一般打出被疑问的事物，再将表示疑问的词放在句子末尾，同时用一个疑问的表情来表示疑问的语气。例如“这是什么?”这里要有一个疑问的表情，典型特征即眉毛上扬，头稍微前倾，眼睛自然睁大。祈使句的表达时向对方发出指令或请求。例如“不准说话”，动作的速度和力度就直接影响到语气和语调。

3. 感叹句的处理

手语作为空间视觉语言，感叹、惊讶等意义已经充分表现在打手语者的面部表情上，没有必要再同时打出一个手势语来传达情感。因此，针对汉语中常出现的“啊，呀，哦”等感叹词大多由面部表情和肢体动作来表现出来。如“这花真美啊!”“这真是园里最美的花呀!”根据所传达程度的不同，手语表达时手势动作的力度、幅度以及表情都要有所变化。

通过对电视手语主持创作中手语词汇和语法的合理转换的分析，我们总结出在手语主持创作时应注意以下几点问题。

首先就是结合语境，抽取主干。繁长的句子，聋人受众能否明白，就这个问题笔者访谈了一位聋人博士。她指出，聋人一般对长句子不是很容易理解，往往抓不住重点，再加上如果把汉语的句子直接翻译过来，就没有手语视觉化的特点，所以聋人并不适合大段大段的长句。那么国外的手语节目是怎么做的呢？杨军辉认为，国外的手语新闻也会有大段的句型结构复杂的英语长句，但是他们在遇到长难的英语句子的时候，手语主持会将长句子分割成一小段一小段简单的句子，然后通过意思表达使受众明白。由此可见，健听人习以为常的大段大段长句子的新闻播报并不适合聋人受众，在手语主持过程中应该注意对长难和复杂结构的句子进行主干抽取和句子划分。这里所说的主干抽取就是将句子的主干部分打出来，从而进行一次转换。在转换之前首先要对聋人自己所习惯的聋人手语和现代语法进行了解，更要结合整体的语境来表达，整个新闻稿件准备过程中，注意语言的简练，保留句子主干核心内容。

其次就是结合语境，合理省略。自然手语与现代汉语比较，两个最大不同点就是语序的颠倒和词语的省略。省略主要表现为虚词的省略、副词的省略、助词的省略、叹词的省略、量词的省略和动词的省略（动宾一体）。由此可见，我们在手语主持创作过程中也应该联系上下文语境，注意省略。

最后就是结合语境注意语序。聋人在打手语过程中习惯将重要的内容放在前面，主要表现为数量词提前和倒装的问题。手语主持也应在现代汉语语法前提下，将句子简化，保留主干，将重点提前，予以突出。此外，聋人普遍书面语水平不高，所用手语应该尽量生活化。

手语是视觉化的语言，这是其鲜明的特点。所以手语主持应符合手语的视觉接受习惯，在屏幕的有限空间范围内，合理利用空间，通过手势的转换来表情达意。

第四节　电视手语主持创作非手控特征

一　电视手语主持创作表情

1. 电视手语主持创作表情的内涵

表情是人类及其他动物从身体外观投射出的情绪指标，多数指面部肌肉及五官形成的状态，如笑容、怒目等，也包括身体整体表达出的身体语言。表情语是通过面部表情来交流情感，传递信息的语言。在电视手语主持创作中，主持人同样呈现不同表情，并以此表达信息。在有声语言播音主持创作中，表情是一个重要的创作手段，播音主持通过面部表情来交流情感，传递信息。在一些特殊的情况下，也可以利用伴随性，运用非手控特征否定，调节语言信息和表达状态的功能，将有声语言此时不能、不便表达的内容表示或暗示出来。就主持传播中的主持人来说，主持人的面部表情除了具有传递信息的作用外，同时又会反映出主持人的精神面貌和文化品位。

表情在播音主持中具有五方面作用：一是交流情感，传递信息；二是调节语言信息和表达状态的功能，将有声语言此时不能、不便表达的内容表示或暗示出来；三是有利于受众了解主持人内心世界的变化；四是反映出主持人的精神面貌和文化品位；五是表情融于有声语言表达中，引导观众与自己产生共鸣。在播音主持创作中的表情应该要做到真诚。真诚的表情给观众以亲切可信的美感。

电视手语主持作为播音主持学科体系中的一个重要组成部分，与我们通常了解的播音主持相比，既有相同点，又有不同点。在以有声语言为主要手段的播音主持创作过程中，表情起着重要的作用；电视手语主持创作是否同样如此呢？其与有声语言的播音主持相比有何异同？不同类型的受众对电视手语主持创作中表情重要性的认同度如何？性别、学历、听力程度等对受众的选择是否存在影响？当前手语主持表情如何？电视手语主持创作表情如何使用？

就我国电视手语主持人表情的研究现状来看，多数研究较为零散、孤立。季筱桅对当前手语主持人表情的现状进行分析时提出："有的手语主持人的面部表情过于严肃，使得一些手势动作难以准确地表情达意。"① 马晓蓉对目前手语主持的表情提出要求，认为作为手语新闻节目主持人，表情要有起伏，否则会显得非常呆板、乏味。② 朱璇也提出，在电视手语新闻里面一定要采用表情，这是手语的一部分。③ 没有表情或者平淡的表情，有时候也是一种表情，作为手语的语言材料而存在的。但是表情一直没有变化就会有问题，可能是面瘫、脑神经有损伤和认知心理机能有障碍，或者面对摄像机太紧张。综上所述，目前对电视手语节目中手语主持表情研究，面临着以下几点问题：一是缺乏对我国电视手语主持表情的全面系统分析，包括与一般播音主持的异同，及受众对其重要性的认同度分

① 季筱桅：《电视手语新闻现状与对策探究》，《理论观察》2012 年第 5 期。
② 马晓蓉：《手语新闻主持人如何展现个性魅力》，《中国残疾人》2003 年第 4 期。
③ 朱璇、张瑞坤：《电视节目主持人的非言语传播》，《新闻爱好者》2010 年第 6 期。

析等都鲜有涉及。当前研究所得出的结论往往是建立在个别手语主持节目基础上的，这种结论是否具有普遍性还难以确定；二是对当前手语主持表情存在问题的分析，缺乏大规模受众调查，研究者多是从个人经验出发，结论主观性较强；三是研究者提出的建议，较为模糊和笼统，操作性不强。

本部分的研究将主要基于视频语料库、问卷调查、深度访谈的基础上来展开。共性的方法前面已有论述，不再赘述。这里重点介绍电视手语主持创作表情研究问卷设计中的特殊之处。在问卷设计时，我们参照了《中国电视手语质量调查》、肖晓燕的《媒体传译质量评估》，其中本部分研究的“表情”是根据《中国电视手语质量调查》提出的。针对表情的研究，我们重点考察了两个方面的问题：一是表情是不是电视手语主持创作的重要手段；二是受众对电视手语主持创作中表情的满意度如何。对此我们设计了两道问卷题目。针对问题一，我们设计了“您认为电视手语主持创作中的表情重要吗?”这道题。针对问题二，我们设计了“您最满意的电视手语主持创作中的表情是什么?”这道题。同时我们又通过“您认为影响电视手语主持创作质量的重要因素有哪些?”这道题目来检验性别、听力等级、学历程度等因素在受众对表情重要性认同上是否存在影响。

此外，进行问卷调查之前，我们通过事前解释说明表情内涵与我们的调查目的，最大限度地控制其他变量，以达到对表情满意程度这一核心要素的考察目的。

2. 电视手语主持创作中表情的特征

(1) 个性化特征

与有声语言播音主持创作不同，电视手语主持创作中表情有其个性化的特征，具体如下。

①创作手段导致的独特性。播音主持主要以有声语言为主要的创作手段，电视手语主持主要以手语这一视觉语言为主要创作手段。赵英男在《手语中面部表情信息理解的研究与实现》中提出：“有研究手语识别的实验表明，当排除面部表情只对手势进行识别时，人们所能理解的内容不会超过60%。”[①] 由此可见，表情是构成手语的一个重要辅助因素。表情

---

① 赵英男：《手语中面部表情信息理解的研究与实现》，硕士学位论文，大连海事大学计算机科学与技术学院，2012，第74页。

在聋人自然手语里起很大的作用，没有表情就无法顺利完成交际。因此，表情在手语中的创作地位，也就决定了电视手语主持创作中表情的作用要远比在播音主持创作中重要。在电视手语主持中，表情有着独特的功能。

在电视手语主持创作中，表情主要具有独特语义功能（表示感情和感觉，表示喜怒哀乐）和语法功能（表示疑问、否定、强调、话题优先、前后关联等）。手势表达的是手语词汇（口型辅助提示汉语概念），而手语的语法、语气、语义大都需要表情予以协助表达。扬起眉毛或皱眉，眼睛睁大或眯起来，视线的变化，鼻子皱与不皱，嘴型的形状和变化，头部动作（点头、摇头、低头、仰头）等，包含大量的语法信息和语义信息。

首先，在进行电视手语主持创作时，表情具有独特的表达意义功能。在访谈中，一位聋人博士认为表情在电视手语主持创作中重要性很强，是手语不可缺少的组成部分。有的表情本身可以直接表意，如满意的表情和不满意的表情，笑容和怒容，一看就明白意思。有的表情要和手势配合，是手势词语和句子的一个重要组成部分，如打“急躁”的手语时，要求面露焦急的表情；打“自豪”的手语时，要求面露自豪的表情。

其次，表情是语法表达不可缺少的部分。如“酸”（皱眉）、“放松”（舒气）等，也是句子结构的一部分，相当于书面语标点符号，这在疑问句、感叹句中表现非常突出。另外，在电视手语主持创作中，表情包含着语法信息。面部表情等非手势的表达充当了语法上的工作，如疑问、修饰、感叹等语法功能。聋人主要看面部表情等得知句子是否讲完，看面部表情判断是什么种类的句子，是陈述句、否定句、疑问句、设问句还是感叹句。程度副词“一点儿”“非常”等，在手语中很多时候都靠表情来表达。

表情在电视手语主持创作中起着非常重要的作用。电视手语主持人在主持过程中，应特别注意面部表情。主持人应当根据稿件的具体内容以及对稿件的具体理解、具体感受，将面部表情融于手语的具体表达中，从而引导观众与自己产生共鸣以达到理想的实际效果。

②接收方式导致的独特性。在有声语言播音主持中，受众以视听结合的方式为主接收信息；在电视手语主持中，受众以视觉为主接收信息。表情是电视手语主持传播中的一个重要的视觉符号。表情在手语的非手控中是最丰富的，也是最具有表现力的。在电视手语主持创作活动中，主持人通过手语来传递信息，表达情感，表情对手语所传递的信息进行必不可少

的补充、强调、解释和说明。电视手语主持人是一种特殊的媒介角色，他们以仿直接的、面对面的人际交流的形式进行大众传播活动，所以电视手语主持人要想准确生动地表情达意，除了用手语进行大众传播活动外，还要综合使用面部表情来传达信息，与受众进行仿互动交流。

③主要受众导致的独特性。有声语言播音主持创作的主要受众是听人，电视手语主持创作的主要受众是聋人。从受众满意度上看，电视手语主持创作时的表情要满足聋人的需求。在谈到语言规范化问题时，张颂等提出了新闻播音的三个层次，就是“对不对”“准不准”“美不美”，其中“美不美”则是“达于受众”的最高标准。[①] 电视手语主持创作作为艺术创作，也同样应该以“美不美”来作为其衡量的最高标准。同时结合对受众的访谈调查和张颂的“三个层次论”，我们将手语主持的受众的满意度也分为三个等级：一、理解。二、舒服。三、美。

“理解”是受众对电视手语主持最基本的需求，即受众能准确、没有歧义地理解手语主持人传播的内容。“理解”是电视手语主持传播成功的首要因素，因表情具有表意功能，对使受众准确理解话语有重要作用。无论独立表意的表情，还是同手势配合表意的表情，它们都是受众准确理解信息的重要保障。

“舒服”是受众对手语主持在理解基础之上的进一步需求。这要求在电视手语主持创作过程中，表情的表达应该符合聋人文化，符合聋人日常表达习惯，使他们能舒服地接收表情传递的信息。

“美”在电视手语主持创作的评判标准中，是最高级别的标准，它不是指某一个要素所表现出来的“美”，而是指“整体美”。这种“整体美”是受众在理解和舒服的基础上提出的最高需求，即电视手语主持创作中各种表达手段，如手语、表情、节奏、语速、眼神交流等各个方面应该是一脉相承、融会贯通、互为一体的和谐的美。这种美具有鼓动性，让受众产生共鸣，甚至产生某种行为。这就要求表情不仅要体现语义和语法，符合聋人文化，让受众感到舒服，更要与其他视觉语言构成整体美，使受众产生美的享受。

从受众期待的层面上看，受众往往期待与手语主持人之间的交往是平

① 张颂、乔石：《论播音艺术》，北京广播学院出版社，1992，第 80 ~ 86 页。

等的、亲切的、友好的和充满人情味的，因而受众往往会对手语主持人有产生许多情感方面的期待，如期望手语主持人是一个真诚的、充满热情的人，是能够与之在平等友好的气氛中进行轻松、亲切交流的人。对于聋人受众来说，由于其特有的弱势地位，更需要得到心灵上的慰藉、平和的对待，在情感上尤是如此。表情是传达感情的一个重要因素，加入情感的传播，容易唤起手语主持人与受众之间的情感交融和心灵撞击而最终产生共鸣从而收到良好的传播效果。

综上，无论是从手语，还是从聋人受众和信息接收方式来看，都决定着表情在电视手语主持中独特的地位。

（2）普遍性特征

手语主持创作作为播音主持创作的组成部分，其表情创作具有一些普遍性特征。电视手语主持同播音主持一样，都属于大众传播与人际传播的结合体。因此，手语主持人的表情也应该受到这一传播特征的制约。这要求主持人首先应该遵守生活中的自然手语规范，而有个人化色彩的表情表达应该予以摒弃；且表情的幅度要略小些，要经过微调。同时也要根据内容风格调整表情、控制幅度等。

表情除了应符合电视手语主持创作中的特别要求外，还应该符合播音主持的一般要求，特别是对于电视新闻手语主持创作来说，要遵守新闻节目客观性、真实性的要求。新闻节目信息涵盖量大，内容丰富。时政要闻要求庄重、沉稳，民生新闻要求亲切、自然，经济新闻要求客观、公正，文体新闻要求活泼、跳跃。手语主持人的表情要随新闻内容的变化而发生改变，既不能冷冰冰“白板一块”，也不能从头到尾微笑到底，内心要和新闻内容一起活动，表情才能同新闻基调相贴合，在新闻节目的大背景下微调各条新闻不同的表情。这样的主持语言才是有血有肉、具有感染力的，才能使表情既符合聋人文化，又符合新闻的特点，特别是符合新闻客观性的要求。在进行电视新闻手语主持创作时，手语主持人主观化、个人化的表情都不应出现，要做到客观、如实反映新闻本质。

总之，对于手语主持创作的表情来说，既要做到表情符合聋人受众的信息接收习惯，同时也要做到客观、公正、规范，即摒弃个性化表情表达，保留多数人认可的公共表情表达方式。

3. 受众对电视手语主持创作表情重要性的认同度

本部分通过问卷调查就受众对表情认同度进行分析。对表情重要性认同度的调查采用李克特五点量表计分，每题最高得分为5分（非常重要），最低得分为1分（完全不重要），通过平均分来考察不同群体、性别、学历程度、听力等级的受众对表情重要性的认同度。我们通过“您认为影响手语主持创作质量的重要因素有哪些?”这道题目来检验性别、听力等级、学历程度等因素在受众对表情重要性认同度上是否存在影响。

（1）不同受众对表情重要性的认同度

不同受众对表情重要性的认同度是没有较大差异的，聋生群体对表情重要性认同度最高，为4.61，然后依次是成年聋人群体4.53，手语老师群体4.42。其中聋生群体、成年聋人群体对表情重要性的认同度高于平均值4.52，而手语老师群体则低于平均值，详见表5-6。卡方检验结果表明，$\chi^2=1.733$，$P=0.420$，差异不具有显著性意义，即不同受众群体对表情重要性看法上没有显著性差异。

表5-6 不同受众群体对表情重要性的认同度

受众	认同度	认同度平均分
聋生	4.61	
成年聋人	4.53	4.52
手语老师	4.42	

（2）不同性别群体对表情重要性的认同度

性别差异也是社会语言学研究语言变异经常要考虑的因素之一，调查结果如表5-7所示，男聋生对表情重要性的认同度为3.18，女聋生为3.79，在数值上女聋生比男聋生高一些。卡方检验结果表明，$\chi^2=0.272$，$P=0.602$，差异没有显著性意义，即不同性别的聋生对电视手语主持创作中表情重要性看法没有显著性差异。

男成年聋人对表情重要性认同度为4.36，女成年聋人为4.37，在数值上女成年聋人比男成年聋人略高一些，详见表5-8。卡方检验结果表明，$\chi^2=0.013$，$P=0.910$，差异不具有显著性意义，即不同性别的成年聋人对表情的重要性看法没有显著性差异。

表 5 -7 不同性别的聋生受众对表情重要性的认同度

性别	认同度	认同度平均分
男	3.18	3.485
女	3.79	

表 5 -8 不同性别的成年聋人受众对表情重要性的认同度

性别	认同度	认同度平均分
男	4.36	4.365
女	4.37	

（3）不同学历受众对表情重要性的认同度

不同学历聋生对表情重要性的认同度是有较大差异的，初中学历聋生对表情重要性的认同度最高，为 4.04，然后依次是本科及以上学历聋生 4.00，高中学历聋生 3.97，大专学历聋生 3.91，小学学历聋生 3.59。其中初中学历、本科及以上学历、高中学历和大专学历聋生对表情重要性认同度高于平均值 3.902，而小学学历低于平均值，详见表 5 -9。卡方检验结果表明，$\chi^2 = 12.152$，$P = 0.016$，差异具有显著性意义，即不同学历的聋生对表情的重要性在看法上有显著性差异。

表 5 -9 不同学历的聋生受众对表情重要性的认同度

学历	认同度	认同度平均分
小学	3.59	3.902
初中	4.04	
高中	3.97	
大专	3.91	
本科及以上	4.00	

在成年聋人中，初中学历成年聋人对表情重要性的认同度最高，为 4.6，然后依次是小学学历 4.12，大专学历 3.80，高中学历 3.65，本科及以上学历 3.62。其中初中学历、小学学历成年聋人对表情重要性的认同度高于平均值 3.958，而本科及以上学历、高中学历和大专学历低于平均值，详见表 5 -10。卡方检验结果表明，$\chi^2 = 3.510$，$P = 0.476$，差

异不具有显著性意义，即不同学历的成年聋人对表情的重要性在看法上没有显著性差异。

表 5－10　不同学历的成年聋人受众对表情重要性的认同度

学历	认同度	认同度平均分
小学	4.12	
初中	4.6	
高中	3.65	3.958
大专	3.80	
本科及以上	3.62	

（4）不同听力等级的受众对表情重要性的认同度

不同听力等级聋生对表情重要性的认同度有较大差异：戴人工耳蜗也听不到声音对表情重要性的认同度最高，为4.53；然后依次是戴助听器能听到声音为4.00；戴助听器也听不到声音为3.95；戴人工耳蜗才能听到声音为3.89；不戴助听器能听到声音为3.85。其中戴人工耳蜗也听不到声音的聋生对表情重要性的认同度高于平均值4.044，而其他听力等级都低于平均值，详见表5－11。卡方检验结果表明，$\chi^2=12.914$，$P=0.012$，差异具有显著性意义，即不同听力等级的聋生对表情的重要性在看法上有显著性差异。

表 5－11　不同听力等级的聋生受众对表情重要性的认同度

听力等级	认同度	认同度平均分
不戴助听器能听到声音	3.85	
戴助听器能听到声音	4.00	
戴助听器也听不到声音	3.95	4.044
戴人工耳蜗才能听到声音	3.89	
戴人工耳蜗也听不到声音	4.53	

在成年聋人中，戴人工耳蜗才能听到声音的对表情重要性的认同度最高，为4.39；而后依次是戴助听器也听不到声音，为4.36；戴人工耳蜗也听不到声音，为4.22；不戴助听器能听到声音，为4.10；戴助听器能听到声音，为3.77。其中戴人工耳蜗才能听到声音、戴助听器也

听不到声音、戴人工耳蜗也听不到声音这三种听力等级的成年聋人对表情重要性的认同度高于平均值4.168，而不戴助听器能听到声音、戴助听器能听到声音的成年聋人的认同度低于平均值，详见表5-12。卡方检验结果表明，$\chi^2=2.659$，$P=0.616$，差异不具有显著性意义，即不同听力等级成年聋人对表情的重要性在看法上没有显著性差异。

表5-12 不同听力等级的成年聋人受众对表情重要性的认同度

听力等级	认同度	认同度平均分
不戴助听器能听到声音	4.10	
戴助听器能听到声音	3.77	
戴助听器也听不到声音	4.36	4.168
戴人工耳蜗才能听到声音	4.39	
戴人工耳蜗也听不到声音	4.22	

综上可知：

①不同群体的受众的平均认同度分别为4.61、4.53、4.42，都介于重要和非常重要之间。

②不同性别的聋生和成年聋人的平均认同度分别为3.485、4.365，分别介于重要和一般、重要和非常重要之间。

③不同学历的聋生和成年聋人的平均认同度分别为3.902、3.958，都介于重要和一般之间。

④不同听力等级的聋生和成年聋人的平均认同度分别为4.044、4.168，都介于重要和非常重要之间。

通过数据分析，可以发现，在电视手语主持创作中，表情是非常重要的韵律表达手段，进一步佐证了表情作为电视手语主持中重要的创作手段的假设。

4. 电视手语主持创作表情使用的建议性标准

（1）视频语料库调查分析

基于视频语料库，我们对国内电视手语主持的现状做了客观的描写；并结合手语主持创作中表情客观性、丰富性的特点，对当前的电视手语主持创作的表情进行了分类，具体见表5-13。

表 5－13 国内手语主持表情现状

节目名称	表情分析
中央电视台《共同关注》	一贯保持微笑与端庄，有一定聋人表情
北京卫视《新闻手语》	一贯保持微笑与端庄，无聋人表情
陕西凤翔电视台《凤翔新闻》	表情较严肃，无聋人表情
甘肃卫视《午间 20 分》	一贯保持微笑，无聋人表情
贵州卫视《星期天报道》	表情有变化，有一定聋人表情
河北卫视《新闻专递》	一贯保持微笑，无聋人表情
河南卫视《一周新闻综述》	一贯保持微笑与端庄，无聋人表情
河南电视台新闻频道《手语新闻》	一贯保持微笑与端庄，无聋人表情
黑龙江卫视《点击七日》	一贯保持微笑与端庄，无聋人表情
湖北远安电视台《远安新闻》	有表情，但无聋人表情
陕西宝鸡电视台《一周要闻回顾》	无表情
上海电视台新闻综合频道《时事传真》	一贯保持微笑与端庄，有一定聋人表情
陕西临潼电视台《一周要闻回顾》	表情较严肃，无聋人表情
浙江苍南电视台《苍南新闻》	无表情
浙江卫视《爱心浙江》	一贯保持微笑与端庄，无聋人表情
浙江富阳电视台《富阳新闻》	一贯保持微笑，无聋人表情
安徽马鞍山电视台《晚间新闻》	表情较严肃，无聋人表情
吉林省吉林市电视台《大城小事》	一贯保持微笑，但无聋人表情
江西赣州电视台《一周新闻日历》	无表情
陕西省阎良电视台《阎良新闻——一周要闻回顾》	无表情
福建福州电视台《新闻 110 午报》	有表情，但无聋人表情
天津电视台《我们同行》	一贯保持微笑，无聋人表情
上海电视台新闻综合频道《午间新闻》	无表情
陕西电视台新闻综合频道《第一新闻》	无表情
内蒙古电视台新闻综合频道《这七天》	有表情，但无聋人表情
江苏苏州电视台《苏州新闻》	有一定聋人表情
江苏栖霞电视台《小芮说新闻》	有丰富的聋人表情

我们把手语主持的表情分成了“无表情”“有表情，但无聋人表情”“有一定的聋人表情”“有丰富的聋人表情”四个类别，并对统计出的结果进行整理分类，结果如下，见表 5－14。

表 5-14 手语节目表情分类

类　别	无表情	有表情，但无聋人表情	有一定的聋人表情	有丰富的聋人表情
个数（个）	6	16	4	1
百分比（%）	22.2	59.3	14.8	3.7
节目名称	《一周要闻回顾》 《苍南新闻》 《一周新闻日历》 《午间新闻》 《第一新闻》 《阎良新闻——一周要闻回顾》	《新闻手语》 《新闻专递》 《一周新闻综述》 《手语新闻》 《爱心浙江》 《午间 20 分》 《凤翔新闻》 《点击七日》 《一周要闻回顾》（陕西临潼电视台） 《大城小事》 《富阳新闻》 《晚间新闻》 《新闻 110 午报》 《我们同行》 《这七天》 《远安新闻》	《时事传真》 《共同关注》 《星期天报道》 《苏州新闻》	《小芮说新闻》

根据以上统计，当前大陆的电视手语节目主持创作中有丰富聋人表情的很少，而只有《小芮说新闻》这档由聋人主持的手语节目中有丰富的表情。《共同关注》《星期天报道》《时事传真》《苏州新闻》节目中手语主持人有一定的聋人表情，如《共同关注》中有一句话："怎么样？这些作文题目如果让您写的话，您会如何去完成这个高考的命题呢？"此时，手语主持人在表达"如何"一词时，其面部呈现出极其微弱的询问表情。再如在《星期天报道》中的"精心准备早餐后，大家小心翼翼地把早餐装进自制的保温箱，派上 5 辆早餐车，分别前往早餐供应点"。其中在表达"小心翼翼"时，手语主持人带有突出强调工作人员工作仔细这一动作的面部表情。其他的手语主持人大都处于"无表情""无聋人表情"的阶段，其中 59.3% 的手语节目主持人，无聋人表情；22.2% 的手语节目主持人则没有任何表情。

(2) 电视手语主持创作中表情的标准

通过长期调查我们发现，在做关于手语语料库中的手语主持人表情试调查的过程中，部分聋人受众对国内手语主持人表情的满意度明显低于其他要素。对此，我们在语料库中加入了部分国外电视手语主持节目，共筛选出5个综合满意度最佳的手语主持节目，我们对这5个节目，针对表情这一创作手段进行满意度再调查，分值设置为：非常满意：5分。满意：4分。一般：3分。不满意：2分。非常不满意：1分。调查结果如下：

根据表5－15我们可以发现，《数字英国》的表情是受众最满意的，然后依次是《小芮说新闻》、《星期天报道》、《时事传真》、《苏州新闻》。

表5－15 电视手语主持创作表情满意度调查

	A《数字英国》	B《小芮说新闻》	C《苏州新闻》	D《时事传真》	E《星期天报道》
分值	5	4.5	2.5	3	4

满意度最高的是《数字英国》的表情。在这档节目中，手语主持人表情丰富，夸张，生动有趣，虽然大部分聋人受众不通晓英语，但通过画面以及手语主持人的表情，依然能使受众充分感受到整体的气氛。其次是《小芮说新闻》。这档节目中的手语主持人为聋人，在主持过程中流露出的表情自然而又到位，并会随着报道内容的变化而变化。例如，《小芮说新闻》中，在“前几天南京的天气像火炉，这几天就下起了大雨，有些凉意”这句中，在表达火炉时，手语主持人带有“热”的表情，表达“凉意”时，手语主持人带有“冷”的表情，也在视觉上突出了重点，让聋人受众一目了然地理解内容。接下来的是《星期天报道》《时事传真》两档节目，主持人表情幅度很微弱，偶尔有一点情绪。《时事传真》的主持人本身就是聋人，会在不经意间流露出聋人表情，但不明显。《星期天报道》也是如此，在手语过程中表情并不明显，但能微弱地感觉到其在表达某个词时的情绪变化。例如“虽然是按量取食的自助餐，不少餐桌上还是有被浪费的食物”中的“被浪费”有聋人手语的表情。最后一个是《苏州新闻》，电视手语主持人在创作过程中，表情较严肃，无明显的表情变化。根据我们的调查结果，《数字英国》得分为5分，是当前电视手语节目主持创作中表情把握最好的节目。我们结合这些满意度较高的电视手语

节目，提出了以下电视手语主持创作标准：

①要考虑受众心理，具有符合聋人文化的丰富的表情。

②要具有符合新闻节目特征的客观的表情，且适度、和谐，富有真情实感。

结合当前我国电视手语节目主持人创作表情的现状，我们提出以下几条提高手语主持人表情水平的建议。

①国家出台相关的电视手语主持人的管理标准。我国目前已有的政策大多是有关于电视手语主持节目，对电视手语主持人的相关政策几乎没有。从对我国 27 个手语节目视频的分析来看，无表情手语主持占 22.2%，只含有主持人表情的手语主持占 59.3%，有聋人表情的手语主持仅占 18.5%。这些数据表明，我国电视手语主持人的表情一直处于一种跟随播音主持表情的误区当中。这必然导致聋人受众因手语主持人表情的缺少，在对内容的理解上大打折扣。因此国家应制定相关标准，规定主持人的表情要求，改变手语主持人在主持过程中缺少聋人表情的状况。

②加强对电视手语主持人的职前培训。调查结果显示，大多数聋人受众认为，目前我国电视手语主持人存在的问题是无聋人表情，表情单一或者只有播音主持的表情，缺少聋人表情。此外，还有一个重要的问题是手语主持的聋人表情过于极端，带有明显的个人主观色彩，这严重影响了聋人受众对信息的客观接收。因此，要加强对手语主持人聋人表情的培训，要求手语主持人一方面积极融入聋人群众，多进行情感的交流，多汲取聋人文化，培养语感。另外，也要求手语主持人加强新闻知识的学习，更加客观地传递信息。

二　电视手语主持创作眼神

1. 电视手语主持创作眼神的内涵

眼神作为非手控特征中的一种表现形式，在整个体态语中起着举足轻重的作用。喜怒哀乐可以在眼神当中找到对应，而身体的其他器官，在表达情感时，表象就不是如此明显了。眼神在播音主持过程中起着重要作用：生动地传递着内心情感，真实表达所传达的思想内容，亲切、真挚，拉近与观众的距离。眼神是播音主持中一个非常重要的创作手段。主持人的眼神通常介乎社交性注视和亲密性注视之间，也就是说比一般社交性注视略微亲密些，又比亲密性注视略为严肃些。对主持人来说，眼神的沟通超出了日常生活范围，而带来了职业意义。

王中华认为："主持人眼神来自于内心，在于心中有没有观众。从心理学角度分析，它属于注意力范畴，既与天分有关，也与经验有关，但更重要的是主持人的学识、道德观、价值观和审美观等等内在的涵养。尽管演播室里只有摄像机镜头和灯光，但在优秀主持人的眼中，对面坐着的正是他所热爱的观众朋友们。语言可以造假，但清澈的眼神是无法欺骗观众的。如果您想成为一位受欢迎的主持人，必须锤炼自己的第二语言——眼神。"①

手语主持作为播音主持学科体系中的一个重要组成部分，与我们通常了解的播音主持相比，既有其相同点又有不同点。在以有声语言为主要手段的播音主持创作过程中，眼神起着重要的作用。那么在电视手语主持创作中，眼神是否同样重要？是否有其特殊的要求？与有声语言的播音主持创作相比有何异同？不同类型的受众对手语主持创作中眼神重要性的认同度如何，包括性别、学历、听力程度等对受众认同度是否存在影响？当前手语主持创作中眼神使用如何？对未来手语主持眼神有何建议性"标准"？这些都是需要回答的问题。

目前对我国手语主持创作眼神的研究，更多地集中在手语主持的一个重要类型，即手语翻译的研究上。魏伟对当前手语节目的眼神状况进行了分析，他指出："在一些国家，每当有配手语的节目播放时，往往把手语画面作为主画面，声音仅仅是配角，但在我国却相反，无法看清手语，无法看清打手语者的面部表情、眼神，模糊了对听障者来说两个重要获取信息的途径，自然影响收看新闻的效果。"② 林腾驹通过对比中美电视手语翻译对手语翻译中的眼神提出了要求，他认为："特别是注意眼神的使用，眼睛是心灵的窗口，眼神太高，显得漫不经心，眼神太低，显得轻蔑，应该把握好视点的高度，自然、柔和地看着摄像机镜头，就像看亲近的朋

① 王中华：《浅谈电视节目主持人第二语言——眼神与综合态度、知识厚度、化妆技艺》，《今日科技》2011 年第 9 期。

② 魏伟：《电视手语新闻的问题与建议》，《中国有线电视》2011 年第 5 期。

友，诚恳真挚，心中有受众，更容易找到交流感，对象感。”① 当前对手语主持创作的眼神研究主要有以下几点问题：一是缺乏对我国手语主持创作眼神现状的全面分析，当前研究所得出的结论往往是建立在对个别手语主持节目基础上的，这种结论是否具有普遍性还难以确定；二是对当前手语主持创作眼神存在问题和对策的分析，缺乏大规模受众调查，研究者多是从个人经验出发，结论主观性较强；三是研究者提出的对策，较为模糊和笼统，操作性不强。

本部分的研究将主要基于视频语料库、问卷调查、深度访谈的基础上来展开。共性的方法前面已有论述，不再赘述。这里重点介绍电视手语主持创作眼神研究设计中的特殊之处。在设计问卷时，我们参照了《中国电视手语质量调查》、台湾的《台湾地区手语翻译服务推广成效调查与建议》、肖晓燕的《媒体传译质量评估》，制定出了本研究的问卷部分。

针对眼神的研究，我们重点考察了两个方面的问题：一是眼神是不是电视手语主持重要的创作手段；二是受众对电视手语主持眼神的满意度。对此我们设计了两道问卷题目。针对问题一，我们设计了“您认为电视手语主持表达中的眼神的重要程度为________”这道题。针对问题二，我们设计了“您最满意的电视手语主持的眼神是________”这道题。同时针对问题一，问卷以性别、听力等级、学历程度作为自变量，眼神的关注度和需求度作为变量，对聋生和成年聋人两个群体进行调查，考察性别、听力等级、学历程度等因素在受众判断眼神重要性时是否存在影响。

此外，在对问卷进行考察时，我们通过事前解释说明最大限度地控制其他变量，以达到对眼神满意程度这一核心要素的考察目的。

2. 电视手语主持创作眼神的特征

（1）个性特征

与有声语言播音主持创作不同，电视手语主持眼神创作有一些个性化的特征，具体如下。

①创作手段导致的独特性。播音主持主要以有声语言为创作手段，手语主持主要以视觉语言为主要创作手段。手语主持作为一门视觉语言，主

---

① 林腾驹：《中美电视手语翻译现状对比——从十八大手语翻译看中国电视手语翻译的不足》，《福建省外国语文学会2012年会论文集》，2012年12月，第211～214页。

要运用手语进行传播活动。《教育大辞典》对“手语”的注释为：“以手的动作、身体姿势及表情进行思想交流的手段。”马晓蓉指出：“对于一个手语新闻节目主持人来说，情感潜能可以说是一种中介能力，决定了我们怎样才能充分而又完美地发挥我们所拥有的各种能力。事实上，只有动作、表情、眼神、画面的有机融合登台，主持人的潜能才能淋漓尽致地表现出来。”①

由此可见，眼神是完整意义上手语表达中一个重要不可或缺的因素。眼神在聋人自然手语里起到很大的作用。在电视手语主持创作中，眼神也具有重要意义。

其一，眼神具有表意功能。眼神是手语不可缺少的组成部分。有的眼神本身可以独立表意，如，“满意”和“不满意”的眼神，“欣喜”和“失望”的眼神等。有的眼神要和手势配合，是手势词语和句子的一个重要组成部分，如表示“疑问”和“否定”，加上眼神，手语表达的意思更加明确。

其二，眼神有推动话轮转换的作用。在手语主持创作过程中，如注视对方表示“你”，手语主持人没有用手指着你，但是用眼神说是“你”；这种眼神也能告诉对方“该你说了”“该你回答了”。对方心领神会，马上接着话题说，或者回答问题，对方要等手语主持人注视自己时才知道轮到自己发言了。讲到“第三者”（他或她）的事情时，眼神移动往某人处注视，表示“第三者”在场，如果不转移视线，或者自然地巡视，表示所讲的“第三者”不在场。

其三，眼神在空间定位和话题转换方面起着重要作用。眼神是表情的一个组成部分，也具有语法功能，或是辅助表达语义。有时候，眼神也能起到空间定位和话题转换的作用。比如在手语访谈主持时，主持人眼神左右移动可表示不同角色的转换，又如说完一件事情后，手语主持人眼神和手势空间的移动可以表示话题改变，说另一件事。

②接收方式导致的独特性。播音主持以有声语言为创作手段，电视手语主持主要以视觉语言为创作手段。因此，电视手语主持创作的受众以视觉接收为主。眼神是手语主持创作中的一个视觉符号。在电视手语主持创

---

① 马晓蓉：《手语新闻主持人如何展现个性魅力》，《中国残疾人》2003 年第 4 期。

作活动中，主持人通过手语来传递信息，表达情感，眼神对手语所传递的信息进行必不可少的补充、强调、解释和说明。手语主持人是一种特殊的媒介角色，他们以仿直接的、面对面的人际交流的形式进行大众传播活动，所以手语主持人要想准确生动地表情达意，除了用手语进行大众传播活动外，还要综合使用眼神交流等来传达信息，与受众进行交流。

③受众导致的独特性。播音主持创作的主要受众是听人，手语主持创作的主要受众是聋人。不同的受众也决定了眼神在其中的不同地位和作用。

首先，从受众满意度上看，手语主持的主要受众是聋人，因此手语主持的眼神要满足聋人的需求。在谈到语言规范化问题时，之前提到张颂提出了新闻播音的三个层次，就是“对不对”“准不准”“美不美”，其中“美不美”是“达于受众”的最高标准。手语主持作为艺术创作，也同样应该以“美不美”来作为其衡量标准。从某种意义上说眼神使用都是为“美”服务的。同时结合对受众的访谈调查，我们将受众眼神的满意度分为三个等级：一、理解；二、舒服；三、美。从手语主持质量评估标准来看，眼神无论是对于受众正确理解主持人表达的真实含义，还是更舒服地获得美的感受都至关重要。“理解”的标准要求眼神在手语主持创作中，体现基本语义和语法功能。“舒服”要求眼神除了体现出语义和语法功能外，还应该符合聋人文化，充满交流感，让受众感到舒服。“美”要求眼神要同手语、表情、节奏、语速等各个方面一起一脉相承，融会贯通，构成互为一体的和谐的整体美。具有鼓动性，让受众产生共鸣①，以达到理想的传播效果。

其次，从受众期待的层面上看，受众往往会对主持人产生许多情感方面的期待，尤其是聋人这一弱势群体。他们期望手语主持人是一个真诚的、充满热情的人，能够与其在平等友好的气氛中进行轻松、亲切的交流。眼神是传达感情的一个重要因素。眼神加入情感的传播，容易唤起手语主持人与聋人受众之间的情感交融和心灵撞击而最终产生共鸣，同时，眼神也是传达双方平等地位最重要的表现手段之一。

我们可以看出，创作手段、接收方式和主要受众的不同，决定了眼神

---

① 张颂：《论播音的创作方法与表达规律》，《中国广播电视学刊》1989 年第 6 期；王靖：《论播音创作过程中的内部技巧》，《山西青年》2013 年第 22 期。

在电视手语主持创作中的要求和地位不同于有声语言播音主持中的要求和地位。

（2）普遍性特征

电视手语主持创作作为播音主持创作的组成部分，其眼神创作具有一些普遍性特征。

首先，同有声语言播音主持人一样，手语主持人也要在深刻理解稿件内容的前提下进行创作。在进行创作时，眼神要坚定配以正确的创作表达，与镜头的交流要本着专注与虚视的相互交替，如果稿件的内容是在传达科技含量高的信息或很庄重的信息时，主持人的眼神在做好与观众进行近距离交流的准备后，他要向受众准确地表达出眼中有“人”、眼中有“事”的镜前状态。主持人要注意明确眼神所表现出的情感内涵，注重手语和其他语言符号相协调，注意强调的内容要少而精，眼睛的控制要随着强调的内容遇强则强、强之有物。在眼神运用上要避免矫枉过正，避免眼睛上眺，或是眼神过死，要在形成虚线的视力范围内控制好专注和环视的交替。在进行手语主持创作时，如果是在介绍趣味性较强的内容时，主持人要注意眼睛的运用上更加表现出欢快的信息，眼中含笑，但要避免挤眉弄眼，还要控制住眼神的稳定性。

其次，眼神还要受节目属性的制约，在手语新闻类节目中要遵守新闻节目客观性、真实性的要求。一般来讲，新闻节目信息涵盖量大，是所有电视手语节目中，最正规、最正式、最严肃的一种栏目类型。新闻节目具有客观性，新闻节目手语主持人也应以自然、真实的表情进行新闻传播活动。它要求手语主持人的眼神要严肃认真、积极松弛、端庄大方、亲切自然、客观不失亲切、睿智但不犀利，有高度但不失平和，大气但不做作。有些受众满意度较高的主持人在主持节目时，单凭其眼神的变化，观众就能读懂主持的内容——是在谴责，或是在褒赞；是在同情，或是在鼓励；是在介绍故事的悬念，或是在发表激昂的评论——这样的新闻才是有血有肉，具有感染力的。新闻客观性也要求手语主持人的眼神不能夹杂个人情绪，应该用眼神来客观表达。总之，判断眼神好坏的标准很大程度在于受众的接受程度是否符合聋人文化。

3. 受众对电视手语主持创作眼神重要性的认同度

下面我们将运用问卷调查的方法来展开论证。关于眼神重要性认同度的调查每题采用李克特五点量表计分，每题最高得分为5分（非常重要），最低得分为1分（完全不重要），通过平均分来看不同群体、性别、学历程度、听力等级的受众对眼神重要性的认同度。我们通过“您认为手语主持表达中的眼神重要程度是什么?”这道题目来验证。我们又通过“您认为影响手语主持表达质量的重要因素有哪些?”这道题目来检验群体、性别、学历程度、听力等级等因素在受众判断眼神重要性认同度上是否存在影响。

（1）不同受众对眼神重要性的认同度

不同受众群体对电视手语主持创作眼神重要性认同度是没有较大差异的，聋生群体对眼神的重要性认同度最高，为4.64，然后依次是成年聋人群体4.48，手语老师群体4.42。其中聋生群体眼神重要性认同度高于平均值4.51，而其他群体低于平均值，详见表5－16。卡方检验结果表明，$\chi^2=3.389$，$P=0.184$，差异不具有显著性意义，即不同受众群体对电视手语主持创作中眼神的重要性看法没有显著性差异。

表5－16　不同受众群体对眼神重要性的认同度

受众	认同度	认同度平均分
聋生	4.64	4.51
成年聋人	4.48	
手语老师	4.42	

（2）不同性别受众对眼神重要性的认同度

性别差异也是社会语言学研究语言变异经常考虑的因素之一，研究结果如表5－17所示，男聋生对眼神在手语主持中的重要性认同度为4.17，女聋生为4.14，在认同度上女聋生比男聋生低一些。卡方检验结果表明，$\chi^2=0.311$，$P=0.577$，差异不具有显著性意义，即不同性别的聋生对电视手语创作中眼神的重要性看法没有显著性差异。

表5－17　不同性别的聋生受众对眼神重要性的认同度

性别	认同度	认同度平均分
男	4.17	4.155
女	4.14	

男成年聋人对眼神重要性认同度为 4.28，女成年聋人为 4.23，在数值上男成年聋人比女成年聋人略高一些，详见表 5－18。卡方检验结果表明，$\chi^2=4.896$，$P=0.027$，差异具有显著性意义，即不同性别的成年聋人对眼神的重要性看法有显著性差异。

表 5－18　不同性别的成年聋人受众对眼神重要性的认同度

性别	认同度	认同度平均分
男	4.28	4.255
女	4.23	

（3）不同学历受众对眼神重要性的认同度

不同学历受众对眼神重要性的认同度是有较大差异的，本科及以上学历聋生对眼神重要性的认同度最高，为 4.50，然后依次是大专学历 4.25，小学学历 4.24，高中学历 4.18，初中学历 3.90。其中本科及以上学历、小学和大专学历眼神重要性认同度高于平均值 4.21，而初中学历、高中学历低于平均值[③]，详见表 5－19。卡方检验结果表明，$\chi^2=11.255$，$P=0.024$，差异具有显著性意义，即不同学历的聋生对电视手语创作中眼神的重要性看法有显著性差异。

表 5－19　不同学历的聋生受众对眼神重要性的认同度

学历	认同度	认同度平均分
小学	4.24	4.21
初中	3.90	
高中	4.18	
大专	4.25	
本科及以上	4.50	

在成年聋人中，大专学历对眼神重要性认同度最高，为 4.52，然后依次是本科及以上学历 4.50，初中学历、高中学历均为 4.19，小学学历 4.06。其中大专学历、本科及以上学历对眼神的重要性认同度高于平均值 4.292，而其他学历低于平均值，详见表 5－20。卡方检验结果表明，$\chi^2=4.074$，$P=0.396$，差异不具有显著性意义，即不同学历的成年聋人对眼神的重要性看法没有显著性差异。

表 5-20　不同学历的成年聋人受众对眼神重要性的认同度

学历	认同度	认同度平均分
小学	4.06	
初中	4.19	
高中	4.19	4.292
大专	4.52	
本科及以上	4.50	

(4) 不同听力等级受众对眼神重要性的认同度

不同听力等级聋生对眼神重要性的认同度是没有较大差异的，戴助听器也听不到声音 4.89，然后依次是戴人工耳蜗才能听到声音 4.57，戴助听器能听到声音 4.12，不戴助听器能听到声音 4.06，戴人工耳蜗也听不到声音 4.05。其中戴助听器也听不到声音、戴人工耳蜗才能听到声音高于平均值 4.34，而其他听力等级都低于平均值 4.34，详见表 5-21。卡方检验结果表明，$\chi^2=2.980$，$P=0.561$，差异不具有显著性意义，即不同听力等级的聋生对眼神的重要性看法没有显著性差异。

表 5-21　不同听力等级的聋生受众对眼神重要性的认同度

听力等级	认同度	认同度平均分
不戴助听器能听到声音	4.06	
戴助听器能听到声音	4.12	
戴助听器也听不到声音	4.89	4.34
戴人工耳蜗才能听到声音	4.57	
戴人工耳蜗也听不到声音	4.05	

在成年聋人中，戴助听器能听到声音的这部分群体对眼神重要性的选择得分最高为 4.26，然后依次是戴人工耳蜗也听不到声音 4.25，戴人工耳蜗才能听到声音 4.16，戴助听器也听不到声音 3.97，不戴助听器能听到声音 3.92。其中戴助听器能听到声音、戴人工耳蜗才能听到声音、戴人工耳蜗也听不到声音对眼神的重要性认同度高于平均值 4.112，其他低于平均值，详见表 5-22。卡方检验结果表明，$\chi^2=14.280$，$P=0.006$，差异具有显著性意义，即不同听力等级的成年聋人对电视手语

主持创作中眼神的重要性看法有显著性差异。

表 5－22 不同听力等级的成年聋人受众对眼神重要性的认同度

听力等级	认同度	认同度平均分
不戴助听器能听到声音	3.92	4.112
戴助听器能听到声音	4.26	
戴助听器也听不到声音	3.97	
戴人工耳蜗才能听到声音	4.16	
戴人工耳蜗也听不到声音	4.25	

综上可知：

①不同群体的受众的平均认同度分别为4.64、4.48、4.42，都介于重要和非常重要之间。

②不同性别的聋生和成年聋人的平均认同度分别为4.155、4.255，都介于重要和非常重要之间。

③不同学历的聋生和成年聋人的平均认同度分别为4.21、4.292，都介于重要和非常重要之间。

④不同听力等级的聋生和成年聋人的平均认同度分别为4.34、4.112，都介于重要和非常重要之间。

通过上面的数据和访谈我们看到，不同性别、不同学历、不同听力等级的受众对眼神的需求度差异性不大，都介于重要和非常重要之间。我们发现眼神是手语主持的重要创作因素，而且大于播音主持中眼神的作用。

此外，对通过预调查遴选出的5个手语主持质量相对较高的节目进行问卷调查，目的在于获得受众满意度最高的手语主持人眼神。

4. 电视手语主持创作眼神使用的建议性标准

（1）视频语料库调查分析

基于视频语料库，我们对国内电视手语主持人眼神使用状况做了客观的描写，并对眼神进行了分类，具体见表5－23。

表 5－23　中国手语主持眼神现状

节目名称	眼神分析
中央电视台《共同关注》	直视前方，眼神不清楚，无手语眼神交流感
北京卫视《新闻手语》	直视前方，无眼神交流感
陕西凤翔电视台《凤翔新闻》	直视前方，无眼神交流感
甘肃卫视《午间 20 分》	有眼神交流感，存在互动
贵州卫视《星期天报道》	直视前方，有眼神交流感
河北卫视《新闻专递》	直视前方，无眼神交流感
河南卫视《一周新闻综述》	直视前方，无眼神交流感
河南电视台新闻频道《手语新闻》	直视前方，无眼神交流感
黑龙江卫视《点击七日》	直视前方，无眼神交流感
湖北远安电视台《远安新闻》	直视前方，无眼神交流感
陕西宝鸡电视台《一周要闻回顾》	直视前方，无眼神交流感
上海电视台新闻综合频道《时事传真》	直视前方，有眼神交流
陕西临潼电视台《一周要闻回顾》	直视前方，无眼神交流感
浙江苍南电视台《苍南新闻》	直视前方，无眼神交流感
浙江卫视《爱心浙江》	直视前方，无手语眼神交流感
浙江富阳电视台《富阳新闻》	无眼神交流感
安徽马鞍山电视台《晚间新闻》	直视前方，无手语眼神交流感
吉林省吉林市电视台《大城小事》	直视前方，无手语眼神交流感
江西赣州电视台《一周新闻日历》	直视前方，无手语眼神交流感
陕西阎良电视台《阎良新闻——一周要闻回顾》	有微弱表情，无手语眼神交流感
福建福州电视台《新闻 110 午报》	无手语眼神交流感
天津电视台《我们同行》	有眼神交流感
上海电视台新闻综合频道《午间新闻》	无眼神交流感
陕西电视台新闻综合频道《第一新闻》	无眼神交流感
内蒙古电视台新闻综合频道《这七天》	有眼神交流感
苏州电视台《苏州新闻》	有眼神交流感
江苏南京栖霞电视台《小芮说新闻》	有眼神交流感

根据数据库调查，我们把手语主持创作的眼神分成了“无眼神交流感”“有眼神交流感”两个类别，对统计出的结果进行整理分类，结果见表 5－24。

表 5－24 中国手语节目眼神类别

类别	无眼神交流感	有眼神交流感
个数（个）	20	7
百分比（%）	74.1	25.9
节目名称	《共同关注》 《新闻手语》 《凤翔新闻》 《新闻专递》 《一周新闻综述》 《手语新闻》 《点击七日》 《远安新闻》 《一周要闻回顾》（陕西宝鸡电视台） 《一周要闻回顾》（陕西临潼电视台） 《苍南新闻》 《爱心浙江》 《富阳新闻》 《晚间新闻》 《大城小事》 《一周新闻日历》 《阎良新闻 —— 一周要闻回顾》 《新闻 110 午报》 《午间新闻》 《第一新闻》	《午间 20 分》 《星期天报道》 《时事传真》 《小芮说新闻》 《苏州新闻》 《我们同行》 《这七天》

从以上分析可知，语料库中手语主持“有眼神交流感”的有 7 个手语节目，所占比例为 25.9%；“无眼神交流感”的电视手语节目有 20 个，所占比例为 74.1%。

（2）电视手语主持眼神创作的建议性标准

在语料库中加入了部分国外手语主持节目，筛选出 5 个综合满意度较好的手语主持节目，我们对这 5 个节目，针对眼神这一创作手段进行满意度再调查。我们针对眼神的满意度，对受众进行了调查，分值设置如下。非常满意：5 分。满意：4 分。一般：3 分。不满意：2 分。非常不满意：1 分。结果见表 5－25。

表 5－25　电视手语主持创作眼神满意度调查

	A 《小芮说新闻》	B 《苏州新闻》	C 《时事传真》	D 《午间 20 分》	E 《我们同行 》
分值	4.8	3.8	4.2	3	4.5

根据表 5－25，可以发现，《小芮说新闻》中主持人戴曼丽的眼神是受众最满意的，然后依次是《我们同行》《时事传真》《苏州新闻》《午间 20 分》。其中，《小芮说新闻》的手语主持人有较强的眼神交流感，《我们同行》《时事传真》《苏州新闻》的手语主持人有微弱眼神交流感。《午间 20 分》的手语主持人没有聋人眼神的交流感。根据我们的调查结果，《小芮说新闻》得分为 4.8 分，是当前手语节目主持创作眼神把握最好的节目，结合这些满意度较高的电视手语节目，提出以下电视手语主持创作标准。

①电视手语主持创作中眼神的把握要考虑聋人受众心理，符合聋人文化。

②电视手语主持创作中眼神要做到自成体系，不受口语播音的影响。

总之，电视手语主持创作的眼神要做到适度、和谐。

结合目前国内电视手语主持的眼神现状，我们提出以下几条提高手语主持创作眼神的建议。

①制定相关的手语主持人的“眼神”标准势在必行。我国目前针对手语主持人“眼神”的相关标准尚未建立。从对我国 27 个手语节目视频分析来看，无眼神交流感的手语主持占 74.1%，有眼神交流感的手语主持仅占 25.9%。这些数据表明，我国多数手语主持人的眼神交流处于缺失状态。这导致聋人受众因手语主持人眼神交流感的缺少而在内容上的理解大打折扣。因此国家应制定相关规定，倡导有眼神交流，扭转手语主持人缺少眼神交流的状况。

②加强对手语主持人的职前培训，尤其是眼神交流感的相关培训。调查结果显示，大多数的聋人受众认为，目前我国手语主持人存在的问题是无眼神交流感，眼神单一。因此要加强对手语主持人同聋人眼神交流感的培训，一方面，积极地融入聋人群众中去，多进行“眼神”的交流，多汲取聋人文化，多吸纳聋人的意见和建议。另一方面，也要加强学习新闻主

持的眼神交流感要求，更加客观地传递信息。

③提高手语主持人的整体素养。主持人的眼神是否来自内心，在于心中有没有观众。从心理学角度分析，它属于“注意力”范畴，既与天分有关，也与经验有关，但更重要的是主持人的学识、道德观、价值观和审美观等内在的素养。眼神作为我们的第二语言，尽管演播室里只有摄像机镜头和刺眼的灯光，但在优秀主持人的眼中，对面坐着的是观众。因此，要想获得令观众青睐的眼神，唯一的途径是培养、提高自己的内在综合素养。

第五节　电视手语主持创作的流畅度

一　电视手语主持创作流畅度的内涵

1. 电视手语主持创作流畅度的概念

流畅是指说话人口语表达的流畅程度和连贯程度，能够说出无限符合该自然语言语音、句法、语义规则句子的能力。在手语主持创作中，流畅度主要是指手语主持人手语表达的流畅程度和连贯程度。其中包含四种流利性：第一种是运用话语填充时间的能力，即能够连续表达而无明显的停顿；第二种是表达出连贯的、合情合理的句子的能力，以表明对该语言句法语义的掌握程度；第三种是驾驭不同话题的能力；第四种是创造性地运用语言的能力。

流畅度是播音主持过程中的基本要求，是播音员主持人专业技术的基本体现。这里我们主要谈新闻播音中对流畅度的要求。播音员主持人的专业基本功，基本从业条件是准确清晰、圆润动听、朴实大方、富于变化的发音吐字基本功，准确、流畅、生动的语言表达及亲切、自然、得体的屏幕形象。2001 年，国家广播电影电视总局发布了《播音员主持人持证上岗规定》。该规定对主任播音员、中级播音员、初级播音员、电视播音员及电视节目主持人均要求文字通畅、口语流畅、无语病。

手语主持作为播音主持学科体系中的一个重要组成部分，与有声语言的播音主持相比，既有其相同点又有不同点。在以有声语言为主要手段的播音主持创作过程中，流畅度起着重要的作用。那么在电视手语主持创作过程中，流畅度是否同样重要？与有声语言的播音主持创作相比有何异同？不同类型的受众对手语主持创作中流畅度重要性的认同度如何，其中包括性别、学历、听力程度等因素对受众认同度是否存在影响等，电视手语主持创作中流畅度使用如何，未来手语主持创作流畅度有何标准都将在下文中一一予以解答。

目前国内对手语主持流畅度的研究较少，只有陈英对电视手语翻译提出了要求，电视手语翻译员在翻译过程中，不能仅仅注意手语的准确、流畅以及表情的变化，还必须同步使用无声的唇语，尤其是遇到一些专用名词或比较晦涩的词语时，适时地使用唇语可以帮助听障者判断手语。[①]

本部分的研究将主要基于视频语料库、问卷调查、深度访谈来展开。共性的方法前面已有论述，不再赘述。这里重点介绍手语主持创作流畅度研究设计中的特殊之处。在问卷设计时，我们参照了《中国电视手语质量调查》和肖晓燕的《媒体传译质量评估》，制定出本研究问卷的部分问题，我们重点考察了两个方面：一是流畅度是不是手语主持重要的创作手段，二是受众对手语主持流畅度的满意度。对此我们设计了两道问卷题目。针对问题一，我们设计了“您认为手语主持表达中的流畅度重要吗?”这道题。针对问题二，我们设计了“您最满意的手语主持的流畅度是什么?”这道题。我们又通过“您认为影响电视手语主持创作流畅度质量的重要因素有哪些?”这道题目来检验性别、听力等级、学历程度等因素在受众对流畅度重要性认同上是否存在影响。

此外，在对问卷进行考察时，我们通过事前解释说明，最大程度地控制其他变量，从而达到对流畅满意程度这一核心要素的考察目的。

2. 手语主持创作流畅度的个性特征

与有声语言播音主持创作不同，电视手语主持流畅度创作有一些个性化的特征，具体如下。

（1）创作手段导致的独特性。播音主持以有声语言为主要的创作手段，手语主持以视觉语言为主要创作手段。在手语主持中，流畅度实质是指手语主持人能熟练、流畅地进行手语表达，同时有效地辅以表情、眼神等。流畅度在手语主持创作中起到很大的作用，保证流畅度是能够进行流

---

① 陈英：《电视手语新闻的问题与建议》，《传媒观察》2009 年第 4 期。

畅、完整的手语交流的基础。流畅度在手语主持创作中的作用主要有以下两点。第一，流畅度能够保证手语主持创作顺利地进行完整正常的手语交流。手语交流中，流畅度是手语熟练度的体现，流畅度可以保证双方的正常交流，保证交流信息的质量。接收信息的一方可以顺利、完整地接收传达的信息。信息的流畅获得，能够保证其对内容的理解。第二，流畅度反映手语主持人的灵活性和专业素养。在信息的交流传递过程中，熟练的手语能够保证传递质量。从流畅度的角度可以直接判断手语主持人的手语专业素养。尤其是手语谈话类节目，整体的流畅感、灵活性显得格外重要。

（2）接收方式导致的独特性。电视手语主持创作以视觉接收为主。在视觉接收过程中，聋人受众不能够像正常的听人受众一样在做其他事情的同时，仍旧可以通过听觉进行信息接收。他们必须专注于电视画面的手语动作来获取信息内容。流畅度的保证，对于聋人受众来说能够提高其获得有效信息的效率，避免视觉疲劳。

（3）主要受众导致的独特性。播音主持的主要受众是听人，电视手语主持的主要受众是聋人。首先，从受众满意度上看，电视手语主持创作的流畅度要满足聋人的需求。播音作为艺术创作，也同样应该以“美不美”来作为其最高衡量标准。同时结合对受众的访谈调查和张颂的“三个层次论”，我们将受众对流畅度的满意度也分为三个等级：一、理解；二、舒服；三、美。

“理解”是受众对手语主持最基本的需求。即受众能对其传播的内容准确地，没有歧义地理解。“理解”是手语主持成功的首要因素，这就要求手语主持传播的流畅性。

“舒服”是受众对手语主持在理解基础之上的进一步需求，即在流畅的基础上，手语主持的传播方式，符合聋人文化，使聋人在心理上能认同。

“美”不是指手语打法漂亮，流畅度高，而是指“整体美”。“整体美”是受众在理解和舒服的基础上提出的最高需求，即手语主持的传播方式如流畅度、节奏、语速、眼神交流等各个方面应该是一脉相承、融会贯通、互为一体的和谐的美，具有鼓动性，让受众产生共鸣。这就要求准确合理的流畅度将其自然融合；既要体现语义和语法，又要符合聋人文化，让受众感到舒服；构成整体美，使受众产生共鸣。

流畅度是满足聋人受众三个需求的基础因素，是手语主持的受众需求度的重要组成部分。从中我们可以看出，流畅度在手语主持与播音主持中的要求和地位是不同的。

手语主持创作作为播音主持创作的组成部分，其流畅度创作还具有一些普遍性特征，即要求手语熟练，手势清晰连贯。

二　受众对电视手语主持创作流畅度重要性的认同度

下面我们将运用问卷调查的方法来展开论证。根据调查“您认为手语主持表达中的流畅度重要程度为？”这道题目来验证。关于流畅度满意度的调查每题采用李克特五点量表计分，每题最高得分为5分（非常重要），最低得分为1分（完全不重要），通过平均分来看不同群体、性别、学历程度、听力等级的受众对流畅度的重要性认同度。我们又通过“您认为影响手语主持表达质量的重要因素有哪些？”这道题目来检验性别、学历程度、听力等级等因素在受众对流畅度重要性认同上是否存在影响。

1. 不同受众对流畅度重要性的认同度

不同受众群体对电视手语主持创作流畅度重要性的认同度是没有较大差异的，成年聋人对流畅度重要性的认同度最高，为4.63，然后依次是聋生群体4.41，手语老师群体4.33。其中成年聋人群体对流畅度重要性的认同度高于平均值4.46，而手语老师群体和聋生群体低于平均值，详见表5－26。卡方检验结果表明，$\chi^2=5.577$，$P=0.062$，差异不具有显著性意义，即不同受众群体对流畅度的重要性看法没有显著性差异。

表5－26　不同受众群体对流畅度重要性的认同度

受众	认同度	认同度平均分
聋生	4.41	4.46
成年聋人	4.63	
手语老师	4.33	

2. 不同性别受众对流畅度重要性的认同度

性别差异也是社会语言学研究语言变异经常要考虑的因素之一，调查结果如表5－27所示，男聋生对流畅度重要性认同度为4.10，女聋生为

3.99，在数值上男聋生比女聋生高一些。卡方检验结果表明，$\chi^2=0.289$，$P=0.591$，差异不具有显著性意义，即不同性别的聋生对电视手语主持创作中流畅度的重要性看法没有显著性差异。

表 5－27 不同性别的聋生受众对流畅度重要性的认同度

性别	认同度	认同度平均分
男	4.10	4.045
女	3.99	

男成年聋人对流畅度重要性认同度为4.13，女成年聋人为4.39，在数值上女成年聋人比男成年聋人高一些，见表5－28。卡方检验结果表明，$\chi^2=7.354$，$P=0.007$，差异具有显著性意义，即不同性别的成年聋人对电视手语主持创作中流畅度重要性看法有显著性差异。

表 5－28 不同性别的成年聋人受众对流畅度重要性的认同度

性别	认同度	认同度平均分
男	4.13	4.26
女	4.39	

3. 不同学历受众对流畅度重要性的认同度

不同学历的聋生对流畅度重要性的认同度是没有较大差异的，聋生本科及以上学历对流畅度重要性的认同度最高，为4.33，然后依次是初中学历4.10，大专学历4.03，高中学历3.91，小学学历3.52。其中初中学历，本科及以上学历，大专学历的流畅度重要性的认同度高于平均值3.98，而小学学历、高中学历低于平均值，详见表5－29。卡方检验结果表明，$\chi^2=5.686$，$P=0.224$，差异不具有显著性意义，即不同学历的聋生对电视手语主持创作中流畅度的重要性看法没有显著性差异。

不同学历的成年聋人对流畅度重要性的认同度是有较大差异的，成年聋人高中学历对流畅度重要性的认同度选择最高，为4.47，然后依次是本科及以上学历4.31，大专学历4.22，初中学历4.14，小学学历3.71。其中高中学历，大专学历，本科及以上学历流畅度重要性的认同度高于平均值4.17，而小学学历和初中学历低于平均值，详见表5－30。卡方检验结

表 5-29 不同学历的聋生受众对流畅度重要性的认同度

学历	认同度	认同度平均分
小学	3.52	
初中	4.10	
高中	3.91	3.98
大专	4.03	
本科及以上	4.33	

果表明，$\chi^2 = 13.465$，$P = 0.009$，差异具有显著性意义，即不同学历的成年聋人对电视手语主持创作中流畅度的重要性看法有显著性差异。

表 5-30 不同学历的成年聋人受众对流畅度重要性的认同度

学历	认同度	认同度平均分
小学	3.71	
初中	4.14	
高中	4.47	4.17
大专	4.22	
本科及以上	4.31	

4. 不同听力等级受众对流畅度重要性的认同度

不同听力等级的聋生对流畅度重要性的认同度没有较大差异：戴人工耳蜗才能听到声音对流畅度重要性的认同度最高，为 4.33，然后依次是不戴助听器能听到声音 4.16，戴助听器能听到声音和戴人工耳蜗也听不到声音均为 4.0，戴助听器也听不到声音 3.93。其中戴人工耳蜗才能听到声音、不戴助听器能听到声音高于平均值 4.08，而其他听力等级都低于平均值，详见表 5-31。卡方检验结果表明，$\chi^2 = 3.484$，$P = 0.480$，差异不具有显著性意义，即不同听力等级的聋生对电视手语主持创作中流畅度的重要性看法没有显著性差异。

在成年聋人中，戴助听器能听到声音对流畅度重要性的认同度最高，为 4.64，然后依次是戴人工耳蜗也听不到声音 4.53，戴助听器也听不到声音 4.37，戴人工耳蜗才能听到声音 4.25，不戴助听器能听到声音 4.24。其中戴助听器能听到声音、戴人工耳蜗也听不到声音对流畅度重要性的认

表 5－31　不同听力等级的聋生受众对流畅度重要性的认同度

听力等级	认同度	认同度平均分
不戴助听器能听到声音	4.16	
戴助听器能听到声音	4.0	
戴助听器也听不到声音	3.93	4.08
戴人工耳蜗才能听到声音	4.33	
戴人工耳蜗也听不到声音	4.0	

同度高于平均值 4.406，而不戴助听器能听到声音、戴助听器也听不到声音、戴人工耳蜗才能听到声音的认同度低于平均值 4.406，详见表 5－32。卡方检验结果表明，$\chi^2 = 13.515$，$P = 0.009$，差异具有显著性意义，即不同听力程度的成年聋人对流畅度的重要性在看法上有显著性差异。

表 5－32　不同听力等级的成年聋人受众对流畅度重要性的认同度

听力等级	认同度	认同度平均分
不戴助听器能听到声音	4.24	
戴助听器能听到声音	4.64	
戴助听器也听不到声音	4.37	4.406
戴人工耳蜗才能听到声音	4.25	
戴人工耳蜗也听不到声音	4.53	

综上可知：

①不同群体的受众的认同度分别为 4.41、4.63、4.33，都介于重要和非常重要之间。

②不同性别的聋生和成年聋人的认同度分别为 4.045、4.26，都介于重要和非常重要之间。

③不同学历的聋生和成年聋人的认同度分别为 3.98、4.17，分别介于重要和一般之间、重要和非常重要之间。

④不同听力等级的聋生和成年聋人的认同度分别为 4.08、4.406，都介于重要和非常重要之间。

通过数据分析，可以发现在电视手语主持创作中，流畅度是非常重要的表达手段，是手语主持创作的重要因素。

三　电视手语主持创作流畅度的标准构建

1. 视频语料库调查分析

基于视频语料库，我们对国内电视手语主持创作流畅度状况做了客观的描写。并结合手语主持创作中流畅度客观性、丰富性的特点，对当前的流畅度进行了分类，见表 5 - 33。

表 5 - 33　国内手语主持创作流畅度现状

节目名称	流畅度分析
中央电视台《共同关注》	手势通顺，流畅
北京卫视《新闻手语》	手势清晰，流畅
陕西凤翔电视台《凤翔新闻》	手势清晰度不高，流畅
甘肃卫视《午间 20 分》	手语表达中一顿一顿的，不流畅
贵州卫视《星期天报道》	手势清晰，基本流畅
河北卫视《新闻专递》	流畅
河南卫视《一周新闻综述》	手语表达过程中，偶尔有停顿，不流畅
河南电视台新闻频道《手语新闻》	整体手语熟练，基本流畅
黑龙江卫视《点击七日》	手语略显生涩，不流畅
湖北远安电视台《远安新闻》	手势略显一顿一顿，不流畅
陕西宝鸡电视台《一周要闻回顾》	整体手语一顿一顿，不流畅
上海电视台新闻综合频道《时事传真》	整体较流畅
陕西临潼电视台《一周要闻回顾》	整体手势熟练，基本流畅
浙江苍南电视台《苍南新闻》	整体手势熟练，基本流畅
浙江卫视《爱心浙江》	手势流畅
浙江富阳电视台《富阳新闻》	手势较熟练，基本流畅
安徽马鞍山电视台《晚间新闻》	手势较清晰，基本流畅
吉林省吉林市电视台《大城小事》	基本流畅
江西赣州电视台《一周新闻日历》	基本流畅
陕西阎良电视台《阎良新闻——一周要闻回顾》	基本流畅
福建福州电视台《新闻 110 午报》	基本流畅，有时存在断断续续的情况
天津电视台《我们同行》	节奏舒缓，流畅
上海电视台新闻综合频道《午间新闻》	基本流畅

续表

节目名称	流畅度分析
陕西电视台新闻综合频道《第一新闻》	基本流畅
内蒙古电视台新闻综合频道《这七天》	手语表达不流畅
江苏苏州电视台《苏州新闻》	手语表达流畅
江苏栖霞电视台《小芮说新闻》	手语表达流畅

根据数据库调查，我们把手语主持创作的流畅度分成了“流畅”“基本流畅”“不流畅”三个类别，对统计结果进行整理分类，如表 5-34 所示。

表 5-34 按流畅度对手语节目进行分类

类 别	流畅	基本流畅	不流畅
个数（个）	7	14	6
所占百分比（%）	25.9	51.9	22.2
节目名称	《爱心浙江》 《时事传真》 《凤翔新闻》 《共同关注》 《我们同行》 《小芮说新闻》 《苏州新闻》	《苍南新闻》 《一周要闻回顾》（陕西临潼电视台） 《手语新闻》 《新闻专递》 《星期天报道》 《新闻手语》 《晚间新闻》 《大城小事》 《一周新闻日历》 《阎良新闻——一周要闻回顾》 《新闻 110 午报》 《午间新闻》 《第一新闻》 《富阳新闻》	《一周要闻回顾》（陕西宝鸡电视台） 《远安新闻》 《点击七日》 《一周新闻综述》 《午间 20 分》 《这七天》

据统计，当前手语节目主持人达到流畅的只占 25.9%，基本流畅和不流畅的手语节目主持人为 74.1%。造成不流畅这一问题主要集中在：手语熟练度不高、语速太快存在漏词漏句现象以致受众接收信息不完整等。

2. 电视手语主持创作流畅度标准

我们针对流畅度的满意度，对受众进行了调查，分值设置为：非常满意：5 分，满意：4 分，一般：3 分，不满意：2 分，非常不满意：1 分。

调查结果如表 5－35 所示。

表 5－35　电视手语主持创作流畅度满意度调查

	A《小芮说新闻》	B《苏州新闻》	C《星期天报道》	D《时事传真》	E《这七天》
分值	4.7	4.0	3.8	4.1	3.0

根据表 5－35，可以发现受众的满意度分值从高到低排列顺序依次为《小芮说新闻》《时事传真》《苏州新闻》《星期天报道》《这七天》。满意度最高的是《小芮说新闻》，其手势流畅通顺；《时事传真》《苏州新闻》是将手语以句子的形式呈现，在一句话中，有快的部分，有缓的部分，有重的部分，有轻的部分，整体还算流畅。《星期天报道》《这七天》，打出的句子有遗漏的部分，句子与句子之间没有明显的区分，故流畅度比较低。根据我们的调查，《小芮说新闻》得分为 4.7 分，是当前手语节目主持人流畅度创作把握最好的节目。我们结合这些满意度较高的电视手语节目，提出以下电视手语主持创作标准。

①电视手语主持创作中流畅度的把握要考虑聋人受众心理，符合聋人文化。

②电视手语主持创作中流畅度的标准要符合新闻节目特征的客观节奏。

③电视手语主持创作中流畅度要做到自成体系，不受口语播音主持的影响。

总之，电视手语主持创作的流畅度要做到适度、和谐。

结合目前国内手语主持人的流畅度现状，我们将提出以下几个提高手语主持人创作流畅度的建议。

①制定电视手语主持人的流畅度标准势在必行。我国目前已有的政策大多是有关于手语主持创作节目，对手语主持人的相关政策几乎没有。从对我国 27 个手语节目视频分析来看，现在的手语节目主持人达到流畅的只占 25.9%，基本流畅和不是很流畅的手语节目主持人达 74.1%。这些数据表明，当前，我国大部分手语主持人的手语水平有待提高。手语流畅度的欠缺，必然会导致聋人受众在内容理解上大打折扣。因此，国家应制定相关政策，加强手语主持人的手语素质，提高流畅性，扭转当前手语主

持创作中流畅度不佳的状况。

②加强对手语主持人的职前培训，提高手语表达流畅度。调查结果显示，大多数的聋人受众认为，目前我国手语主持创作存在的基本问题是流畅度问题。流畅度与手语主持人的手语水平有直接联系。因此，要加强对手语主持人手语水平的培训，要做到能够连续表达而无明显的停顿；掌握该语言句法语义，能够说出连贯的、合情合理的句子；能够驾驭不同话题；能够创造性地运用语言。

第六章　电视手语主持创作韵律

韵律是电视手语主持创作的艺术化表现形式，包括创作语速、停连、力度、手势幅度、节奏五个方面。本章对电视手语主持创作韵律体系进行了构建，尝试建立韵律表达的标准：①电视手语主持创作语速。语速是电视手语主持创作过程中受众视觉的接收速度。语速的选择既要符合聋人受众的心理，也要适应聋人基本的表达习惯，不同的节目特征具有不同的语速标准。②电视手语主持创作停连。停连在电视手语主持创作过程中具有重要的表意功能。手语主持人要在句与句之间，段与段之间进行明显停连，且在部分句子结尾落停处采用落停缓收等停连方式。③电视手语主持创作力度。力度主要指手语主持人手势的轻重力度。电视手语主持创作力度要做到整体手语有力，力度合理分配，要把力度放在重要信息部位。④电视手语主持创作手势幅度。手势幅度是手语在表达过程中手语运动收张的范围区间和手势表现出来的力度所呈现的总体感受。手语主持人的手势幅度要基本控制在胸部以上，与面部表情、唇语、眼神形成一个完整的信息表达体传达信息。⑤电视手语主持创作节奏。节奏是由语速、停连、轻重等各种要素构成的综合体，手语主持创作要做到节奏分明。

第一节　电视手语主持创作语速

一　电视手语主持创作语速的概念和特征

1. 电视手语主持创作语速的概念

播音语速是指新闻播音员在传播新闻内容时以有声语言呈现给受众听觉的接受速度。电视手语主持创作中语速主要是指手语主持人在传播信息过程中以手语的方式呈现给受众，主要指聋人受众视觉的接收速度。语速在播音主持中具有三方面作用：使句子完整地表达，准确无误地传递信息；适当的语速能使观众心理舒适，增加对节目的认知度；调节主持人表达的节奏感，体现个性化、韵律美。播音主持中语速的要求首先是适中。适中的语速能让信息准确地传递给观众，这是对所有语体播报的基本要求。此外，不同的播报语体应该有不同的语速。

谢礼逵、周振玲提出，在过去的几十年中，我国广播电视新闻的播音速度伴随着社会生活节奏的加快而不断加快；并指出，中央人民广播电台《新闻和报纸摘要》节目语速变化的情况为：20 世纪 60 年代，该节目每分钟播出 185 个字；80 年代，200~220 字；90 年代 240~260 字；2000 年以后，每分钟 250~270 字，最快时达每分钟 300 多字。① 李明娟对近年来中央电视台新闻播音员播音语速的统计显示：邢质斌，325 字/分钟；张宏民，250 字/分钟 ；李瑞英，265 字/分钟；李修平，345 字/分钟；罗京，280 字/分钟；海霞，325 字/分钟；徐俐，340 字/分钟。董嘉耀主持的《军情观察室》的语速达到每分钟 377 字。② 钟志宇通过统计指出，《中国好声音》中华少 7.44 字每秒。③ 在语速快慢标准研究方面，陈彧认为评价某个语音播报速度多少是否合理，需要利用一个具有普适性的、可测量的客观指标在设定参考值的基础上来加以判断。④ 也就是说，不论对于何种播报方式，都可以根据一个客观的物理指标来判断其播音速度是否合理。王诗贺提出，一般情况下，人耳的接受程度，即辨析率是每秒四五个字，即每分钟 240~300 字。超过这个速度一定程度，听者理解辨析就会有一定困难。孙红梅认为，第一，新闻播音的提速应该遵循一定的原则、把握一定的“度”；第二，提速应基于认真备稿，要在准确理解稿件、情声和谐的基础上探索提速。⑤ 白添元认为，新闻节目的特殊性质决定合理的播音语速。⑥ 一味求快不是目的，取得听众满意的收听效果才是我们追求的目标。张颂、乔石提出有关播音语速的合理的限度，张颂提出，要快则快而不乱，要慢则慢而不拖……气息、声音、口齿 、思维、情感，

① 谢礼逵、周振玲：《广播新闻播音语速浅析》，《新闻前哨》2002 年第 2 期。

② 李明娟：《浅谈新闻播音速度的掌控》，《当代电视》2008 年第 6 期。

③ 钟志宇：《新闻播音的“语速”》，《声屏世界》2013 年第 7 期。

④ 陈彧：《播音语速与言语清晰度的关系研究》，《新闻界》2012 年第 18 期。

⑤ 孙红梅：《电视新闻播音语速之我见》，《声屏世界》2004 年第 12 期。

⑥ 白添元：《浅谈电视新闻播音员的播音语速》，《新闻世界》2012 年第 7 期。

都在语言流动中恰到好处。① 广播和电视新闻要达到什么样的速度才算是适度，对不同的新闻稿件应该有不同的处理方式。

手语主持作为播音主持学科体系中的一个重要组成部分，与我们通常了解的播音主持相比，既有其相同点又有不同点。在以有声语言为主要手段的播音主持创作过程中，语速起着重要的作用。那么在电视手语主持创作中，语速是否同样重要？与有声语言的播音主持创作相比有何异同？不同类型的受众对手语主持创作中语速重要性的认同度如何，其中包括性别、学历、听力程度等因素对受众是否存在影响等？电视手语主持创作中语速现状如何，对未来手语主持语速有何建议性标准，下面将一一予以分析。

目前就我国手语主持人语速的研究现状来看，多数研究较为零散。如季筱桅提出，手语主持人使用手语播报以让聋人看清楚为前提，不快不慢、速度适中，同时根据新闻内容，有一定的节奏变化，具有一定的主体地位……电视手语主持人也没有感受到自身主持的主体地位，没有重视作为观众的聋人的主体地位，而是为了配合汉语解说的速度，被动式地快速挥动双手打出手语，进而超过手语表达速度的极限，影响手语表达效果，导致观众视觉疲劳、无心收看，从而使电视手语新闻流于形式化。② 冉美华认为，手语翻译应更加“规范”，速度不应太快，相当一部分聋人认为手语翻译不够“规范”，很多聋人反映手语翻译的速度过快，反应不过来，希望手语翻译速度慢一些。③ 吴信训认为，如果手语的速度无法与原片的播音解说速度相协调，该节目便无法成立。而要使这样的节目兼顾到配加手语同时为聋哑人所用，无疑在制作之初就必须考虑到手语的速度等特殊规律。对目前手语主持的语速提出要求与建议。④ 杨强指出，在播报手语新闻时，新闻主持人播报语速要适当放慢。在手语新闻的播报中，新闻主持人平时应该与译员多配合，取得一致的步调，播报时采取适中的速度，让手语新闻的播报清晰明了。⑤ 陈彧认为手语主持人要依据其

① 张颂、乔石：《论播音艺术》，北京广播学院出版社，1992，第 47 页。

② 季筱桅：《电视手语新闻现状与对策探究》，《理论观察》2012 年第 5 期。

③ 冉美华：《手语新闻收视的调查与思考》，《中国残疾人》1998 年第 9 期。

④ 吴信训：《世界大众传播新潮》，四川人民出版社，1994，第 275～285 页。

⑤ 杨强：《地方电视台手语新闻发展机遇、问题及革新探究》，《神州》2012 年第 3 期。

受众特征、新闻题材、稿件内容等要素合理控制播报速度。①

综上所述，目前对手语节目中手语主持的语速研究，存在着以下两点问题。一是缺乏对我国电视手语主持语速的全面系统分析，如与一般播音主持的异同及受众对其重要性的认同度分析。研究得出的结论往往是建立在个别电视手语主持节目基础上的，这种结论是否具有普遍性还难以确定。二是对当前电视手语主持语速存在问题和对策的分析缺乏大规模受众调查，研究者多是从个人经验出发，结论主观性较强。三是研究者提出的建议，较为模糊和笼统，操作性不强。

本部分的研究将主要基于视频语料库、问卷调查、深度访谈来展开。共性的方法前面已有论述，不再赘述。这里重点介绍手语主持语速研究设计中的特殊之处。在问卷设计时，我们参照了《中国电视手语质量调查》、肖晓燕的《媒体传译质量评估》，制定出了本问卷"语速"的部分试题。针对语速的研究，我们重点考察了两个方面的问题：一是语速是不是手语主持重要的创作手段，二是受众对手语主持语速的满意度。对此我们设计了两道问卷题目。针对问题一，我们设计了"您认为手语主持表达中的语速重要程度为?"这道题。针对问题二，我们设计了"您最满意的手语主持的语速是?"这道题。同时我们又通过"您认为影响手语主持表达质量的重要因素有哪些?"这道题目来检验性别、听力等级、学历程度等因素在受众对语速重要性认同上是否存在影响。

此外，在对问卷进行考察前，我们事前向被调查者解释说明了语速的内涵，并最大限度地控制其他变量，以此达到对语速满意程度这一核心要素的考察目的。

2. 电视手语主持创作语速的特征

(1) 个性化特征

与有声语言播音主持创作不同，电视手语主持创作语速有其个性化的特征，具体如下。

①创作手段导致的独特性。播音主持以有声语言为主要的创作手段，电视手语主持以视觉语言为主要创作手段。电视手语主持创作作为主持体系中不可分割的一部分，是手语和主持的结合体。一方面，手语节目的主

① 陈彧：《播音语速与言语清晰度的关系研究》，《新闻界》2012 年第 18 期。

要受众群是聋人，所以电视手语主持的语速要满足聋人的语言表达习惯；另一方面，作为手语节目核心的电视手语主持，在满足受众需求的同时，又要兼顾手语节目传播的有效性和客观性。

②接收方式导致的独特性。有声语言播音主持创作以视听结合为主，新闻播音类节目以听觉接收为主，电视手语主持以视觉接收为主。电视手语节目中以视觉接收为主，对于手势、表情、唇语等接收、解读、反馈需要一定时间加工，相对于有声语言的语速，电视手语主持的“语速”传播相对要更加缓慢一点，以更好地适应聋人受众接收习惯。

③主要受众导致的独特性。有声语言播音主持创作的主要受众是听人，电视手语主持创作的主要受众是聋人。从受众满意度上看，电视手语主持创作的语速要满足聋人的需求。一般情况下速度要适中，所谓的适中，是指要符合聋人受众接收习惯。语速自身不是孤立存在的，其速度决定因素还受到语境因素（如画框大小）、力度、手势幅度等因素影响。如果在手语主持创作过程中，速度太快，对方看不清楚，接收不了，就无法理解；如果速度太慢，对方没有耐心，短时记忆失效或受干扰，前后连不起来，就不好理解，容易产生误会。为了满足不同年龄段受众群的需求，方便老人及小孩观看，语速不宜太快，例如，“他是领导的儿子的朋友”，速度太慢，让受众可能理解成“他是领导”，继续看，受众又可能误认为是“他是领导的儿子”，没有继续向下看，就始终不会正确理解整体的意思是“他是领导的儿子的朋友”。由此看来，手语打太慢容易造成一句话的不完整性和不连贯性，引起聋人受众的误解。

（2）普遍特征

手语主持创作作为播音主持创作的组成部分，其创作语速具有一些普遍性特征。同有声语言播音主持一样，语速也起到非常重要的作用。

①对节目的语速范围均有一定范围的阈值。从受众心理角度看，受众具有共性心理。一般而言，大部分受众收看节目的共性心理都是为了获取信息，为了增长知识，或者对某方面事物有浓厚的兴趣，这就要求主持人在播报时需要将信息完整精准地传达到受众眼里或耳朵里。无论是什么播报语体，无论是什么样的主持人，无论节目有何种地域差别，在普通播音主持和手语主持中，都对“播报”语速有一定的要求。这种要求是在地域习惯、心理习惯、生理接受度等基础之上形成的。

②除了节目本体对语速的要求，还会受到其他因素影响。合适的语速是从生理学上得出的一个大致平均值，但其实具体到每一篇稿件，手语主持创作语速要根据每篇稿件的具体情况来确定，因为不同内容、不同体裁、不同情感因素的稿件所要求的播报语速是不一样的。例如，上海人很精明讲实惠，接受新事物快，思维敏捷，通过自幼习得的自然手语的观众对节目信息的接收能力相对就显得比较快。此外，不同年龄层次的受众手语对主持人语速的要求也是不一样的。一般来说，针对老人和小孩群体的手语电视节目的语速相对较慢。

③手语主持创作中的语速和播音主持一样，会对受众理解节目信息产生重要影响。与播音主持相同的是，手语主持创作语速作为一种视觉语言表达，其速度快慢与主持人主持时的手势幅度、表情张力等息息相关。人脑通过视觉加工对接收到的信息进行处理，象征符号在能指与所指之间进行基于某种约定俗成的任意性的转译，因此，从视觉符号传递的角度来讲，手语主持创作与播音主持创作具有某些共通性。

电视手语主持作为播音主持学科体系中一个重要组成部分，与我们通常了解的播音主持相比，既有相同点，又有不同点。在以视觉语言为主要手段的手语主持创作过程中，语速起着同样非常重要的作用。

二 受众对电视手语创作语速重要性的认同度分析

下面我们将采用问卷调查的方法展开论证。我们通过“您认为手语主持表达中的语速重要程度为?”这道题目来验证。语速重要性认同度调查每题采用五等量表计分，因此每题最高得分为 5 分（非常重要），最低得分为 1 分（完全不重要），通过平均分来看不同群体、性别、学历程度、听力等级的受众对语速的重要性认同度。我们又通过“您认为影响电视手语主持表达质量的重要因素有哪些?”这道题目来检验性别、学历程度、听力等级等因素在受众对语速重要性认同上是否存在影响。

1. 不同受众对语速重要性的认同度

不同受众对电视手语主持创作中语速重要性的认同度是有较大差异的，聋生群体对语速重要性的认同度选择最高，为 4. 71，然后依次是成年聋人群体 4. 62、手语老师群体 4. 33。其中聋生和成年聋人平均语速交流感重要性的认同度高于平均值 4. 55，而手语老师低于平均值，详见表

6-1。卡方检验结果表明，$\chi^2=13.301$，$P=0.001$，差异具有显著性意义，即不同受众对语速的重要性看法有显著性差异。

表6-1　不同受众群体对语速重要性的认同度

受众	认同度	认同度平均分
聋生	4.71	4.55
成年聋人	4.62	
手语老师	4.33	

2. 不同性别受众对语速重要性的认同度

性别差异也是社会语言学研究语言变异经常要考虑的因素之一，调查结果如表6-2所示，男聋生对语速重要性的认同度选择为4.08，女聋生为3.86，在数值上男聋生比女聋生高一些。同样此差异没有通过统计显著性检验，方差检验结果表明，$\chi^2=0.709$，$P=0.400$，差异不具有显著性意义，即不同性别的聋生对电视手语主持创作中语速的重要性看法没有显著性差异。

表6-2　不同性别的聋生受众对语速重要性的认同度

性别	认同度	认同度平均分
男	4.08	3.97
女	3.86	

男成年聋人对表情重要性认同度为4.20，女成年聋人为4.53，在数值上女成年聋人比男成年聋人略高一些。卡方检验结果表明，$\chi^2=0.242$，$P=0.623$，差异不具有显著性意义，即不同性别的成年聋人对电视手语主持创作中语速的重要性看法没有显著性差异。

表6-3　不同性别的成年聋人受众对语速重要性的认同度

性别	认同度	认同度平均分
男	4.20	4.365
女	4.53	

3. 不同学历受众对语速重要性的认同度

不同学历的聋生群体对语速重要性的认同度没有差异；不同学历的成

年聋人群体对语速重要性的认同度没有差异。

不同学历对语速重要性的认同度是没有较大差异的，本科及以上学历聋生对语速重要性的认同度最高为4.16，然后依次是小学学历4.15，初中学历4.13，高中学历4.11，大专学历3.48。其中本科及以上学历、小学学历、初中学历和高中学历聋生对语速重要性的认同度高于平均值，而大专学历低于平均值4.006，详见表6－4。卡方检验结果表明，$\chi^2=8.582$，$P=0.072$，差异不具有显著性意义，即不同学历的聋生对电视手语主持创作中语速的重要性看法没有显著性差异。

表6－4 不同学历的聋生受众对语速重要性的认同度

学历	认同度	认同度平均分
小学	4.15	
初中	4.13	
高中	4.11	4.006
大专	3.48	
本科及以上	4.16	

在成年聋人中，本科及以上学历成年聋人对语速重要性的认同度最高，为4.53，然后依次为高中学历4.09，大专学历4.00，初中学历3.89，小学学历3.19。其中高中学历、大专学历和本科及以上学历对语速重要性的认同度高于平均值3.94，而小学和初中学历低于平均值，见表6－5。卡方检验结果表明，$\chi^2=5.778$，$P=0.216$，差异不具有显著性意义，即不同学历的成年聋人对电视手语主持创作语速的重要性看法没有显著性差异。

表6－5 不同学历的成年聋人对语速重要性的认同度

学历	认同度	认同度平均分
小学	3.19	
初中	3.89	
高中	4.09	3.94
大专	4.00	
本科及以上	4.53	

4. 不同听力等级受众对语速重要性的认同度

不同听力等级的聋生对语速重要性的认同度差异不大，戴助听器能听到声音聋生对语速重要性的认同度最高，为4.12，然后依次是戴人工耳蜗也听不到声音4.00，戴人工耳蜗才能听到声音3.81，戴助听器也听不到声音3.79，不戴助听器能听到声音3.67。其中聋生戴助听器能听到声音，戴人工耳蜗也听不到声音高于平均值3.878，其他听力等级都低于平均值，详见表6-6。卡方检验结果表明，$\chi^2=4.237$，$P=0.375$，差异不具有显著性意义，即不同听力程度的聋生对电视手语主持创作中语速的重要性看法没有显著性差异。

表6-6　不同听力等级的聋生受众对语速重要性的认同度

听力等级	认同度	认同度平均分
不戴助听器能听到声音	3.67	
戴助听器能听到声音	4.12	
戴助听器也听不到声音	3.79	3.878
戴人工耳蜗才能听到声音	3.81	
戴人工耳蜗也听不到声音	4.00	

在成年聋人中，戴人工耳蜗也听不到声音的成年聋人对语速重要性的认同度最高为4.53，然后依次是不戴助听器能听到声音4.48，戴助听器也听不到声音4.42，戴人工耳蜗才能听到声音4.16，戴助听器能听到声音3.39。其中成年聋人不戴助听器能听到声音、戴助听器也听不到声音、戴人工耳蜗也听不到声音对语速重要性的认同度高于平均值4.169，其他低于平均值，详见表6-7。卡方检验结果表明，$\chi^2=14.190$，$P=0.007$，差异具有显著性意义，即不同听力程度的成年聋人对电视手语创作中语速的重要性在看法上有显著性差异。

综上所知：

①不同受众群体的平均分分别为4.71、4.62、4.33，都介于重要和非常重要之间。

②不同性别的聋生和成年聋人的认同度分别为3.97、4.365，分别介于重要和一般之间、重要和非常重要之间。

表 6－7　不同听力等级的成年聋人受众对语速重要性的认同度

听力等级	认同度	认同度平均分
不戴助听器能听到声音	4.48	
戴助听器能听到声音	3.39	
戴助听器也听不到声音	4.42	4.169
戴人工耳蜗才能听到声音	4.16	
戴人工耳蜗也听不到声音	4.53	

③不同学历的聋生和成年聋人的认同度分别为 4.006、3.94，分别介于重要和非常重要之间、重要和一般之间。

④不同听力等级的聋生和成年聋人的认同度分别为 3.878、4.169，分别介于重要和一般之间、重要和非常重要之间。

我们发现，不同性别、不同学历、不同听力等级的受众对语速重要性的认同度差异性不大，一致认为语速是手语主持中重要的要素。

三　电视手语主持创作语速的标准建构

1. 视频语料库调查分析

我们对每个节目随机抽取一个主持人，同时随机抽取 30 分钟视频语料，对其语速进行统计，最后得出每分钟平均手势数量。统计结果如表 6－8 所示。

表 6－8　手语主持节目语速现状

单位：分钟

节目名称	平均语速
中央电视台《共同关注》	100 个手势
北京卫视《新闻手语》	103 个手势
陕西凤翔电视台《凤翔新闻》	100 个手势
甘肃卫视《午间 20 分》	108 个手势
贵州卫视《星期天报道》	78 个手势
河北卫视《新闻专递》	97 个手势
河南卫视《一周新闻综述》	96 个手势
河南电视台新闻频道《手语新闻》	97 个手势

续表

节目名称	平均语速
黑龙江卫视《点击七日》	81 个手势
湖北远安电视台《远安新闻》	93 个手势
陕西宝鸡电视台《一周要闻回顾》	113 个手势
上海电视台新闻综合频道《时事传真》	113 个手势
陕西临潼电视台《一周要闻回顾》	96 个手势
浙江苍南电视台《苍南新闻》	75 个手势
浙江富阳电视台《富阳新闻》	78 个手势
浙江卫视《爱心浙江》	100 个手势
安徽马鞍山电视台《晚间新闻》	83 个手势
吉林省吉林市电视台《大城小事》	91 个手势
江西赣州电视台《一周新闻日历》	89 个手势
陕西阎良电视台《阎良新闻——一周要闻回顾》	85 个手势
福建福州电视台《新闻 110 午报》	86 个手势
天津电视台《我们同行》	77 个手势
上海电视台新闻综合频道《午间新闻》	109 个手势
陕西电视台新闻综合频道《第一新闻》	89 个手势
内蒙古电视台新闻综合频道《这七天》	101 个手势
江苏苏州电视台《苏州新闻》	94 个手势
江苏栖霞电视台《小芮说新闻》	99 个手势

我们对统计出的结果进行整理分类，得出以下结果，见表 6－9。

由表 6－9 我们可以看出，语速在“71～100”的电视手语节目占比最大，为 77.8%，其次为语速“101～110”，占比为 14.8%，语速在“111～120”占比最小，为 7.4%。对比当前中央电视台《新闻联播》中要求的 1 分钟 300 字，对于电视手语主持人来说速度是比较快的，因此，对于口播与手语主持同时存在时，为了满足受众需求，应尽可能地放慢口语播音员的语速，这样手语主持人才可能跟得上语速，准确到位地打出手语，为聋人有效传递信息。

2. 电视手语主持创作语速的建议性标准

在语料库中综合筛选出 5 个满意度最佳的手语主持节目，我们对这六个节目，针对语速这一创作手段进行满意度再调查，分值设置为：非常满

表 6－9 国内手语节目语速快慢等级

语速等级（1 分钟手势量）	节目名称	数量（个）	占比（%）
71～100 个	《苍南新闻》（75 个手势） 《我们同行》（77 个手势） 《星期天报道》（78 个手势） 《富阳新闻》（78 个手势） 《点击七日》（81 个手势） 《晚间新闻》（83 个手势） 《阎良新闻——一周要闻回顾》（85 个手势） 《新闻 110 午报》（86 个手势） 《一周新闻日历》（89 个手势） 《第一新闻》（89 个手势） 《大城小事》（91 个手势） 《远安新闻》（93 个手势） 《苏州新闻》（94 个手势） 《一周新闻综述》（96 个手势） 《一周要闻回顾》（陕西临潼电视台）（96 个手势） 《新闻专递》（97 个手势） 《手语新闻》（97 个手势） 《小芮说新闻》（99 个手势） 《凤翔新闻》（100 个手势） 《共同关注》（100 个手势） 《爱心浙江》（100 个手势）	21	77.8
101～110 个	《这七天》（101 个手势） 《新闻手语》（103 个手势） 《午间 20 分》（108 个手势） 《午间新闻》（109 个手势）	4	14.8
111～120 个	《一周要闻回顾》（陕西宝鸡电视台）（113 个手势） 《时事传真》（113 个手势）	2	7.4
120 个以上	—	—	—

意：5 分，满意：4 分，一般：3 分，不满意：2 分，非常不满意：1 分。

结果如表 6－10 所示。

从数据统计我们可以看出，《小芮说新闻》的语速是受众最满意的，然后依次是《我们同行》、河南电视台《手语新闻》、《苏州新闻》、《共同关注》。我们可以认为，《小芮说新闻》是目前语速最为适度的电视手语节

表 6－10　电视手语主持创作语速满意度调查

	A 《共同关注》	B 《手语新闻》	C 《小芮说新闻》	D 《苏州新闻》	E 《我们同行》
分值	3	3.7	4.9	3.5	4

目，平均每分钟达到 113 个手势。根据我们的调查结果，《小芮说新闻》得分为 4.9 分，是当前手语节目主持人创作语速把握最好的节目。我们结合这些满意度较高的电视手语节目，提出以下电视手语主持标准。

①电视手语主持创作中语速的把握要考虑聋人受众心理，符合聋人文化。

②电视手语主持创作中语速的标准要符合新闻节目特征的客观要求。

③电视手语主持创作中语速要做到自成体系，不受口语播音主持的影响。

结合目前国内电视手语主持人的语速现状，我们提出以下几条提高手语主持人创作语速水平的建议。

①制定电视手语主持人“语速”的标准势在必行。我国目前对手语主持人“语速”的相关政策几乎没有。从对语料库 27 个手语节目视频分析来看，语速偏快是大家诟病的重点，我国电视手语主持人的语速一直处于一种跟随播音主持有声语言的见字播报过程中。这必然导致聋人受众因电视手语主持人语速过快而在信息理解上大打折扣。因此国家应制定相关“语速”弹性标准，杜绝语速过快或过慢，扭转电视手语主持人对播音主持中有声语言进行完全翻译的状况。

②加强电视手语主持人“语速”的职前培训。调查结果显示，大多数的聋人受众认为，目前我国电视手语主持人语速上存在的问题是语速太快。目前手语新闻中的信息量较大，电视手语主持人只能选择其中重要的内容打手语，即使勉强跟上了，由于速度太快，动作也难以到位，这就严重影响了聋人受众信息的接收和理解。此外，很多电视手语主持人手语词汇量不够，《中国手语》书上没有的字词他们要进行创作，包括大量的人名，这就导致了语速较慢，也影响了受众的信息接收。因此，要加强电视手语主持人的语速培训，保证手语主持人打手语的速度，注重质量，进一步扩充手语词汇。熟练掌握大量手语词汇也是保证电视手语主持人合理语速的基础。

第二节 电视手语主持创作停连

一 电视手语主持创作停连的概念和特征

1. 电视手语主持创作停连的概念

停连是指在有声语言的流动过程中，声音的中断和连接。即在语言的表达过程中，声音中断、休止的地方就是停顿。反之，那些不中断、不休止的地方就叫连接①。

播音中的停，是停顿；连，是连接。有停顿和连接才能更好地传情达意。在播音主持中，有声语言总有休止、中断；在手语主持创作中，手语的段落与段落之间、层次与层次之间、小的层次之间、语句之间、词组或词之间，时间有长有短，同样属于停连的范畴。在播音学中，停连包括区分性停连、呼应性停连、并列性停连、分合性停连、强调性停连、判断性停连、转换性停连、生理性停连、回味性停连、灵活性停连十种类型。

停连在播音主持中具有两个方面的作用：①控制节奏，有效传递信息；②调节语言信息和表达状态的功能。这就要求手语主持人在停连时应该注意以下两点：①位置恰切。恰当的停连有利于清楚表达语义；②自然适度。按照语义理解产生的停连，不一定按照标点符号停顿。

2. 电视手语主持创作中停连的特征

手语主持作为播音主持学科体系中的一个重要组成部分，与我们通常了解的播音主持相比，既有相同点又有不同点。在以有声语言为主要手段的播音主持创作过程中，停连起着重要的作用。那么在电视手语主持创作中，停连是否同样如此呢？与有声语言的播音主持相比有何异同？不同类型的受众对电视手语主持中停连重要性的认同度如何，性别、学历程度、听力等级等对受众的选择是否存在影响？当前电视手语主持中停连使用状况如何，电视手语主持停连使用有何标准？

从目前对我国电视手语主持人停连的研究现状来看，至今没有这方面的研究文献。本部分的研究将主要基于视频语料库、问卷调查、深度访谈

① 张颂：《中国播音学》，中国传媒大学出版社，2003，第329页。

的基础上来展开。具体的方法前面已有论述，不再赘述。这里重点介绍电视手语主持创作停连研究问卷设计中的特殊之处。在问卷设计时，我们参照了《中国电视手语质量调查》列出的9项参数、台湾的《手语新闻收视满意成效》、肖晓燕的《媒体传译质量评估》，结合手语传译的特点和在中国发展的现状，其中"停连"是根据《中国电视手语质量调查》提出的。我们重点考察了两个方面的问题：一是停连是否是电视手语主持重要的创作手段，二是受众对电视手语主持停连的满意度。对此我们设计了两道问卷题目。针对问题一，我们设计了"您认为电视手语主持表达中的停连重要吗"这道题。针对问题二，我们设计了"您最满意的电视手语主持的停连是?"这道题。同时又通过"您认为影响手语主持表达质量的重要因素有哪些?"这道题目来检验听力等级、学历程度等因素在受众对停连重要性认同上是否存在影响。

此外，在进行问卷调查之前，我们通过事前解释说明表情内涵与我们的调查目的，最大限度地控制变量，以达到对表情满意程度这一核心要素的考察目的。

（1）个性化特征

与有声语言播音主持创作不同，电视手语主持创作停连有一些个性化特征，具体如下。

①创作手段导致的独特性。播音主持以有声语言为主要创作手段，手语主持以视觉语言为主要创作手段。手语主持创作是"以手的动作、身体姿势及表情进行思想交流的视觉符号，是个综合体"。停连在手语主持中作用很大，离开停连，手语主持的创作就无法完成。停连具有表意功能。聋人在日常生活中表达打手语的时候，停连起到很重要的作用。通过深度访谈，我们发现停连在自然手语中很重要，是手语不可缺少的组成部分。有的停连本身可以表意，适当的停连有利于聋人理解内容。有的停连要和手势配合，是手势词语和句子的一个重要组成部分，例如，表示疑问和否定的停连，加上停连，意思更加明确。

电视手语主持创作停连要尊重手语表达的自然规律，需要理解整体意思，利用双手、表情和空间位置、视觉，形象化地表达、立体地表达。其中表情是句子的中心线、串珠线；尽可能不要一个词一个手势或者一个字一个字地打，那样无法自然而然地停连，不利于表达整体意思。

在手语主持创作过程中，停连对表达强调有重要作用，但不是表达强调的唯一手段。电视手语主持人在表达强调时，会通过表情、手势加重力度或者手势放缓等几方面共同表示，而不是只通过停连一种。

②接收方式导致的独特性。播音主持以视听结合为主，手语主持的受众以视觉接收为主。停连是电视手语主持传播中的一个手段。在手语主持传播活动中，主持人通过手语来传递信息，表达情感，停连对手语所传递的信息进行必不可少的断句、强调。受众通过唯一的视觉接收系统进行信息理解，这一特殊接收系统要求信息有必要停连，避免造成过度疲劳，引起传播效果下降，必要停顿对视觉接收起缓冲作用。

③主要受众导致的独特性。播音主持创作的主要受众是听人。手语主持创作的主要受众是聋人。从受众满意度上看，由于手语主持创作的主要受众是聋人，手语主持的停连要满足聋人的需求。如前文所述，这里电视手语主持创作作为艺术创作，也同样应该以“美不美”来作为其衡量的最高标准。同时结合对受众的访谈调查和张颂先生的“三个层次论”，我们将手语受众对停连的满意度也分为理解、舒服、美三个等级。

“理解”是受众对手语主持创作最基本的需求，即受众能对其传播的内容准确地、没有歧义地理解。“理解”是电视手语主持创作传播成功的首要因素，停连具有强调和表意的功能，有必要的停连对受众理解信息有很大帮助。此外，必要停连也为受众理解信息争取了思考时间，提高了表达效果。

“舒服”是受众对手语主持创作在理解基础之上的进一步需求，即电视手语主持创作的传播方式如手语打法、停连、语速等应该是符合聋人文化的。这就要求停连除了体现出语义和语法功能外，还应该符合聋人文化，注意适度原则，让受众感到舒服。

“美”在电视手语主持创作评判标准中是最高级别的标准，它不是指某一个要素所表现出来的“美”，而是指“整体美”。这种“整体美”要求电视手语主持创作的各种表达手段，如手语、表情、节奏、语速、眼神交流等一脉相承，融会贯通。停连同语速、表情、眼神等共同构成信息传播，共同作用于电视手语主持创作。主持人要注意停连与其他要素的配合。

因此，无论是从手语，还是从聋人受众和信息接收方式来看，停连在电视手语主持创作中都具有独特的作用。

（2）普遍性特征

手语主持创作作为播音主持创作的组成部分，它们创作内部的停连具有一些普遍性特征。

手语主持创作同播音主持创作一样，都属于大众传播与人际传播的结合体。停顿和连接都是有声语言和手语行进中表达语意、抒发感情的方法。无论停还是连，都不是任意的，而是思想感情发展变化的要求。

在播音主持创作中，停连主要有九个主要功能，其中包括区分性停连、呼应性停连、并列性停连、分合性停连、判断性停连、转换性停连、生理性停连、回味性停连、灵活性停连，这九大功能也同样适用于手语主持创作。

就区分性停连来说，手语主持创作的区分性停连较多，也比较灵活，主要指稿件中词或短语之间，句与句，层与层，部分与部分之间都要有区分性停连。

就呼应性停连来说，它是指句子里体现呼应关系的停连。如“下面请大家欣赏两支维吾尔族舞蹈”，虽然聋人在手语表达过程中习惯性地把数量词“两支”浓缩成`“两”的手势放在句尾表达，但是在“欣赏”的后面会出现停顿。

并列性停连是指语句之间属于并列关系，例如，在“由于语言不通，汤玛斯学习起来比别人费力得多，但是他开心地告诉记者自己一个上午已经学会了‘你好’‘谢谢’等简单的用语”这个句子中，“你好”“谢谢”出现了并列性的停连，在停顿时候的处理一般也一样，不能太长也不能太短，尽量不去破坏这两个词语之间的关系。

分合性停连一般用于分合性句式上。有的句式先分开说，然后再总起来说，这种句式的停连位置往往会在分与合的交界处。如“只见那颗颗珍珠，有大如羊奶子头的，有小如红豆的，光华夺目，熠熠生辉”。该句式的停连也与有声语言差不多，在“珍珠”后面分开说的地方应该进行停顿，在“小如红豆的”后面总结的地方有停顿。

判断性停连是指稿件在有判断过程表现的时候，就应在判断、思索的地方停连，以表达此时的思维过程。如“小明好像听到了树倒的声音。不好，有人偷树了”在此句中，听到声音之后会有一处停连，来表现思考的过程。手语主持创作中也有相同的表达方式。

转换性停连是指一个意思向另外一个意思转换的停连。如："按说日子好了，吃点喝点享受点，也没多大不是。可细细想来，钱挣得不那么容易，就这么流水似的花了出去，值不值得呢?"在该句中"可细细想来"是与上句意思转换的地方，在有声语言中，该处出现停连，在手语主持表达中也同样如此。

生理性停连是指人因生理上的需要产生的异态语气。如："不!不……不是! 薛老板一个劲地解释。"这是人的正常生理性的停连，根据语境会有生理性的变化，在手语主持表达中也同样如此。

就回味性停连来说，是为了给受众留下回味的余地，为了加深受众的印象，在感情运动的情况下运用回味性停连。如："李支书望着雪老倌的背影，呆呆地站在那里，一动也不动，一直看他走远，走远……"在这句话中，随着感情的发展在最后会有一个手势上的放缓与延长。回味性停连在新闻中很少用到，因为大众传媒是应该保持中立态度的，不能有情绪的偏向，那么在手语主持创作中，尤其是在手语新闻主持中应该注意适度原则，不要过于夸张。总之，回味性停连可以使聋人受众产生舒服感，从而提高电视手语主持的效果。

灵活性停连是针对生搬硬套停连而言的。因为每个人的文化层次与理解都不一样，手势在表达习惯和表达方法上不可能完全一样，更何况在多种技巧之间是可以相互交融、相互渗透的，所以要分清楚到底是哪一种。在手语主持过程中，应该在内容的制约下同时符合情感的需要，灵活运用停连。

二　受众对电视手语主持创作停连重要性的认同度分析

下面我们将运用问卷调查的方法来展开论证。停连重要性认同度的调查每题采用李克特五点量表计分，因此每题最高得分为 5 分（非常重要），最低得分为 1 分（完全不重要），通过平均分来看不同群体、性别、学历程度、听力等级的受众对停连的重要性认同度。我们通过"您认为影响电视手语主持创作质量的重要因素有哪些?"这道题目来检验性别、学历程度、听力等级等因素在受众对停连重要性认同上是否存在影响。

1. 不同受众对停连重要性的认同度分析

不同受众对停连重要性的认同度没有明显差异，成年聋人群体对停连的重要性认同度最高，为4.63，然后依次是聋生群体4.41，手语老师群体4.33。其中聋生群体对停连重要性认同度选择高于平均值4.46，而其他群体低于平均值，详见表6-11。卡方检验结果表明，$\chi^2=5.399$，$P=0.067$，差异不具有显著性意义，即不同受众群体对停连重要性看法没有显著性差异。

表6-11 不同受众群体对停连重要性的认同度

受众	认同度	认同度平均分
聋生	4.41	
成年聋人	4.63	4.46
手语老师	4.33	

2. 不同性别受众对停连重要性的认同度

性别差异也是社会语言学研究语言变异经常要考虑的因素之一，调查研究结果如表6-12所示，男聋生对停连的重要性的认同度为4.42，女聋生为4.06，在数值上男聋生比女聋生高一些。卡方检验结果表明，$\chi^2=7.352$，$P=0.007$，差异具有显著性意义，即不同性别的聋生对停连的重要性看法有显著性差异。

表6-12 不同性别的聋生受众对停连重要性的认同度

性别	认同度	认同度平均分
男	4.42	4.24
女	4.06	

成年聋人对停连重要性的认同度男成年聋人为4.11，女成年聋人为4.46，在数值上女成年聋人比男成年聋人高一些。卡方检验结果表明，$\chi^2=4.896$，$P=0.027$，差异具有显著性意义，即不同性别的成年聋人对电视手语主持创作中停连的重要性看法有显著性差异。

表 6－13　不同性别的成年聋人受众对停连重要性的认同度

性别	认同度	认同度平均分
男	4.11	4.285
女	4.46	

3. 不同学历受众对停连重要性的认同度

不同学历聋生对停连重要性的认同度无明显差异，大专学历聋生对停连的认同度选择最高，为4.39，其他依次是初中学历4.25，本科及以上学历4.23，高中学历4.13，小学学历3.98。其中本科及以上学历、初中学历和大专学历平均停连认同度选择高于平均值4.20，而小学学历和高中学历低于平均值，详见表6－14。卡方检验结果表明，$\chi^2=3.754$，$P=0.440$，差异不具有显著性意义，即不同学历的聋生对停连的重要性看法没有显著性差异。

表 6－14　不同学历的聋生受众对停连重要性的认同度

学历	认同度	认同度平均分
小学	3.98	4.20
初中	4.25	
高中	4.13	
大专	4.39	
本科及以上	4.23	

在成年聋人中，初中学历成年聋人对停连重要性认同度选择最高，为4.50，然后依次为本科及以上学历4.42，小学学历4.25，高中学历4.11，大专学历4.06。其中初中学历和本科及以上学历对停连的重要性认同度高于平均值4.268，而其他学历低于平均值，详见表6－15。卡方检验结果表明，$\chi^2=9.098$，$P=0.059$，差异不具有显著性意义，即不同学历的成年聋人对停连的重要性看法没有显著性差异。

4. 不同听力等级受众对停连重要性的认同度

不同听力等级对停连的重要性的认同度无明显差异，戴人工耳蜗也听不到声音的聋生为4.91，然后依次是不戴助听器能听到声音4.41，戴助听器能听到声音4.23，戴人工耳蜗才能听到声音4.10，戴助听器也

表 6-15 不同学历的成年聋人受众对停连重要性的认同度

学历	认同度	认同度平均分
小学	4.25	
初中	4.50	
高中	4.11	4.268
大专	4.06	
本科及以上	4.42	

听不到声音 4.00。其中不戴助听器能听到声音、戴人工耳蜗也听不到声音高于平均值 4.33，而其他听力等级都低于平均值，详见表 6-16。卡方检验结果表明，$\chi^2=1.075$，$P=0.898$，差异不具有显著性意义，即不同听力程度的聋生对停连的重要性在看法上没有显著性差异。

表 6-16 不同听力等级的聋生受众对停连重要性的认同度

听力等级	认同度	认同度平均分
不戴助听器能听到声音	4.41	
戴助听器能听到声音	4.23	
戴助听器也听不到声音	4.00	4.33
戴人工耳蜗才能听到声音	4.10	
戴人工耳蜗也听不到声音	4.91	

在成年聋人中，戴助听器能听到声音成年聋人对停连的重要性的认同度最高为 4.45，然后依次是戴助听器也听不到声音 4.41，戴人工耳蜗才能听到声音 4.36，不戴助听器能听到声音 3.96，戴人工耳蜗也听不到声音 3.66。其中戴助听器能听到声音、戴助听器也听不到声音、戴人工耳蜗才能听到声音对停连的重要性的认同度高于平均值 4.168，其他低于平均值，详见表 6-17。卡方检验结果表明，$\chi^2=11.280$，$P=0.024$，差异具有显著性意义，即不同听力等级的成年聋人对停连的重要性看法有显著性差异。

综上可知：

①不同受众群体的平均分分别为 4.41、4.63、4.33，都介于重要和非常重要之间。

表 6－17 不同听力等级的成年聋人受众对停连重要性的认同度

听力等级	认同度	认同度平均分
不戴助听器能听到声音	3.96	4.168
戴助听器能听到声音	4.45	
戴助听器也听不到声音	4.41	
戴人工耳蜗才能听到声音	4.36	
戴人工耳蜗也听不到声音	3.66	

②不同性别的聋生和成年聋人的平均分分别为 4.24、4.285，都介于重要和非常重要之间。

③不同学历的聋生和成年聋人的平均分分别为 4.20、4.268，都介于重要和非常重要之间。

④不同听力等级的聋生和成年聋人的平均分分别为 4.33、4.168，都介于重要和非常重要之间。

通过数据分析，进一步证明停连在手语主持创作中所具有的重要意义。

三 电视手语主持创作停连的标准建构

1. 视频语料库调查分析

现阶段我国国内的电视手语主持大部分都处于初级阶段，电视手语主持处于一种被动的翻译状态，在主持过程中就会出现手语跟着声音走的情况。另外，有声语言播报往往速度很快，导致了手语主持在表达过程中难以注意到停连，国内大部分手语主持创作大都缺少明显停连，只有少数几个电视台比如贵州卫视的《星期天报道》、浙江卫视的《爱心浙江》的手语主持是有较为明显的停连。对于手语主持创作来说，手语主持在整体节目环节把握中所处的主体地位才是最关键的。这样，手语主持人可以有相对足够的时间和把握来处理来自稿件中的停连。基于视频语料库，我们对国内电视手语主持创作现状做了客观的描写。并结合手语主持中停连的特点，对当前的电视手语主持创作停连进行了分类。具体见表 6－18。

表 6－18　国内电视手语主持创作停连现状

节目名称	停连分析
中央电视台《共同关注》	无停连，大部分是随着主播一段播报的结束中断而中断，是由主播决定的
北京卫视《新闻手语》	无停连，只有报道结束后换内容报道时候出现停连
陕西凤翔电视台《凤翔新闻》	无停连，只有报道结束后换内容报道时候出现停连
甘肃卫视《午间 20 分》	无停连，只有报道结束后换内容报道时候出现停连
贵州卫视《星期天报道》	有较为明显停连，是句子与句子之间的停连
河北卫视《新闻专递》	有较为明显停连，是句子与句子之间的停连
河南卫视《一周新闻综述》	有较为明显停连，是句子与句子之间的停连
河南电视台新闻频道《手语新闻》	有微弱停连，语速过快没有停连
黑龙江卫视《点击七日》	有较为明显的停连，因为是自己边说边念，所以会根据自己的实际讲话而配合，句子与句子之间也有停连
湖北远安电视台《远安新闻》	无停连，大部分是随着主播一段播报的结束中断而中断
陕西宝鸡电视台《一周要闻回顾》	无停连，只有报道结束后换内容报道时候出现停连
上海电视台新闻综合频道《时事传真》	有较为明显停连
陕西临潼电视台《一周要闻回顾》	有微弱停连
浙江苍南电视台《苍南新闻》	有微弱停连
浙江卫视《爱心浙江》	有较为明显停连
浙江富阳电视台《富阳新闻》	有微弱停连
安徽马鞍山电视台《晚间新闻》	无停连，只在转入下一条新闻时有停连
吉林省吉林市电视台《大城小事》	有微弱停连
江西赣州电视台《一周新闻日历》	无停连，只在转换至下一新闻时有停连
陕西阎良电视台《阎良新闻——一周要闻回顾》	无停连，只在转换至下一新闻时有停连
福建福州电视台《新闻 110 午报》	有微弱停连
天津电视台《我们同行》	有较为明显停连
上海电视台新闻综合频道《午间新闻》	无停连
陕西电视台新闻综合频道《第一新闻》	无停连
内蒙古电视台新闻综合频道《这七天》	有微弱停连
江苏苏州电视台《苏州新闻》	有较为明显停连
江苏栖霞电视台《小芮说新闻》	有明显停连

我们把电视手语主持创作停连分成了“无停连”“有微弱停连”“有较为明显停连”“有明显停连”四个类别，对统计结果进行整理分类，结果如表6－19所示。

表6－19 按停连对手语节目进行分类

类别	无停连	有微弱停连	有较为明显停连	有明显停连
个数（个）	11	7	8	1
百分比（%）	40.8	25.9	29.6	3.7
节目名称	《共同关注》 《新闻手语》 《午间20分》 《凤翔新闻》 《远安新闻》 《一周要闻回顾》（陕西宝鸡电视台） 《晚间新闻》 《一周新闻日历》 《阎良新闻——一周要闻回顾》 《第一新闻》 《午间新闻》	《手语新闻》 《一周要闻回顾》（陕西临潼电视台） 《富阳新闻》 《苍南新闻》 《大城小事》 《新闻110午报》 《这七天》	《星期天报道》 《新闻专递》 《一周新闻综述》 《爱心浙江》 《点击七日》 《时事传真》 《苏州新闻》 《我们同行》	《小芮说新闻》

根据表6－19，当前电视手语节目主持人“无停连”所占比例最大，为40.8%；其次是“有较为明显停连”，为29.6%；有“微弱停连”为25.9%；最后是“有明显停连”，仅占3.7%。

“无停连”主要是指在手语主持过程中，手语表达不存在停连的情况。电视手语主持人配合有声语言主持人的语言表达，随着有声语言的停连而停连。有时由于语速过快的原因直接忽略了停连。如《共同关注》中，“怎么样？这些作文题目如果让您写的话，您会如何去完成这个高考的命题呢？”在“怎么样？”结束之后，应该有一处停顿，但是手语主持人因为要配合播音速度而没有停顿，直接进入了第二句。再如《午间20分》中“舟曲特大山洪泥石流灾害铸就的抢险救灾和恢复重建的精神是我们宝贵的精神财富，值得我们大力弘扬，丰富发展。我们要在全社会掀起学习和宣传先进集体和模范人物的热潮”。其中“大力弘扬，丰富发展”后面应该有一处停顿，但是因为下一句已经出现，没有停顿，手语主持人就直接打了下一句。

“有微弱停连”指在一句话中偶尔有手语层级的停连且停连微弱不明显。如陕西临潼电视台《一周要闻回顾》中“这次考核是市委市政府为了全面了解2011年各区工作情况，找出存在问题，为明年工作计划打下了良好基础（停顿一次），考核组成员本着公平公正的原则，认真考评全力配合，确保考核工作顺利完成”绝大部分无停连，偶有停连。如《富阳新闻》“杭州市勤政廉政好公仆先进事迹报告会在我市举行；杭州市人大常务会领导来富阳调研；富阳13个政府投资项目接受评议”这段导语中，电视手语主持人在“举行”之后有微弱停顿，结尾处有微弱停顿。

“有较为明显停连”指句子与句子之间，或者一句话中有较为明显的手语层级的停顿和连接。如《爱心浙江》中“在填写好志愿捐献登记表后，第一个抽取血液样本，他希望自己能够帮上王催。除了医护人员，柯城区的大学生村干部也纷纷加入捐献的队伍中来”。手语主持人在“他希望自己能够帮上王催”之后有一处明显的句子停顿。如《时事传真》中“中考当天正好碰见了今年第一个高温日，考生大多都比较平静。17日上海召开了第六次全国人口普查综合试点工作动员会，全国第六次人口普查将于今年11月1日正式启动”，在“考生大多都比较平静”这一条新闻播报结束后，手语主持人出现了一个明显的停顿。

2. 电视手语主持创作中停连的标准

通过前期调查，我们从语料库中筛选出5个满意度最佳的手语主持节目。接着，我们又对这5个节目，针对手语主持创作停连的满意度，对受众进行了调查，分值设置为：非常满意：5分，满意：4分，一般：3分，不满意：2分，非常不满意：1分。

调查结果如表6－20所示。

表6－20　电视手语主持创作停连满意度调查

	A 《小芮说新闻》	B 《苏州新闻》	C 《时事传真》	D 《我们同行》	E 《星期天报道》
分值	4.5	3.5	3.9	4	4.2

根据表6－20，可以发现，受众的满意度分值从高到低排列依次为：《小芮说新闻》《星期天报道》《我们同行》《时事传真》《苏州新闻》。

受众满意度最高的是《小芮说新闻》。这档节目的手语主持人，在句与句之间、段与段之间停连明显，且在部分句子结尾落停处采用落停缓收等处理方式，带有浓厚的感情色彩，观众收看的时候能够感受到情感，很快抓住手语所表达的情绪。这对聋人理解表达意义有很大帮助。所以这两档节目的满意度较高。接下来是《星期天报道》，手语主持人的停连清楚。《我们同行》这档手语节目，由于有声语言主持人语速较慢，给手语主持人提供了较为充足的停连时间。《时事传真》中有句子之间的停连，但由于有声语言主持人的语速问题，而导致停连过程中，连接过快，造成上句和下句之间相互影响，导致观众在收看新闻的时候还来不及反应落停的时候，后面又快速连上，从而影响了受众对信息的接收。最后一个是《苏州新闻》，无停连，大部分是随着主播一段播报的结束中断而中断，无法区分词与词、句与句的关系，受众无法理解。根据我们的调查结果，《小芮说新闻》得分为 4.5 分，是当前手语节目主持人创作停连把握最好的节目。

结合当前国内手语主持创作的停连现状，我们将提出以下几条提高手语主持人停连水平的标准。

①电视手语主持创作停连的把握要以为聋人服务为目的，充分考虑聋人的接受速度。

②要牢记手语新闻节目的客观性，以稿件的内容为基础，根据语境具体问题具体分析，找出停连并用恰当的方法进行处理。

结合这些满意度较高的电视手语主持节目，提出了以下电视手语主持停连的相关要求。

①制定相关的手语主持人的“停连”标准势在必行。我国目前没有针对电视手语主持人的“停连”相关标准。从对我国 27 个手语节目视频分析来看，无停连手语主持占 40.8%，只含有微弱停连的手语主持占 25.9%，有较为明显停连和有明显停连的手语主持分别占 29.6% 和 3.7%。这些数据表明，我国手语主持人的停连一直处于缺乏规范和统一的状态当中。这必然导致聋人受众因手语主持人停连的缺乏和不规范而在内容的理解上大打折扣。因此国家应制定相关标准，规范停连的使用。

②加强对手语主持人的职前培训，尤其是停连训练。调查结果显示，大多数聋人受众认为，当前我国手语主持人存在的问题是无停连，停连不

自然，与有声主持不同步。因此要加强对手语主持人停连的培训，一方面提高手语水平，熟练地掌握打法，才能在此基础上做到停连自如；另一方面，要积极融入聋人群众中，多进行关于“停连”的交流，多听取聋人的意见，以便更好地为聋人受众服务。

③手语主持人应该具有停连意识。从我国目前的手语主持人的停连现状看，手语主持人的停连意识非常薄弱，只是机械地表达稿件的内容。如果手语主持人对电视节目内容的传递单调呆板，导致语句目的传达不够准确，使聋人产生误解与疑问。

④手语主持人应该提高停连的表达能力。播音主持中的停连要和稿件内容的要求保持一致，手语主持也不例外，在这里我们要强调，手语主持停连的表达和其他表达技巧是相辅相成的，比如语速、流畅度、节奏感等，要考虑到稿件内容、情感表达、处理效果等多方面因素，在基本的处理方法上加以组合，使手语主持的表达更加生动形象。然后手语主持停连的表达还需要在日常的生活中多多积累，反复琢磨，考虑到聋人的文法和文化，才能达到好的表达效果。

第三节　电视手语主持创作力度

一　电视手语主持创作力度的概念和特征

1. 电视手语主持创作力度的概念

张颂指出，“在播音中，那些根据语句目的、思想感情需要而给以强调的词或短语就叫重音”。[①] 要想把每篇稿件、每期节目的目的传达正确，就需要播音员准确地运用重音和力度来展现稿件的要旨。如果一句话的重音传达错误，那整句话的意思就不明确，有时候错误的信息甚至会误导受众，传媒的舆论引导作用也将产生偏差。因此，作为党和政府的喉舌——播音员、主持人，必须掌握力度的表达方法，提高传播效率、引导正确舆论。在电视手语主持创作中，力度主要指主持人手势的轻重，相当于重音。

---

① 张颂：《中国播音学》，中国传媒大学出版社，2003，第338页。

力度在播音主持中具有六个方面的作用：①明确话语中的主次关系，确保语言的准确度；②使语言的感染力和表现力更加丰富；③暗示语言发出者的情感态度和倾向；④语句目的的直接体现；⑤力度的变化可以满足不同语境的需要；⑥是构成语言表达节奏感的要素之一。

手语主持作为播音主持学科体系中的一个重要组成部分，与我们通常了解的播音主持相比，既有其相同点又有不同点。在以有声语言为主要创作手段的播音主持创作过程中，重音起着重要的作用。那么在电视手语主持创作中，力度是否同样如此呢？与有声语言的播音主持相比有何异同？不同类型的受众对电视手语主持创作重音重要性的认同度如何，其中包括性别、学历、听力程度等对受众的选择是否存在影响等。电视手语主持创作中重音使用状况如何，对未来电视手语主持力度使用有何标准，都将在下文中一一予以解答。

从我国电视手语主持创作力度的研究现状来看，多数研究较为零散。对当前电视手语主持创作中重音的现状描写和分析，一位受访聋人博士在“深度访谈”中指出，力度最主要功能是为了强调，在日常口语交流时，经常通过加重读音的方法表达强调。在电视手语主持创作中，打手语时为了表示强调，突出重点，通常通过手势幅度与表情相结合，加大手势力度的方式来完成。在不懂手语的人看来是“夸张”的表情，对手语主持人来说则是自然的表情。这种“夸张”主要是表示强调，强调话题或者焦点。手语中力度有大小之分，手语主持人在手语中通过加大力度来代替表达有声语言里面的重音。郑璇指出，手语是一种时空形式，没有固定的语序排列规则，一个句子的词语排列会受以下几种因素影响而发生变化：①视觉过程的先后；②要表达事物在主体心目中的地位轻重；③先具体后抽象。比如说，“爸爸买了一辆自行车”这个句子用手语句子表达，可以有不同的排列方式：爸爸自行车一辆买（强调数量）；爸爸自行车买一辆（强调动作）；爸爸买自行车一辆（强调买的对象）；自行车买一辆爸爸（强调客体，不强调主体）；爸爸买一辆自行车（受到主流语言影响的文法手语）。[①] 因此，在手语表达时，强调的成分除了需要调整位置外，

① 郑璇：《浅论手语对聋儿主流语言学习的影响》，《中国听力语音康复科学杂志》2004年第1期。

还可加大力度进一步强调。

通过对语料库中的视频进行调查发现，有些手语主持人力度把握较好，如在表达“之前手语很多词汇无从查阅”这则信息时，主持人通过加大手势力度同时配合烦恼的表情，让人真切感受到无法及时查阅手语资料的苦恼，让受众在第一时间理解主持人想要表达的中心内容，情感传递得非常到位。所以合适的力度会有利于受众对内容的理解，甚至能够使受众产生舒适感，获得美的享受。在这一过程中聋人受众真切感受到之前手语资料的缺少，和之后拥有手语电子词典的幸福感。手语的力度是通过表情、眼神以及幅度大小等因素来共同体现的，手势力度的把握不恰当，直接影响到手语的表达效果。如北京电视台的手语新闻，主持人手势速度适中，但是情感起伏不大，手势力度没有明显变化。根据调查发现，受众对北京卫视的《手语新闻》表现出没有兴趣，不愿意看的意愿。因此，不难看出，手语力度不仅对信息意义的传递意义重大，同时还对情感的有效表达起到很大作用。

本部分的研究将主要在视频语料库分析、问卷调查、深度访谈的基础上来展开。共性的方法前面已有论述，不再赘述。这里重点介绍电视手语主持创作力度研究设计中的特殊之处。在问卷设计时，我们参照了《中国电视手语质量调查》，制定出本研究问卷部分。针对力度的研究，我们重点考察了两个方面的问题：一是力度是不是电视手语主持重要的创作手段；二是受众对电视手语主持力度的满意度。对此，我们设计了两道问卷题目。针对问题一，我们设计了“您认为在电视手语主持创作中的力度重要程度为?”这道题。针对问题二，我们设计了“您最满意的电视手语主持的力度是?”这道题。同时我们又通过“您认为影响电视手语主持表达质量的重要因素有哪些?”这道题目来检验性别、听力等级、学历程度等因素在受众对力度重要性认同上是否存在影响。

此外，在进行问卷调查之前，我们通过事前解释说明电视手语主持创作力度的内涵最大限度地控制其他变量，以达到对力度满意程度这一核心要素的考查目的。

2. 电视手语主持创作力度的特征

(1) 个性化特征

与有声语言播音主持创作不同，手语主持创作力度有一些独立的特征，具体如下。

①创作手段导致的独特性。手语是人们在聋人环境中使用手的指式、动作、位置和朝向，配合面部表情，按照一定的语法规则来表达特定意思的交际工具。在手语表达的过程中，需要表达“强调”时，通常要通过加大手势力度来实现。手语主持人往往通过加大手势力度达到突出重点、加强理解，促成双向交流顺利进行的目的。力度在电视手语主持创作中作用明显，没有力度则会语意模糊，语句目的不清，无法顺利完成交际。

②接收方式导致的独特性。手语主持人通过手势力度的变化，在视觉感受上形成反差，使内容更能够为聋人受众所理解。在电视手语主持创作过程中，主持人通过手语来传递信息，表达情感，突出语句。目前我国电视手语节目以手语新闻翻译为主，而新闻特有的新鲜感、感召力、宣传效果的表达都离不开力度的表达。所以手势力度的处理要准确、精练，要着眼于全篇，起到画龙点睛的作用。除了用手势力度传递信息外，还要综合使用面部表情、停连、合适的节奏和语速等来传达信息，与受众进行交流和互动。

③主要受众导致的独特性。首先，从受众满意度上看，电视手语主持创作的力度要满足聋人的需求。如前文所述，电视手语主持作为艺术创作，也同样应该以“美不美”来作为其最高衡量标准之一。从某种意义上说，“快慢”“多少”都是为“美”服务的。这里，我们将受众的满意度分为理解、舒服、美三个等级。

力度是传达感情的一个重要因素，加入情感的投入，容易唤起电视手语主持人与受众之间情感的交融以及心灵的撞击，最终产生共鸣。力度是完成受众从“理解”到“舒服”再到“美”必不可少的手段。

综上所述，我们看到无论是从接收方式、传播手段还是受众的角度来看，力度都在电视手语主持创作中占有非常重要的地位。

（2）普遍性特征

电视手语主持创作作为播音主持创作的组成部分，二者具有很多的普遍性特征。

①突出语句目的。一篇稿件是由不同的句子组成的，而句子又是由词和短语组成的。然而不同的词语在句子中的地位不尽相同，有的能够体现感情倾向，有的只是起到辅助作用，相比之下，前者对于表达语句目的有

着非常重要的意义，随着说话者思想感情的变化，相同的一句话所强调的内容也有可能发生变化。在电视手语主持创作中，手势力度能够起到突出语句目的的作用。在电视手语主持创作过程中，应该以稿件内容为基础，在全面理解的基础上找到需要强调的部分，合理处理好力度层级，以达到分清主次的目的。

②体现逻辑关系。赵兵指出："那些不受语法限制，而由句子的潜在含义所确定的必须强调的音节，就是逻辑重音，也叫逻辑强调音。"[①] 例如"我是上海人"这句话，如果没有特殊的意思，只要按语法重音的规律来读，把"上海人"稍稍加重一点儿就可以。如果把重音放在"是"上，那么潜在的意思就很明确，即有人说你不是上海人，而你把重音放在"是"上就是纠正对方的说法。而对于聋人来说，只能通过观看手势力度来获取信息的轻重格式，才能理解手语传达的重点所在。在手语主持创作过程中，要特别注意力度的使用和用力程度的分布。

③点染感情色彩。语句当中有些关键词起到表达丰富感情、烘托气氛的作用，比如比喻、象声以及其他形容性的词或词语。在电视手语主持中，表示力度的方式可以分两类：一类是用表情表示强调，如扬起眉毛、睁大眼睛、凝视、点头等；另一类是用手的动作表示强调，加大了动作幅度、加快了手势动作的速度或增强了手势的用力程度。例如"努力"作为一句话的焦点时，就要增加动作的幅度和力度。若把"前进"手势作为重点词，可以增加手势的幅度，引人注目，突出重点，使聋人受众能更好地理解手语节目传递的情感和态度。

总之，电视手语主持创作中的力度和以有声语言为主要创作手段的播音主持中的重音有着同样重要的作用。

二　电视手语主持创作力度的类型

电视手语主持创作力度有哪些类型？关于这点，相关的研究资料非常欠缺。我们提出了电视手语主持创作力度的六种类型。

1. 并列性创作力度

并列性创作力度是指对段落、语句中有并列关系的某些词或短语加

---

① 赵兵、王群：《关于朗诵》，《语言文字周报》2012 年 2 月 15 日，第三版。

重。例如："利用纽扣，花边，花结对服装进行修饰。"在电视手语主持创作中，对着三个并列的词汇进行加重，我们称为并列性创作力度。手语主持人往往通过相等用力的方式来完成对并列性词语的表达。

2. 呼应性创作力度

停连中有呼应性停连，包括一呼一应、一呼几应等类型。它可以使文章层次分明，结构严谨。而呼应性创作力度也是揭示上下文呼应关系的有力方式。例如"他还有一个美名，叫什么呢？叫'小胖'"。此处句子想表达的是小胖还有另外一个名字，前面的"还"为呼，后面的"小胖"为应。重音在这两个相"呼应"的词汇上面，此时，手势的力度要有所加强。

3. 递进性创作力度

递进性创作力度是指作者所描绘的对象，往往不是凝固不动的，而是向前发展，一步步深入。这种递进结构的稿件，在电视手语主持创作过程出现的是递进式的力度。例如："您坐过乌篷船么？……窄窄的船身，低低的船篷，船篷是用竹片做的，篷上面涂满了黑色，绍兴人把黑色叫成乌，所以它就叫乌篷船。"在电视手语主持创作过程中，主持人合适的表情以及合理的表情转换尤为重要，如"乌篷船""船身窄""船篷低"等形容词，尤其是"篷上面涂满了黑色"要着重表述。

4. 转折性创作力度

转折性创作力度揭示了同一方向进展的内容；而转折性创作力度正好相反，它是通过相反方向内容变化揭示说话者的意图。例如："敌人坐上了飞机逃走了，哨位完好无损，士兵安然无恙，公培波却被很强大的气息冲倒，昏了过去。""哨位"和"士兵"是并列性加重，而"公培波"是转折性加重，所以在手语主持创作中要出现方位的变化以示转折。

5. 强调性创作力度

这是指把句子中表达感情色彩的词或者词组加以强调，以突出某种感情。例如："不该得的钱，一分钱都不要"，表明的是一种不多拿钱的决心，是一种坚决的态度。所以手势的力度要硬，幅度要明显，表情要配合情绪来共同表达力度。

6. 比喻性创作力度

其本身是一种修辞手法，而在这里是将比喻性的词语作为比喻性的创作力度。例如："这头牛，个儿大，膘肥，四条腿像木头柱子一样。"这里手语表达的力度通过表情和幅度共同完成。此时手势幅度要比平时手语幅度略大，来表示"这只牛真的很大"的含义。

手语力度的表达方式多种多样，可通过表情、眼神、幅度等因素来综合表达，力度不是影响手语理解的最重要因素，但力度是电视手语主持创作中使人产生舒适感和共鸣的必要因素。所以，力度的准确表达，是电视手语主持创作能够产生美感的前提之一。

三　受众对电视手语主持创作力度重要性的认同度分析

下面我们将运用问卷调查的方法来展开论证。我们通过"您认为手语主持表达中的力度重要程度为"这道题目来验证。力度满意度的调查每题采用李克特五点量表计分，每题最高得分为 5 分（非常重要），最低得分为 1 分（完全不重要），通过平均分来看不同群体、性别、学历程度、听力等级的受众对力度的重要性认同度。我们又通过"您认为影响手语主持表达质量的重要因素有哪些?"这道题目来检验性别、学历程度、听力等级等因素在受众判断力度重要性认同上是否存在影响。

1. 不同受众对力度重要性的认同度

不同受众对电视手语主持创作中平均力度重要性认同度是没有较大差异的，依次是成年聋人群体 4.49，聋生群体 4.36，手语老师群体 4.31。其中成年聋人群体对力度重要性认同度高于平均值 4.39，而其他群体低于平均值，详见表 6 – 21。卡方检验结果表明，$\chi^2 = 0.890$，$P = 0.641$，差异不具有显著性意义，即不同受众群体对电视手语主持创作中力度的重要性看法没有显著性差异。

表 6 – 21　不同受众群体对力度重要性的认同度

受众	认同度	认同度平均分
聋生	4.36	
成年聋人	4.49	4.39
手语老师	4.31	

2. 不同性别受众对力度重要性的认同度

性别差异也是社会语言学研究语言变异经常要考虑的因素之一，调查结果如表 6－22 所示，男聋生对力度重要性认同度为 4.10，女聋生为 4.00，在数值上男聋生比女聋生高一些。同样，此差异没有通过统计显著性检验，卡方检验结果表明，$\chi^2=0.290$，$P=0.590$，差异不具有显著性意义，即不同性别的聋生对电视手语主持创作中力度的重要性看法没有显著性差异。

表 6－22 不同性别的聋生对受众力度重要性的认同度

性别	认同度	认同度平均分
男	4.10	4.05
女	4.00	

男成年聋人对力度的重要性认同度为 4.33，女成年聋人为 4.21，在数值上男成年聋人比女成年聋人略高一些。卡方检验结果表明，$\chi^2=1.327$，$P=0.249$，差异不具有显著性意义，即不同性别的成年聋人对电视手语主持创作力度的重要性看法没有显著性差异。

表 6－23 不同性别的成年聋人受众对力度重要性的认同度

性别	认同度	认同度平均分
男	4.33	4.27
女	4.21	

3. 不同学历受众对力度重要性的认同度

不同学历受众对力度的重要性认同度是没有较大差异的，高中学历聋生对力度的重要性认同度最高，为 4.03，然后依次是本科及以上学历 3.98，大专和小学学历 3.94，初中学历 3.88。其中本科及以上学历、高中学历对力度重要性认同度高于平均值 3.954，而小学学历、初中学历和大专学历均低于平均值。详见表 6－24。卡方检验结果表明，$\chi^2=6.104$，$P=0.192$，差异不具有显著性意义，即不同学历的聋生对力度的重要性看法没有显著性差异。

在成年聋人中，本科及以上学历成年聋人对力度的重要性认同度最高，为 4.75，然后依次是初中学历 4.51，大专学历 4.50，小学学历 4.11，高中学历 3.68。其中大专学历、本科及本科以上学历、初中学历对力度的重要性认同度高于平均值 4.31，而其他低于平均值，详见表 6－25。卡方检验结果表明，$\chi^2=8.249$，$P=0.083$，差异不具有显著性意义，即不同学历的成年聋人对力度的重要性看法没有显著性差异。

表 6－24　不同学历的聋生受众对力度重要性的认同度

学历	认同度	认同度平均分
小学	3.94	3.954
初中	3.88	
高中	4.03	
大专	3.94	
本科及以上	3.98	

表 6－25　不同学历的成年聋人受众对力度重要性的认同度

学历	认同度	认同度平均分
小学	4.11	4.31
初中	4.51	
高中	3.68	
大专	4.50	
本科及以上	4.75	

4. 不同听力等级受众对力度重要性的认同度

不同听力等级受众对力度的重要性认同度是没有较大差异的，戴人工耳蜗也听不到声音的聋生认同度最高，为 4.37，然后依次是戴人工耳蜗才能听到声音 4.19，戴助听器能听到声音 4.18，不戴助听器能听到声音和戴助听器也听不到声音均为 4.02。其中戴人工耳蜗也听不到声音、戴人工耳蜗才能听到声音、戴助听器能听到声音高于平均值 4.156，而其他听力等级都低于平均值，详见表 6－26。卡方检验结果表明，$\chi^2=8.241$，$P=0.083$，差异不具有显著性意义，即不同听力程度的聋生对力度的重要性看法没有显著性差异。

在成年聋人中，不戴助听器能听到声音的成年聋人对力度的重要性认同度最高，为 4.42，然后依次是戴人工耳蜗也听不到声音 4.40，戴助听器能听到声音 4.30，戴助听器也听不到声音和戴人工耳蜗才能听到声音均为 4.26。其中不戴助听器能听到声音、戴人工耳蜗也听不到声音对力度的重要性认同度高于平均值4.32，其他低于平均值，详见表6－27。卡方检验结果表明，$\chi^2 = 0.604$，$P = 0.963$，差异不具有显著性意义，即不同听力程度的成年聋人对力度的重要性看法没有显著性差异。

表6－26 不同听力等级的聋生受众对力度重要性的认同度

听力等级	认同度	认同度平均分
不戴助听器能听到声音	4.02	4.156
戴助听器能听到声音	4.18	
戴助听器也听不到声音	4.02	
戴人工耳蜗才能听到声音	4.19	
戴人工耳蜗也听不到声音	4.37	

表6－27 不同听力等级的成年聋人受众对力度重要性的认同度

听力等级	认同度	认同度平均分
不戴助听器能听到声音	4.42	4.32
戴助听器能听到声音	4.30	
戴助听器也听不到声音	4.26	
戴人工耳蜗才能听到声音	4.26	
戴人工耳蜗也听不到声音	4.40	

综上可知：

①不同受众群体的平均分分别为4.36、4.49、4.31，都介于重要和非常重要之间。

②不同性别的聋生和成年聋人的平均分分别为4.05、4.27，都介于重要和非常重要之间。

③不同学历的聋生和成年聋人的平均分分别为3.954、4.31，分别介于重要和一般之间、重要和非常重要之间。

④不同听力等级的聋生和成年聋人的平均分分别为4.156、4.32，都介于重要和非常重要之间。

通过数据分析，力度是手语主持创作的重要创作手段，起着独特的作用。

四　电视手语主持创作力度的标准建构

1. 视频语料库调查分析

基于视频语料库，我们对国内电视手语主持创作力度的现状做了客观的描写。并结合深度访谈和调查问卷，对当前的力度进行了如下分类，见表 6－28。

表 6－28　国内电视手语主持创作的力度现状

节目名称	力度分析
中央电视台《共同关注》	无力度
北京卫视《新闻手语》	无力度
陕西凤翔电视台《凤翔新闻》	无力度
甘肃卫视《午间 20 分》	无力度
贵州卫视《星期天报道》	有力度
河北卫视《新闻专递》	无力度
河南卫视《一周新闻综述》	无力度
河南电视台新闻频道《手语新闻》	无力度
黑龙江卫视《点击七日》	无力度
湖北远安电视台《远安新闻》	无力度
陕西宝鸡电视台《一周要闻回顾》	无力度
陕西西安临潼电视台《一周要闻回顾》	无力度
浙江苍南电视台《苍南新闻》	无力度
浙江卫视《爱心浙江》	微弱力度
浙江富阳电视台《富阳新闻》	无力度
上海电视台新闻综合频道《时事传真》	微弱力度
安徽马鞍市电视台《晚间新闻》	无力度
吉林省吉林市电视台《大城小事》	无力度
江西赣州电视台《一周新闻日历》	无力度
陕西阎良电视台《阎良新闻——一周要闻回顾》	无力度
福建福州电视台《新闻 110 午报》	无力度
天津电视台《我们同行》	微弱力度
上海电视台新闻综合频道《午间新闻》	无力度
陕西电视台新闻综合频道《第一新闻》	无力度
内蒙古电视台新闻综合频道《这七天》	微弱力度
江苏苏州电视台《苏州新闻》	有力度
江苏栖霞电视台《小芮说新闻》	有力度

根据以上数据库调查，我们把手语主持创作的力度分成了“无力度”“有力度”“微弱力度”三个类别，对统计出的结果进行整理分类，结果如表6－29所示。

表6－29 按照力度分类

类　别	无力度	有力度	微弱力度
个　数（个）	20	3	4
百分比（%）	74.1	11.1	14.8
节目名称	《共同关注》 《一周新闻综述》 河南电视台《手语新闻》 《远安新闻》 《一周要闻回顾》（陕西临潼电视台） 《苍南新闻》 《新闻专递》 《富阳新闻》 《一周要闻回顾》（陕西宝鸡电视台） 《凤翔新闻》 《新闻手语》 《午间20分》 《点击七日》 《晚间新闻》 《大城小事》 《一周新闻日历》 《阎良新闻——一周要闻回顾》 《新闻110午报》 《午间新闻》 《第一新闻》	《星期天报道》 《小芮说新闻》 《苏州新闻》	《爱心浙江》 《时事传真》 《我们同行》 《这七天》

据统计，在调查的节目中，74.1%的电视手语节目中的手语主持没有力度，有力度或微弱力度的分别为11.1%和14.8%，所占比例非常小。比如在《星期天报道》中有一句话“虽然是按量取食的自助餐，不少餐桌上还是有被浪费的食物”，电视手语主持人打“被浪费”的时候肢体有微幅度的后仰，这是打手语的自然反应，也可算力度，意在浪费很多。《爱心浙江》中有一句话“由于语言不通，汤玛斯学习起来比别

人费力得多，但是他开心地告诉记者自己一个上午已经学会了‘你好’‘谢谢’等简单的用语”中“你好”“谢谢”介绍的时候有微弱的力度手势（力度微加强，与前后词汇间隔开）。总的来看，我国现有的电视手语节目主持人使用力度意识普遍较弱，大部分电视手语主持创作缺乏力度表现。

2. 电视手语主持创作力度标准

通过前期调查，我们从语料库中筛选出5个满意度最佳的手语主持节目。接着我们又对这5个节目，针对力度这一创作手段进行满意度再调查。分值设置为：非常满意：5分，满意：4分，一般：3分，不满意：2分，非常不满意：1分。调查结果如表6－30所示。

表6－30　电视手语节目中力度满意度

	A 《小芮说新闻》	B 《苏州新闻》	C 《星期天报道》	D 《第一新闻》	E 《时事传真》
分值	4.8	3.8	4	3.5	3

从表6－30可见，受众对电视手语主持人的力度满意度分值从高到低排序依次为：《小芮说新闻》《星期天报道》《苏州新闻》《第一新闻》《时事传真》。《小芮说新闻》满意度最高，整体手语有力，并且将力度进行了合理的分配，更关键的是把力度放在了重要信息部位，使聋人能够清楚地看到所表达信息的重点。例如：“前段时间，小芮发现了一个特别牛的软件。”电视手语主持人在用手语表达“特别牛”的时候，加强力度，突出强调软件的强大作用性。其次是《星期天报道》，电视手语主持人在力度的处理上，能够通过对某些词汇的加重或减弱力度来很好传达信息内容。《时事传真》主持人虽然自身是一名聋人，但其手语主持过程中呈现的力度不属于自己身为聋人最自然的掌控，整体力度不明显。根据我们的调查结果，《小芮说新闻》得分为4.8分，是当前手语节目主持人创作力度把握最好的节目。我们结合这些满意度较高的电视手语节目，提出了以下电视手语主持创作标准。

①要确定信息表达的重点位置，利用手势加重来标记重点信息，同时要配合表情和手势幅度的灵活参与。

②要综合考虑稿件内涵以及力度表达的各种手段，做到有效组合，合

理完成表情达意的目的。

结合问卷和访谈，提出以下改进手语主持力度的建议。

从对我国27个电视手语节目视频分析来看，无力度电视手语主持占74.1%，只含有微弱力度的电视手语主持占14.8%，有力度的电视手语主持占11.1%。这些数据表明，我国大部分电视手语主持人处于电视手语主持无力度的状态。这必然导致聋人受众因电视手语主持人力度的缺乏和不规范而在内容的理解上大打折扣。因此，国家应制定相关力度标准，规范手语主持。

此外，调查结果显示，大多数聋人受众认为，目前我国电视手语主持人在力度上存在的主要问题是无力度和力度不规范。这就要求手语主持人要积极融入聋人群体中，多进行关于手语“力度”表达方面的训练，多汲取聋人的意见，以便更好地为聋人受众服务；另外，也要求电视手语主持人在力度表达过程中要把握好力度的分寸感。主持人在表达上不能根据自己的主观情绪，应该站在对整篇稿件情感的客观把握与分析上。

第四节　电视手语主持创作手势幅度

一　电视手语主持创作手势幅度的概念和特征

1. 电视手语主持创作手势幅度的概念

幅度指振幅，即物体振动或摇摆所展开的宽度。在说明抽象概念时，幅度指此概念所包括的内容范围，可以引申为事物变动的程度。在电视手语主持创作中，手势幅度是指手势在身前的宽度范围及高度范围。也可以理解为手语主持人在表达过程中手势运动收张的范围区间和手势表现出来的力度所呈现的总体感受。

在有声语言播音主持中，主持人的手可以垂直放在身体两侧，也可以放置在“人体黄金点”位置。当主持人的手放置在肚脐附近，给人的视觉感受是最美的。在做手势时，播音员、主持人需要发挥作用的时候，动作不宜过大，向上的手势以手不超过肩部为宜；向下的手势，手不低于“黄金点”。几何图形中，最美的角度是30度，因此主持人在做往外张开的手势时，大臂和身体的夹角应不超过30度，双手张开的距离不超过一米。

这是手势幅度在有声语言播音主持中的要求。那么在电视手语主持创作中，手势幅度是否同样重要？与有声语言的播音主持相比有何异同？不同类型的受众对手语主持创作中手势幅度重要性认同度如何，其中包括性别、学历、听力程度等因素对受众认同度是否存在影响等。电视手语主持创作中手势幅度使用如何，未来手语主持手势幅度有何标准，下面都将一一予以解答。

目前国内对手语主持的手势幅度研究成果很少，白瑞霞对电视手语新闻中手势幅度有过论述。她指出，手语译员在打手语时，由于屏幕过小，译员手势的幅度只能局限于有限的范围之内。①

本研究将主要在视频语料库分析、问卷调查、深度访谈的基础上展开。共性的方法前面已有论述，不再赘述。这里重点介绍电视手语主持创作手势幅度研究设计中的特殊之处。在问卷设计时，我们参照了《中国电视手语质量调查》，制定出了本研究问卷部分。

针对手势范围的研究，我们重点考察了两个方面的问题：一是手势幅度是否是影响电视手语主持创作的重要因素，二是受众对当前电视手语节目中手势幅度的满意度。对此我们设计了两道问卷题目。针对问题一，我们设计了“您认为在电视手语主持创作中手势幅度重要吗?”的题目。针对问题二，我们设计了“您最满意的手语主持的手势幅度是?”的题目。同时针对问题一，问卷以性别、学历程度、听力等级作为自变量，手势幅度的关注度和需求度作为变量，对聋生和成年聋人两个群体进行调查，考察性别、听力等级、学历程度等因素在受众判断手势幅度重要性认同度时是否存在影响。

此外，我们通过事前解释说明以最大限度地控制其他变量，从而达到对手势幅度满意程度这一核心要素的考察目的。

2. 电视手语主持创作手势幅度的特征

（1）个性化特征

与有声语言播音主持创作不同，电视手语主持创作手势幅度有一些个性化特征，具体如下。

① 白瑞霞：《关注手语电视新闻 共促社会和谐发展》，《中州大学学报》2013 年第 3 期。

①创作手段导致的独特性。手是手语的载体，所有的手语都是要通过手去展现，它和有声语言不一样，有声语言是依靠声音。受众通过“听”来接收信息与传达信息，而手语不同，手语是通过手势、运动、位置、方向等多方面要素组合运动进行信息传递，从而使得受众获取信息。受众了解信息的主要途径就是“看”。而“看”就会有一个视觉上范围及运动的摇摆。通过手势在一定范围内的运动组成了语言，最后形成聋人与聋人之间，聋人与健听人之间交流的手语。手语在每一个手势表达的运动过程中都会体现幅度，幅度和手语是紧密联系的，没有了幅度，手语就无法表达。电视手语主持创作是属于大众传播基本范畴，手语的信息传递具有即时且不可逆性的特点。因此，清晰的手势表达对于信息的有效传递意义重大。作为电视手语主持创作最重要的信息和情感传递工具，手势的幅度要足够清晰地表达每一个动作，在播音主持中，手势只是辅助性的，远不及电视手语主持中手势幅度的重要程度。

②接收方式导致的独特性。播音主持中，受众以视听结合的方式接收信息，电视手语主持中，受众则以视觉通路为主要的接收通道。手势是电视手语主持传播中重要的一个视觉信息传递符号。从心理学角度来说，耳与眼的协调使用比只用眼或耳接收信息更有利于受众情绪的放松，另一方面这也会使得主持人增强传播信息的主动性。与普通播音主持受众不同，其具有耳、眼双渠道接收信息的特点。而对于电视手语主持来说，眼睛是唯一的接收渠道。手语信息传递时，一个个独立而完整的清晰的手势可以使受众的眼睛减少疲劳，更加准确地理解和捕捉信息含义。手势幅度的大小是决定手语清晰表达的重要因素。手语的表达都会产生幅度，幅度在手语中的表现，首先体现在手语词汇上，比如说“接受”是向内收的幅度，而“发展”是向外打开的手势；其次，“花”是一只手位置不动的幅度，“菜”则是单手有向上运动的幅度，这些不同词汇的手势，必须配合相应的手势幅度才会清晰地向受众表达出来。

③主要受众导致的独特性。首先，从受众满意度上看，电视手语主持创作的主要受众是聋人，因此电视手语主持创作的手势幅度首先要满足聋人的需求。电视手语主持创作作为艺术创作，同样应该以“美不美”来作为其衡量最高标准。结合对受众的访谈调查和张颂的“三个层次论”，我们将受众的满意度也分为三个等级：理解；舒服；美。

其次，从“理解”层面来看，手势幅度决定了手语清晰度，也就会影响到受众对信息的获取，更会影响到对手语的理解。从“舒服”层面来看，要求手语表达幅度明显，符合聋人习惯和文化；从“美”层面来看，要求手势的幅度要同手语表达、眼神、语速等其他创作手段和谐统一，共同塑造完整的美。由于手势幅度具有个体差异和地域差异性，从聋人个体来说，每个人打手语的风格会不一样，有人打手语习惯幅度大，有人打手语习惯幅度小；不同地域条件也存在差异，南方聋人打手语手势幅度小，北方人打手语手势幅度大；按个人习惯手势幅度表达也有所不同，比如有的人生性谨慎，手势动作幅度一般都较小，有的人性格直爽，手势幅度一般相比之下也会大一些；最后就是在一些场合的特殊要求，比如说手语翻译的一些场所，特别是大的公开场合，手语幅度要略微大一些来满足场合的需要，这是由于在公众场所的翻译是针对一群人的大众传播，所以幅度要大一些，这是为了方便远处的聋人能够看清楚手语翻译员手语表达的内容。电视手语主持创作则要求主持人的手势幅度要适度，既不要过分夸张，也不要小气拘谨，过度夸张会使人感到动作粗野，小气拘谨则又使人感到动作不舒展，看不清楚。手语主持人打手势时，双手应置于胸前部位，不宜放在口部或腰部。同时手语主持人还应该摒弃个人习惯和地域习惯，使用广大聋人最适宜的手势幅度，既做到手势清晰，又做到文明规范，使得聋人受众能够接受。

（2）普遍性特征

手语主持创作作为播音主持创作的组成部分，其手势幅度表达具有播音主持的一些普遍性特征。

电视手语主持创作同播音主持创作一样，都属于大众传播与人际传播的结合体。因此，手语主持人的手势幅度也应该受到这一传播特征的制约，首先应该遵守生活中的自然手语规范，而有个人化色彩的手势幅度表达应该予以摒弃。同时也要根据内容风格调整手势幅度，控制手势幅度等。特别是电视新闻手语主持，要遵守新闻节目客观性真实性的要求，所以手势幅度不应该太过于夸张，也不应该幅度太小，这样会影响受众的信息接收质量。电视手语主持人的手势幅度既要符合聋人文化，又要符合新闻的特点，特别是要符合新闻客观性的要求。主观化、个人化的手势幅度都不能出现，要做到客观、如实反映新闻本质。

总之，对于电视手语主持的手势幅度来说，既要做到手势幅度符合聋人受众的信息接收习惯，也要做到客观、公正、规范，即要摒弃个性化手势幅度表达，保留多数人认可的公共手势幅度表达方式。

二　受众对电视手语主持创作手势幅度重要性的认同度分析

下面我们将运用问卷调查的方法来展开论证。我们通过“您认为手语主持表达中的手势幅度的重要程度”这道题目来验证。我们通过“您认为手语主持表达中的手势幅度重要吗?”这道题目来验证。手势幅度满意度的调查每题采用五等量表计分，因此每题最高得分为 5 分（非常重要），最低得分为 1 分（完全不重要），通过平均分来看不同群体、性别、学历程度、听力等级的受众对手势幅度的重要性认同度。我们又通过“您认为影响手语主持表达质量的重要因素有哪些?”这道题目来检验性别、学历程度、听力等级等因素在受众判断手势幅度重要性认同上是否存在影响。

1. 不同受众群体对手势幅度重要性的认同度

不同受众群体对手势幅度重要性认同度存在一定差异，聋生群体对手势幅度重要性认同度最高，为 4.67，然后依次是成年聋人群体 4.51，手语老师群体 4.30。其中聋生群体、成年聋人群体对手势幅度重要性认同度高于平均值 4.49，而手语老师群体则低于平均值，见表 6 - 31。卡方检验结果表明，$\chi^2 = 5.531$，$P = 0.063$，差异不具有显著性意义，即不同受众群体对手势幅度重要性看法上没有显著性差异。

表 6 - 31　不同受众群体对手势幅度重要性的认同度

受众	认同度	认同度平均分
聋生	4.67	
成年聋人	4.51	4.49
手语老师	4.30	

2. 不同性别受众对手势幅度重要性的认同度

性别差异也是社会语言学研究语言变异经常考虑的因素之一，研究结果如图 6 - 32 所示，男聋生对手势幅度的重要性认同度为 4.25，女聋生为 3.96，在数值上男聋生比女聋生高一些。卡方检验结果表明，$\chi^2 = 4.454$，

$P=0.035$，差异具有显著性意义，即不同性别的聋生对手势幅度的重要性看法上有显著性差异。

表 6－32　不同性别的聋生受众对手势幅度重要性的认同度

性别	认同度	认同度平均分
男	4.25	4.105
女	3.96	

成年聋人对手势幅度的重要性认同度，男聋人为 3.60，女聋人为 3.80，在数值上女聋人比男聋人略高，见表 6－33。卡方检验结果表明，$\chi^2=9.104$，$P=0.003$，差异具有显著性意义，即不同性别的成年聋人对手势幅度的重要性看法上有显著性差异。

表 6－33　不同性别的成年聋人受众对手势幅度重要性的认同度

性别	认同度	认同度平均分
男	3.60	3.70
女	3.80	

3. 不同学历受众对手势幅度重要性的认同度

不同学历受众对手势幅度的重要性认同度是有较大差异的，小学学历聋生对手势幅度的重要性认同度选择最高，为 4.36，然后依次是大专学历 4.23，本科及以上学历 4.21，高中学历 4.07，初中学历 4.03。其中小学学历、本科及以上学历和大专学历聋生对手势幅度重要性认同度高于平均值，而其他低于平均值 4.18，见表 6－34。卡方检验结果表明，$\chi^2=14.921$，$P=0.005$，差异具有显著性意义，即不同学历的聋生对手势幅度的重要性看法有显著性差异。

在成年聋人中，本科及以上学历成年聋人对手势幅度重要性认同度最高，为 4.53，然后依次为小学学历 4.33，初中学历 4.28，大专学历 3.92，高中学历 3.90。其中本科及以上学历、小学学历和初中学历成年聋人对手势幅度的重要性认同度高于平均值 4.192，而其他低于平均值，见表 6－35。卡方检验结果表明，$\chi^2=7.047$，$P=0.133$，差异不具有显著性意义，即不同学历的成年聋人对手势幅度的重要性看法没有显著性差异。

表 6-34 不同学历的聋生受众对手势幅度重要性的认同度

学历	认同度	认同度平均分
小学	4.36	
初中	4.03	
高中	4.07	4.18
大专	4.23	
本科及以上	4.21	

表 6-35 不同学历的成年聋人受众对手势幅度重要性的认同度

学历	认同度	认同度平均分
小学	4.33	
初中	4.28	
高中	3.90	4.192
大专	3.92	
本科及以上	4.53	

4. 不同听力等级受众对手势幅度重要性的认同度

不同听力等级聋生对手势幅度的重要性认同度是没有较大差异的，戴人工耳蜗的聋生才能听到声音认同度最高，为4.67，然后依次是戴助听器也听不到声音4.24，戴人工耳蜗也听不到声音4.21，戴助听器能听到声音4.13，不戴助听器能听到声音3.96。其中戴助听器也听不到声音、戴人工耳蜗才能听到声音高于平均值4.242，而其他听力等级都低于平均值，见表6-36。卡方检验结果表明，$\chi^2=8.800$，$P=0.066$，差异不具有显著性意义，即不同听力程度的聋生对手势幅度的重要性看法没有显著性差异。

表 6-36 不同听力等级聋生受众对手势幅度重要性的认同度

听力等级	认同度	认同度平均分
不戴助听器能听到声音	3.96	
戴助听器能听到声音	4.13	
戴助听器也听不到声音	4.24	4.242
戴人工耳蜗才能听到声音	4.67	
戴人工耳蜗也听不到声音	4.21	

在成年聋人中，成年聋人戴助听器能听到声音对手势幅度重要性认同度最高，为3.96，然后依次是戴人工耳蜗才能听到声音3.81，不戴助听器能听到声音3.69，戴助听器也听不到声音3.45，戴人工耳蜗也听不到声音3.16。其中戴人工耳蜗才能听到声音、戴助听器能听到声音、不戴助听器能听到声音对手势幅度的重要性认同度高于平均值3.614，其他低于平均值，见表6-37。卡方检验结果表明，$\chi^2=16.986$，$P=0.002$，差异具有显著性意义，即不同听力程度的成年聋人对手势幅度的重要性看法上有显著性差异。

表6-37　不同听力等级的成年聋人受众对手势幅度重要性的认同度

听力等级	认同度	认同度平均分
不戴助听器能听到声音	3.69	
戴助听器能听到声音	3.96	
戴助听器也听不到声音	3.45	3.614
戴人工耳蜗才能听到声音	3.81	
戴人工耳蜗也听不到声音	3.16	

①不同受众群体的平均分分别为4.67、4.51、4.30，都介于重要和非常重要之间。

②不同性别的聋生和成年聋人的平均分分别为4.105、3.70，分别介于重要和非常重要之间、重要和一般之间。

③不同学历的聋生和成年聋人的平均分分别为4.18、4.192，都介于重要和非常重要之间。

④不同听力等级的聋生和成年聋人的平均分分别为4.242、3.614，分别介于重要和非常重要之间、重要和一般之间。

通过上面的数据我们看到，不同性别、不同学历和不同听力等级的受众对手势幅度的重要性认同度差异性不大，都一致认为手势幅度是手语主持中非常重要的因素。这也从另一个角度证明了电视手语主持创作中幅度的重要性。

三　电视手语主持创作手势幅度的标准建构

1. 视频语料库调查分析

基于视频语料库，我们对国内电视手语主持创作手势幅度现状做了客观的描写。并结合电视手语主持创作中手势幅度客观性、丰富性的特点，对目前的电视手语主持创作手势幅度进行了分类，见表 6 - 38。

表 6 - 38　国内电视手语主持手势幅度现状

节目名称	手势范围分析
中央电视台《共同关注》	在胸前偏上双肩范围内
北京卫视《新闻手语》	在腹部以上双肩范围内
陕西凤翔电视台《凤翔新闻》	在胸部以上，双手范围左右宽度较大，整体范围都较大
甘肃卫视《午间 20 分》	在胸部以上双肩范围内
贵州卫视《星期天报道》	在腰部以上双肩范围内
河北卫视《新闻专递》	在腰部以上双肩范围内
河南卫视《一周新闻综述》	在胸部以上双肩范围内
河南电视台新闻频道《手语新闻》	在腰部以上双肩范围内
黑龙江卫视《点击七日》	在主播在腹部以上，双肩范围内
湖北远安电视台《远安新闻》	在腰前偏上双肩范围内，开合度略大
陕西宝鸡电视台《一周要闻回顾》	在胸前，脖子以下
上海电视台新闻综合频道《时事传真》	在主播在腹部以上双肩范围内，同期声在胸部以上双肩范围内
陕西临潼电视台《一周要闻回顾》	站姿，在腹部以上，双手范围左右宽度较大，整体范围都较大
浙江富阳电视台《富阳新闻》	在胸部以上，双手范围左右宽度较大，整体范围较大
浙江苍南电视台《苍南新闻》	在胸部以上，双手范围左右宽度较大，整体范围都较大
浙江卫视《爱心浙江》	在胸前偏上双肩范围内
安徽马鞍山电视台《晚间新闻》	腰部以上，开合度较大
吉林省吉林市电视台《大城小事》	站姿，腰部以上
江西赣州电视台《一周新闻日历》	腰部以上
陕西阎良电视台《阎良新闻——一周要闻回顾》	腹部以上
福建福州电视台《新闻 110 午报》	腰部以上，双肩范围内
天津电视台《我们同行》	胸部以上
上海电视台新闻综合频道《午间新闻》	腰部以上

续表

节目名称	手势范围分析
陕西电视台新闻综合频道《第一新闻》	腰部以上
内蒙古电视台新闻综合频道《这七天》	腰部以上
江苏苏州电视台《苏州新闻》	胸部以上
江苏栖霞电视台《小芮说新闻》	胸部以上

根据以上数据库调查，我们把手语主持创作的手势范围分成了“胸部以上”“腰部以上”“腹部以上”三个类别，并对统计出的结果进行整理分类，结果见表 6 - 39。

表 6 - 39　按手势幅度对手语节目进行的分类

类　别	胸部以上	腰部以上	腹部以上
个　数（个）	11	11	5
所占百分比（%）	40. 75	40. 75	18. 5
节目名称	《共同关注》 《午间 20 分》 《一周要闻回顾》（陕西宝鸡电视台） 《苍南新闻》 《凤翔新闻》 《一周新闻综述》 《爱心浙江》 《富阳新闻》 《我们同行》 《小芮说新闻》 《苏州新闻》	《星期天报道》 《新闻专递》 《手语新闻》 《远安新闻》 《晚间新闻》 《大城小事》 《一周新闻日历》 《新闻 110 午报》 《这七天》 《午间新闻》 《第一新闻》	《新闻手语》 《点击七日》 《时事传真》 《一周要闻回顾》（陕西临潼电视台） 《阎良新闻——一周要闻回顾》

从表 6 - 39 可见，手势幅度在胸部以上的占 40. 75%，腰部以上占 40. 75%，腹部以上占 18. 5%。当前在手语界普遍流行的打手语的习惯是“高不过头，低不过胸”。电视手语主持创作中手势幅度也应在“胸部以上”才是比较合理的手势幅度。如果手语主持人手势打得太低，一方面容易出画框；另一方面也不利于受众观看手语主持人手势和动作表情的配合。

2. 电视手语主持创作手势幅度标准

在语料库中筛选出5个满意度最佳的手语主持节目，我们对这5个节目，针对手势幅度这一创作手段进行满意度再调查，加入了多个国外手语主持节目。分值安排为：非常满意：5分。满意：4分。一般：3分。不满意：2分。非常不满意：1分。

结果如表6－40所示。

表6－40 电视手语主持创作手势幅度满意度调查

	A 《共同关注》	B 《小芮说新闻》	C 《数字英国》	D 《点击七日》	E 《苏州新闻》
分值	3	4.7	5	4	3.8

从数据统计我们可以看出，《数字英国》的手势幅度是受众最满意的，然后依次是《小芮说新闻》、《点击七日》、《苏州新闻》、《共同关注》。从调查结果来看，排名靠前的几个节目，电视手语主持人的手势基本在胸部以上，这是与电视手语主持创作的特点相吻合的。手势、面部表情、唇语、眼神是一个完整的信息表达体，只有在一个相对集中的画面上才能更好地传达信息，收到好的传播效果。因此，建议手势应该尽量靠上一些，但不能超过嘴的位置。根据我们的调查结果，《小芮说新闻》得分为4.7分，是当前手语节目主持人创作手势幅度把握最好的节目，我们结合这些满意度较高的电视手语节目，提出以下电视手语主持创作建议。

①电视手语主持创作手势幅度要考虑聋人受众的信息接收习惯，符合聋人文化。

②电视手语主持创作中手势幅度要做到自成体系，不受口语播音的影响。

总之，电视手语主持创作的手势幅度要做到适度、和谐。

结合目前国内电视手语主持的手势幅度现状，我们将提出以下几条提高手语主持人创作手势幅度的建议。

①制定电视手语主持人手势幅度标准势在必行。从以上数据我们可以直观地看出，手势幅度在电视手语主持创作中是非常重要的。聋人受众因电视手语主持人手势幅度的不到位而会在理解上大打折扣，从而影响聋人受众对信息的接收和理解。我国目前对电视手语主持人的手势幅度的相关

标准几乎没有。因此国家应制定相关手势幅度标准，扭转电视手语主持人在画框内手势幅度和手势范围不统一的局面。

②加强对电视手语主持人与手势幅度的培训。

调查结果显示，大多数的聋人受众认为，目前我国电视手语主持人存在的问题是手势幅度不一致，这降低了聋人受众对节目的理解力，在自然手语中，随意性的手势范围在电视手语主持中不可取。此外，相关电视手语主持人的手势幅度往往带有明显的个人主观色彩，严重影响了聋人对信息的客观理解。手语主持人一方面要积极融入聋人群众中，多进行手势幅度的交流，多汲取聋人受众的观点和建议；另一方面，要摒弃明显主观色彩的手势幅度，提高手势幅度的驾驭能力，更加客观地传递信息。

通过以上论述，手势幅度是手语主持要素的重要组成部分，手语主持的手势幅度要有一定的规范性，在满足受众需求的同时又要兼顾手语节目的新闻性和客观性。所以手语主持中的手势幅度的标准是：一方面，要考虑受众心理，从聋人文化的角度出发，表达符合聋人文化的手势幅度；另一方面，要表现出客观的、标准性的手势幅度，做到手势幅度的适度、自然。

第五节　电视手语主持创作节奏

一　电视手语主持创作节奏的概念和特征

1. 电视手语主持创作节奏的概念

节奏是随着客观世界物质的运动而产生的。在客观世界中，物质运动的盈虚涨消、升降沉浮、和合分离呈一定规律的变化，就构成了节奏。节奏是交替出现的有一定规律的有序运动。在电视手语主持创作中，节奏是一个综合体，它集语速、力度、幅度等多种运动要素于一体，是一种综合的运动规律变化。在播音中，节奏是播音主持创作中一个非常重要的创作手段，它应该是由全篇稿件生发出来的、播音员思想感情的波澜起伏所造成的抑扬顿挫、轻重缓急的声音形式的回环往复。一般来说，节奏可分为六种类型：高亢型、紧张型、轻快型、低沉型、舒缓型、凝重型。节奏在播音主持创作中有激发调节功能、强化表现功能、引导定向功能等。播音主持创作中节奏要做到的要求是：欲扬先抑，欲抑先扬；欲快先慢，欲慢先快；欲重先轻，欲轻先重。①

在电视手语主持创作中，与有声语言的播音主持相比节奏处于何种地位？是否同样重要？是否有其特殊的要求？下面将予以一一分析。

目前国内对电视手语主持人节奏的研究非常少。学界关于电视手语主持节奏问题的研究缺乏全面系统的分析。对当前电视手语主持节奏存在问题和对策的分析，因缺乏大规模受众调查，研究者多是从个人经验出发，得出结论主观性较强。研究者提出的对策，它较为模糊和笼统，操作性不强。

本研究将主要基于视频语料库分析，问卷调查分析，深度访谈的基础上来展开。共性的方法前面已有论述，不再赘述。这里重点介绍电视手语主持创作节奏研究设计中的特殊之处。在问卷设计时，我们参照了《中国电视手语质量调查》《台湾地区手语翻译服务推广成效调查与建议》《媒体传译质量评估》，针对节奏的研究，我们重点考察了两个方面的问题：一是节奏是不是电视手语主持重要的创作手段；二是受众对之前电视手语主持节奏的满意度。针对此我们设计了两道问卷题目。针对问题一，我们设计了“您认为电视手语主持创作表达中的节奏重要吗?”这道题。针对问题二，我们设计了“您最满意的电视手语主持的节奏是?”这道题。同时我们又通过“您认为影响电视手语主持创作节奏质量的重要因素有哪些?”这道题来检验性别、听力等级、学历程度等因素在受众对节奏重要性认同上是否存在影响。

此外，在对问卷进行考察时，我们通过事前对被调查者进行解释说明以最大限度地控制其他变量，从而达到对节奏满意程度这一核心要素的考察目的。

2. 电视手语主持创作节奏的特征

节奏是语速、停连、力度等各种要素构成的综合体，节奏的变化由各种不同要素的组合实现。电视手语主持创作的节奏特点是由受众手语自身的表达特点决定的，这包括手语的表达速度、停连、手势力度变化等。它具有很多与有声语言播音主持所不同的特点。在电视手语主持中，节奏是使受众获得“美感”的重要因素，电视手语主持人通过节奏的变化，使整

① 张颂：《中国播音学》，中国传媒大学出版社，2003，第 367～381 页。

个主持过程张弛有度，层次分明，重点突出，形成一种“回环往复”的整体美感，使受众产生共鸣，从而达到美的享受。

二　受众对电视手语主持创作节奏重要性的认同度分析

下面我们将运用问卷调查的方法来展开论证。关于节奏重要性认同度的调查每题采用李克特五点量表计分，每题最高得分为 5 分（非常重要），最低得分为 1 分（完全不重要），通过平均分来看不同群体、性别、学历程度、听力等级的受众对节奏的重要性认同度。我们又通过“您认为影响电视手语主持表达质量的重要因素有哪些?”这道题目来检验性别、学历程度、听力等级等因素在受众对节奏重要性认同上是否存在影响。

1. 不同受众对节奏重要性的认同度

不同受众群对电视手语主持创作节奏重要与否的选择没有较大差异，其中，聋生群体对节奏重要性的认同度最高，为 4.43，然后依次是成年聋人群体 4.36 分，手语老师群体 4.13。其中聋生和成年聋人对节奏重要性的认同度高于平均值 4.31，而手语老师群体低于平均值，详见表 6 - 41。卡方检验结果表明，$\chi^2 = 3.448$，$P = 0.178$，差异不具有显著性意义，即不同受众群体对电视手语主持创作中节奏的重要性看法没有显著性差异。

表 6 - 41　不同受众群体对节奏重要性的认同度

受众	认同度	认同度平均分
聋生	4.43	
成年聋人	4.36	4.31
手语老师	4.13	

2. 不同性别受众对节奏重要性的认同度

性别差异是社会语言学研究语言变异经常要考虑的因素之一，调查结果如表 6 - 42 所示，男聋生对节奏重要性的认同度得分为 4.17，女聋生为 4.14，在数值上男聋生比女聋生高一些。卡方检验结果表明，$\chi^2 = 0.522$，$P = 0.470$，差异不具有显著性意义，即不同性别的聋生对电视手语创作中节奏的重要性看法没有显著性差异。

表 6－42　不同性别的聋生受众对节奏重要性的认同度

性别	认同度	认同度平均分
男	4.17	4.155
女	4.14	

男成年聋人对节奏重要性的认同度为 3.57，女成年聋人为 3.90，在数值上女成年聋人比男成年聋人略高一些。卡方检验结果表明，χ^2 = 0.001，P = 0.981，差异不具有显著性意义，即不同性别的成年聋人对电视手语创作中节奏的重要性看法没有显著性差异。

表 6－43　不同性别的成年聋人受众对节奏重要性的认同度

性别	认同度	认同度平均分
男	3.57	3.735
女	3.90	

3. 不同学历受众对节奏重要性的认同度

不同学历受众对节奏重要性的认同度是没有较大差异的，大专学历聋生对节奏重要性的认同度分值最高，为 4.42，然后依次是本科及以上学历 4.38，小学学历 4.36，初中学历 4.13，高中学历 3.03。其中初中学历、本科及以上学历、小学学历和大专学历得分高于平均值 4.064，而高中学历低于平均值（详见表 6－44）。卡方检验结果表明，χ^2 = 2.197，P = 0.700，差异不具有显著性意义，即不同学历的聋生对电视手语创作中节奏的重要性看法没有显著性差异。

表 6－44　不同学历的聋生受众对节奏重要性的认同度

学历	认同度	认同度平均分
小学	4.36	4.064
初中	4.13	
高中	3.03	
聋生聋人（大专）	4.42	
本科及以上	4.38	

在成年聋人中，本科及以上学历成年聋人对节奏重要性的认同度最

高，得分为5，然后依次是大专学历4.43，高中学历4.41，初中学历4.40，小学学历3.49。其中初中学历、高中学历、大专学历、本科及以上学历成年聋人对节奏重要性的认同度高于平均值4.346，而小学学历成年聋人得分低于平均值，详见表6－45。卡方检验结果表明，$\chi^2=4.193$，$P=0.381$，差异不具有显著性意义，即不同学历的成年聋人对节奏的重要性看法没有显著性差异。

表6－45　不同学历的成年聋人受众对节奏重要性的认同度

学历	认同度	认同度平均分
小学	3.49	
初中	4.40	
高中	4.41	4.346
大专	4.43	
本科及以上	5	

4. 不同听力等级受众对节奏重要性的认同度

不同听力等级受众对节奏重要性的认同度没有较大差异，戴人工耳蜗才能听到声音的聋生对节奏的重要性的认同度得分最高，为4.52，然后依次是戴助听器也听不到声音4.40，不戴助听器能听到声音4.26，戴助听器能听到声音4.23，戴人工耳蜗也听不到声音为4.21。其中戴助听器也听不到声音、戴人工耳蜗才能听到声音高于平均值4.32，而其他听力等级都低于平均值，详见表6－46。卡方检验结果表明，$\chi^2=2.337$，$P=0.674$，差异不具有显著性意义，即不同听力程度的聋生对电视手语创作中节奏的重要性看法没有显著性差异。

在成年聋人中，戴人工耳蜗也听不到声音的成年聋人对节奏重要性的认同度最高，为4.50，然后依次是戴助听器也听不到声音为4.40，不戴助听器能听到声音为4.00，戴助听器能听到声音为3.96，戴人工耳蜗才能听到声音为3.90。其中戴助听器也听不到声音、戴人工耳蜗也听不到声音对节奏的重要性的认同度高于平均值4.152，而其他听力等级都低于平均值，详见表6－47，卡方检验结果表明，$\chi^2=3.185$，$P=0.527$，差异不具有显著性意义，即不同听力程度的成年聋人对电视手语创作中节奏的重要性看法没有显著性差异。

表 6－46　不同听力等级聋生受众对节奏重要性的认同度

听力等级	认同度	认同度平均分
不戴助听器能听到声音	4.26	4.32
戴助听器能听到声音	4.23	
戴助听器也听不到声音	4.40	
戴人工耳蜗才能听到声音	4.52	
戴人工耳蜗也听不到声音	4.21	

表 6－47　不同听力等级的成年聋人受众对节奏重要性的认同度

听力等级	认同度	认同度平均分
不戴助听器能听到声音	4.00	4.152
戴助听器能听到声音	3.96	
戴助听器也听不到声音	4.40	
戴人工耳蜗才能听到声音	3.90	
戴人工耳蜗也听不到声音	4.50	

综上可知：

①不同受众群体的平均分分别为 4.43、4.36、4.13，都介于重要和非常重要之间。

②不同性别的聋生和成年聋人的平均分分别为 4.155、3.735，分别介于重要和非重要之间及重要和一般之间。

③不同学历的聋生和成年聋人的平均分分别为 4.064、4.346，都介于重要和非常重要之间。

④不同听力等级的聋生和成年聋人的平均分分别为 4.32、4.152，都介于重要和非常重要之间。

通过数据分析，可以发现，在电视手语创作中，节奏是非常重要的韵律表达手段。进一步佐证了节奏作为电视手语主持创作的重要创作手段的假设。

三　电视手语主持创作节奏的标准建构

1. 视频语料库调查分析

基于视频语料库，我们对国内电视手语主持创作节奏的现状做了客观描写。并结合电视手语主持创作中节奏客观性、丰富性的特点，对当前的电视手语主持创作的节奏进行了分类，见表 6 - 48。

表 6 - 48　国内电视手语主持创作节奏现状调查

节目名称	节奏分析
中央电视台《共同关注》	节奏适中，但整体较弱
北京卫视《新闻手语》	无明显节奏变化
陕西凤翔电视台《凤翔新闻》	速度较快，无节奏
甘肃卫视《午间 20 分》	速度较快，无节奏
贵州卫视《星期天报道》	节奏感强，整体节奏较舒缓
河北卫视《新闻专递》	速度较慢，无节奏
河南卫视《一周新闻综述》	整体匀速，无节奏
河南电视台新闻频道《手语新闻》	整体匀速，因有稍微的停连带有较弱节奏
黑龙江卫视《点击七日》	无节奏
湖北远安电视台《远安新闻》	无节奏
陕西宝鸡电视台《一周要闻回顾》	整体匀速，无节奏
上海电视台新闻综合频道《时事传真》	节奏无
陕西临潼电视台《一周要闻回顾》	整体匀速，有节奏
浙江苍南电视台《苍南新闻》	有节奏
浙江卫视《爱心浙江》	有节奏
浙江富阳电视台《富阳新闻》	整体匀速，偶尔带有较弱节奏
安徽马鞍市电视台《晚间新闻》	无节奏
吉林市电视台《大城小事》	节奏较弱
江西赣州电视台《一周新闻日历》	节奏较弱
陕西阎良《阎良新闻——一周要闻回顾》	无节奏
福建福州电视台《新闻 110 午报》	无节奏
天津电视台《我们同行》	有节奏，舒缓、流畅
上海电视台新闻综合频道《午间新闻》	节奏较弱
陕西电视台新闻综合频道《第一新闻》	无节奏
内蒙古电视台新闻综合频道《这七天》	无节奏
江苏苏州电视台《苏州新闻》	有较强节奏
江苏栖霞电视台《小芮说新闻》	有较强节奏

根据以上数据库调查，我们把手语主持创作的节奏分成“节奏弱”

“无节奏”“有节奏”三个类别，并对统计出的结果进行整理分类，结果如表6－49所示。

表6－49 手语节目节奏分类

类别	节奏弱	无节奏	有节奏
个数（个）	6	14	7
百分比（%）	22.2	51.9	25.9
节目名称	《共同关注》 《手语新闻》 《富阳新闻》 《大城小事》 《一周新闻日历》（陕西临潼电视台） 《午间新闻》	《新闻手语》 《午间20分》 《新闻专递》 《一周新闻综述》 《点击七日》 《远安新闻》 《凤翔新闻》 《一周要闻回顾》（陕西宝鸡电视台） 《时事传真》 《晚间新闻》 《阎良新闻——一周要闻回顾》 《这七天》 《新闻110午报》 《第一新闻》	《星期天报道》 《一周要闻回顾》（陕西临潼电视台） 《苍南新闻》 《爱心浙江》 《小芮说新闻》 《苏州新闻》 《我们同行》

根据以上统计，当前的电视手语主持创作中有节奏的比较少，约占25.9%，无节奏的电视手语主持创作占到51.9%，节奏弱的电视手语主持创作占22.2%。

节奏是一种综合的表达，不是体现在单一的特点上。如《爱心浙江》中：“由于语言不通，托马斯学习起来比别人费力得多，但是他开心地告诉记者自己一个上午已经学会了‘你好’‘谢谢’等简单的用语。”句子节奏整体缓慢，但在托马斯开心地告诉记者学会什么内容的时候，出现了合理的停连与放缓手势动作。如在浙江富阳市《富阳新闻》中，“杭州市勤政廉政好公仆先进事迹报告会在我市举行”后半句就有微弱的节奏变化。

2. 电视手语主持创作节奏标准

通过长期调查，我们从语料库中筛选出了4个满意度最佳的手语主持节目。接着我们又对这4个节目针对节奏这一创作韵律手段进行满意度再调查。分值设置为：非常满意：5分，满意：4分，一般：3分，不满意：2分，非常不满意：1分。调查结果如表6-50所示。

表6-50 电视手语主持创作节奏满意度调查

	A 《小芮说新闻》	B 《星期天报道》	C 《苏州新闻》	D 《这七天》
分值	4.8	4.5	3.5	3

根据表6-50可以发现，受众的满意度分值从高到低排列依次为：《小芮说新闻》《星期天报道》《苏州新闻》《这七天》。满意度最高的是《小芮说新闻》。该节目节奏明显，韵律突出，使受众获得了“美”的感受。接下来是《星期天报道》。《星期天报道》中句子之间节奏表现较好，达到了层次清晰的效果。根据我们的调查结果，《小芮说新闻》得分为4.8分，是当前手语节目主持人创作节奏把握最好的节目，我们结合这些满意度较高的电视手语节目，提出以下改进电视手语主持创作节奏的建议。

①电视手语主持创作中节奏的把握要考虑聋人受众心理，符合聋人文化。

②电视手语主持创作中节奏的标准要符合新闻节目特征的客观节奏。

③电视手语主持创作中节奏要做到自成体系，不受口语播音主持的影响。

总之，电视手语主持创作的节奏要做到适度、和谐。

结合目前国内电视手语主持的节奏现状，我们将提出以下几条提高手语主持人创作节奏水平的建议。

①制定电视手语主持人节奏的标准势在必行。我国目前没有关于电视手语主持创作节奏的相关标准。从对我国27个电视手语节目视频分析来看，无节奏电视手语主持占51.9%，节奏弱电视手语主持占22.2%，有节奏的电视手语主持仅占25.9%。当前，我国电视手语主持的节奏一直处于一种依附伴随有声语言播音主持节奏的共生当中。这必然导致聋人受众因电视手语主持创作节奏的缺少而在手语信息表达上大打折扣。这就要求手语主持人要形成自身创作节奏，不受口播新闻的影响。

②加强对电视手语主持人与节奏相关的职前培训。调查结果显示，大多数聋人受众认为，目前我国电视手语主持创作存在无节奏或者节奏较弱的问题。有些即使有节奏也只是口语播音主持的节奏，缺少聋人节奏。还有一个重要的被忽略的问题是：电视手语主持的聋人节奏过于匀速，这严重影响了聋人对信息的客观接收。因此要加强对电视手语主持人聋人节奏的培训。一方面，手语主持人要积极融入聋人群众体中去，多进行“节奏”上的交流，多汲取聋人文化，培养语感。另一方面，手语主持人也要加强学习新闻主持的节奏要求，更加客观地传递信息。

③电视手语主持人应该具有节奏意识。从我国的电视手语主持人的节奏现状看，电视手语主持创作的节奏意识欠缺。在电视手语主持创作中，手语主持人只是机械地表达稿件的内容，少了一些手语主持人因思想感情的波澜起伏所造成的轻重缓急的变化，导致节目内容的传递单调呆板，语句目的传达得不够准确，则会给聋人带来误解与疑问。所以，电视手语主持人要提高节奏意识。

④电视手语主持人应该提高节奏的表达能力。播音主持中的节奏要和稿件内容的要求保持一致，电视手语主持也不例外。首先，在手语主持过程中，节奏是一个综合体，它集语速、力度、幅度等多种运动要素于一体，是一种综合的运动规律变化。因此要考虑到稿件内容、情感表达、处理效果等多方面因素，在基本的处理方法上加以组合，使电视手语主持的表达更加生动形象。其次，电视手语主持节奏的表达还需要在日常的生活中多多积累，反复琢磨，考虑到聋人的文法和文化，才能达到好的表达效果。

附　录

附录1　电视手语相关大事记

《中华人民共和国残疾人保障法》第四十三条规定，政府和社会采取下列措施，丰富残疾人的精神文化生活：开办电视手语节目，开办残疾人专题广播栏目，推进电视栏目、影视作品加配字幕、解说。

1991 年 10 月 4 日，民政部、国家教委、国家语委、中国残联发布《关于在全国推广应用〈中国手语〉的通知》：为使我国手语更加规范、统一，便于聋人学习和交往，拟在全国推广应用《中国手语》为此特通知如下：各级残疾人联合会和福利企业的专职或兼职手语翻译，在集会、电视节目等公共场合，必须使用《中国手语》。

《中国残疾人事业“八五”计划纲要（1991 年～1995 年）》指出，“八五”计划期间，发挥社会公众文化体系的作用，辅之以残疾人专门设施和特殊手段，使残疾人广泛参与各种文化、体育、娱乐活动，精神文化生活日趋丰富。出版、影视、文学艺术等单位，要努力为残疾人提供更多的作品。为适应残疾人特殊需要，部分影视作品增加字幕；开办电视手语节目；组织和扶持盲文读物、盲人有声读物、聋人读物、弱智人读物和特殊教育教材的编写出版。

《中国残疾人事业“九五”计划纲要（1996 年～2000 年）》提出的主要措施有：市级以上城市电视台普遍开办配有手语的专栏节目，县级以上广播电台普遍开播残疾人专题节目。

《中国残疾人事业“十五”计划纲要（2001 年～2005 年）》的主要目标和指导原则指出，要积极推行无障碍建设，发展信息和交流无障碍。电视新闻、电影、电视剧逐步加配字幕；服务行业人员学习、掌握基本手语；研制、推广适合盲人、聋人使用的通信设备。

《无障碍建设“十一五”实施方案》提到的主要措施有：推动政务信息公开无障碍，推动在电视新闻、电影、电视剧中进一步加配字幕，鼓励电视台开办手语节目，在医院、车站等重点公共场所和城市重点线路公交车建立信息屏幕系统。在商业等服务行业从业人员中推广手语。为聋人提供手语翻译或书面语文字交流援助。研发推广方便盲人、聋人使用的信息交流产品。

2006 年 12 月 13 日，联合国大会通过了《残疾人权利公约》，这个公约是由中国推动制定，中国也是最早在这个《公约》上签字的国家。在这个公约当中很多条款涉及手语的问题，第 9 条“无障碍”，就谈到了提供各种形式的现场协助和中介，包括其中的专业手语译员。在第 30 条“参与文化生活、娱乐、休闲和体育活动”当中提到，所有的缔约国应当确认残疾人有权在与其他人平等的基础上参与文化生活，并应当采取一切适当措施，确保残疾人的正当权益，其中有一条是“获得以无障碍模式提供的电视节目”等。

2008 年 3 月 28 日，中共中央、国务院《关于促进残疾人事业发展的意见》中指出，加快无障碍建设和改造，制定、完善并严格执行有关无障碍建设的法律法规、设计规范和行业标准；积极推进信息和交流无障碍，公共机构要提供语音、文字提示、盲文、手语等无障碍服务，影视作品和节目要加配字幕，网络、电子信息和通信产品要方便残疾人使用。2008 年奥运会之前和残奥会开幕之前，中共中央和国务院专门出台了《关于促进残疾人事业发展的意见》，其中就谈到了积极推进信息和交流无障碍，在公共机构要提供语音、文字提示、盲文、手语等无障碍服务。这是中共中央和国务院提出的要求。

2008 年 5 月 3 日，联合国《身心障碍者权利公约》（The Convention on the Rights of Persons with Disabilities）在 108 个缔约国同意下正式生效，成为第一部保护身障者权利且具有法律约束力的国际公约。其强调人权和自由是彼此依存不可分割的普世价值，身障者与一般人同样受公平待遇之机会，充分享有参与公民、经济、政治、社会和文化生活等各层面的权利和自由，以及因失能而需要的协助。其中申明从媒介中获取有用信息对身障者是重要的，意指近用（access）媒介程度的深浅，将决定信息量接收的多寡，进而影响其是否能获得所需的信息内容。

2010 年 3 月 10 日，中国残联、教育部、民政部、人力资源和社会保障部、卫生部、中宣部、发展改革委、科技部、司法部、财政部、住房和城乡建设部、交通运输部、工业和信息化部、文化部、中国人民银行、国务院扶贫办《关于加快推进残疾人社会保障体系和服务体系建设的指导意见》指出：有条件的公共图书馆设立盲文和盲人有声读物阅览室；加强盲文出版和文化资讯建设，加大对盲文、盲人有声读物、残疾人题材的图书、音像制品出版等的扶持力度；各地电台、电视台积极创造条件，开设残疾人专题节目和手语节目，影视作品和节目要加配字幕。

2011 年 6 月 28 日，国务院专门公布了《无障碍环境建设条例》，从 2011 年 8 月 1 日开始正式施行。该条例规定设区市级以上人民政府设立的电视台应当创造条件在播出电视节目时配备字幕，每周播放至少一次配播手语的新闻节目等。这也是作为中央政府对市级以上人民政府在电视媒体当中手语节目的要求。

中华人民共和国国务院令第 622 号《无障碍环境建设条例》（2012 年 8 月 1 日起施行）第二十一条：设区的市级以上人民政府设立的电视台应当创造条件，在播出电视节目时配备字幕，每周播放至少一次配播手语的新闻节目。公开出版发行的影视类录像制品应当配备字幕。

2011 年 12 月 22 日，中宣部、财政部、文化部、国务院新闻办、国家广电总局、新闻出版总署、中国残联联合发布的《残疾人事业宣传文化工作“十二五”实施方案》指出，要加强宣传网络建设，培育良好社会环境。继续办好中央人民广播电台和省级广播电台、电视台已有的残疾人专题节目、手语新闻栏目。积极创造条件，推动市（地）级以上广播电台开设残疾人专题节目；扶持省、市（地）两级电视台开播“手语栏目”，继续推进影视作品和电视作品加配字幕；继续做好每两年一次的残疾人事业好新闻评选，举办第十届、第十一届各地人民广播电台残疾人专题节目展播活动。

2012 年 12 月 4 日，教育部、国家语委发布了《国家中长期语言文字事业改革和发展规划纲要（2012 ~ 2020 年）》。纲要指出，要加快制定、完善通用手语和通用盲文标准。

中国残联2013年残疾人宣传文化工作安排：积极推进地市级电视台手语栏目的开办，扶持20个地级市电视台开设电视手语节目，巩固和提升各级人民广播电台残疾人专题节目质量。

国务院批转中国残疾人事业“十二五”发展纲要通知：中央、省、设区的市广播电台要积极创造条件开设残疾人专题节目，电视台要积极创造条件开办手语栏目。对困难地区广播电台开设残疾人专题节目、电视台开设手语栏目给予扶持。继续推进影视剧和电视节目加配字幕。

中办、国办《关于加快构建现代公共文化服务体系的意见》的通知［残联厅函〔2015〕172号］提到，鼓励和支持有条件的电视台增加手语节目或加配字幕。

2015年，中国残联、教育部、国家语委、国家新闻出版广电总局联合制定了《国家手语和盲文规范化行动计划（2015—2020年）》。该计划提出，地市级以上电视台的电视手语新闻全面使用国家通用手语，要依托中国教育电视台开办国家通用手语教学栏目，鼓励国家和有条件的省级电视台试办使用通用手语的电视手语栏目。

2016年8月25日，教育部、国家语委联合发布了《国家语言文字事业“十三五”发展规划》。规划明确提出，要加强手语主持研究和人才培养。

2017年4月6日，中国残疾人联合会、教育部语言文字应用管理司、国家语言文字工作委员会、国家新闻出版广电总局联合北京师范大学举办的“全国电视台手语主持人国家通用手语培训班”正式开班，对手语主持人进行培训。

2018年9月14日，中国残疾人联合会第七次全国代表大会在北京开幕，并首次在《新闻联播》上配备了手语主持人。

附录2　聋生和成年聋人调查问卷

一、使用手语的情况

1. 您使用家乡手语的水平是＿＿＿＿＿＿。

A. 非常熟练　B. 熟练　C. 一般　D. 不太熟练　E. 完全不懂

2. 您使用《中国手语》书的手语水平＿＿＿＿＿＿。

A. 非常熟练　B. 熟练　C. 一般　D. 不太熟练　E. 完全不懂

3. 您在生活中最经常使用哪种手语＿＿＿＿＿＿。

A. 自然手语

B. 手势汉语，即按照汉语顺序打《中国手语》

C. 自然手语和手势汉语混用

D. 其他＿＿＿＿＿＿（请补充）

二、电视手语节目

1. 您看电视手语节目吗？＿＿＿＿＿＿

A. 经常看　B. 偶尔看　C. 基本不看　D. 没看过

2. 您对电视手语节目内容的理解程度为＿＿＿＿＿＿。

A. 完全不懂　B. 看懂一点点　C. 看懂很多

D. 全部都懂　E. 没看过，不知道

3. 您满意的手语节目播出时长是＿＿＿＿＿＿。

A. 1～10 分钟　B. 11～20 分钟　C. 21～30 分钟

D. 31～60 分钟　E. 60 分钟以上

4. 您满意的手语节目播出频率是＿＿＿＿＿＿。

A. 日播　B. 周播　C. 月播　D. 其他

5. 您对目前电视手语节目种类满意吗？

A. 满意　B. 不满意　C. 不清楚

6. 您认为手语节目最适合使用哪种手语？＿＿＿＿＿＿

A. 完全的自然手语

B. 以自然手语为主，标准手语为辅

C. 以标准手语为主，自然手语为辅

D. 完全的文法手语

7. 您认为最需要增加哪种类型的电视手语节目？ ____________

A. 新闻节目 B. 天气预报 C. 体育节目

D. 娱乐综艺节目 E. 电视剧 F. 电影

G. 购物节目 H. 谈话节目

8. 您认为下列哪个群体最有资格评判手语节目的质量？ ____________

A. 受众 B. 残联相关主管 C. 电视手语译员 D. 不知道

三、电视手语节目画框

1. 您最满意的手语主持人画面比例是____________。

A. 全屏 B. 1∶1 C. 3∶1 D. 6∶1

E. 8∶1 F. 9∶1 G. 10∶1 H. 18∶1

2. 您最满意的画框形状是____________。

A. 长方形 B. 正方形 C. 横椭圆形 D. 竖椭圆形

E. 圆形 F. 无画框

3. 您最满意的手语主持人在画面中位置是____________。

A. 左下角 B. 右下角 C. 右侧 D. 左侧

E. 中间 F. 右下侧 J. 右中侧

四、手语主持

1. 您希望我国的电视手语节目有统一的手语使用标准吗？ ____________

A. 希望 B. 不希望 C. 可以有，也可以没有 D. 没想好

2. 您认为电视手语主持创作方法中还原重要吗？ ____________

A. 非常重要 B. 重要 C. 一般 D. 不重要 E. 完全不重要

3. 您认为电视手语主持创作方法中转化重要吗？ ____________

A. 非常重要 B. 重要 C. 一般 D. 不重要 E. 完全不重要

4. 您认为电视手语主持创作方法中表达重要吗？ ____________

A. 非常重要 B. 重要 C. 一般 D. 不重要 E. 完全不重要

5. 您认为电视手语主持创作原则中规范化重要吗？ ____________

A. 非常重要 B. 重要 C. 一般 D. 不重要 E. 完全不重要

6. 您认为电视手语主持创作原则中真实性重要吗？ ____________

A. 非常重要 B. 重要 C. 一般 D. 不重要 E. 完全不重要

7. 您认为电视手语主持创作原则中审美性重要吗？ ____________

A. 非常重要 B. 重要 C. 一般 D. 不重要 E. 完全不重要

8. 您认为电视手语主持表达中的表情重要吗？ ____________

A. 非常重要 B. 重要 C. 一般 D. 不重要 E. 完全不重要

9. 您认为电视手语主持表达中的语速重要吗？ ____________

A. 非常重要 B. 重要 C. 一般 D. 不重要 E. 完全不重要

10. 您认为电视手语主持表达中的手势幅度重要吗？ ____________

A. 非常重要 B. 重要 C. 一般 D. 不重要 E. 完全不重要

11. 您认为电视手语主持表达中的流畅度重要吗？ ____________

A. 非常重要 B. 重要 C. 一般 D. 不重要 E. 完全不重要

12. 您认为电视手语主持表达中的节奏重要吗？ ____________

A. 非常重要 B. 重要 C. 一般 D. 不重要 E. 完全不重要

13. 您认为电视手语主持表达中的重音重要吗？ ____________

A. 非常重要 B. 重要 C. 一般 D. 不重要 E. 完全不重要

14. 您认为电视手语主持表达中的停连重要吗？ ____________

A. 非常重要 B. 重要 C. 一般 D. 不重要 E. 完全不重要

15. 您认为电视手语主持表达中的眼神交流重要程度为？ ____________

A. 非常重要 B. 重要 C. 一般 D. 不重要 E. 完全不重要

16. 您认为电视手语主持内部技巧中的对象感重要吗？ ____________

A. 非常重要 B. 重要 C. 一般 D. 不重要 E. 完全不重要

17. 您认为电视手语主持内部技巧中的情景再现重要吗？ ____________

A. 非常重要 B. 重要 C. 一般 D. 不重要 E. 完全不重要

18. 您认为电视手语主持内部技巧中的内在语重要吗？ ____________

A. 非常重要 B. 重要 C. 一般 D. 不重要 E. 完全不重要

19. 您认为电视手语节目中有必要加字幕吗？ ____________

A. 有必要 B. 没有必要 C. 可有可无 D. 没想好怎么回答

20. 您认为电视手语主持人有必要使用唇语吗？ ____________

A. 有必要 B. 没有必要 C. 可有可无 D. 没想好怎么回答

21. 您认为影响电视手语主持表达质量的重要因素有哪些？（可多选） ____________

A. 表情 B. 眼神 C. 语速 D. 停连

E. 力度 F. 手势幅度 G. 节奏感 H. 流畅度

五、一般信息

1. 你现在在__________省__________市__________县（区、旗）

2. 您的民族是________族

3. 您的年龄是________岁

4. 您的性别：A. 男　　B. 女

5. 您的文化程度是__________。

A. 小学　　B. 初中　　C. 高中/职高/中专

D. 大专　　E. 本科及以上

附录3　手语老师调查问卷

一、电视手语节目

1. 您看电视手语节目吗？____________

A. 经常看　　B. 偶尔看　　C. 基本不看　　D. 没看过

2. 您对电视手语节目内容的理解程度为____________。

A. 完全不懂　　B. 看懂一点点　　C. 看懂很多

D. 全部都懂　　E. 没看过，不知道

3. 您满意的手语节目播出时长是____________。

A. 1～10分钟　　B. 11～20分钟　　C. 21～30分钟

D. 31～60分钟　　E. 60分钟以上

4. 您满意的手语节目播出频率是____________。

A. 日播　　B. 周播　　C. 月播　　D. 其他

5. 您对目前电视手语节目种类满意吗？____________

A. 满意　　B. 不满意　　C. 不清楚

6. 您认为手语节目最适合使用哪种手语？____________

A. 完全的自然手语

B. 以自然手语为主，标准手语为辅

C. 以标准手语为主，自然手语为辅

D. 完全的文法手语

7. 您认为最需要增加哪种类型的手语节目？____________

A. 新闻节目　　B. 天气预报　　C. 体育节目

D. 娱乐综艺节目　E. 电视剧　F. 电影

G. 购物节目　H. 谈话节目

8. 您认为下列哪个群体最有资格评判手语节目的质量？＿＿＿＿＿＿

A. 受众　B. 残联相关主管　C. 电视手语译员　D. 不知道

二、电视手语节目画框

1. 您最满意的手语主持人画面比例是＿＿＿＿＿＿。

A. 全屏　B. 1∶1　C. 3∶1　D. 6∶1

E. 8∶1　F. 9∶1　G. 10∶1　H. 18∶1

2. 您最满意的画框形状是＿＿＿＿＿＿。

A. 长方形　B. 正方形　C. 横椭圆形　D. 竖椭圆形

E. 圆形　F. 无画框

3. 您最满意的手语主持人在画面中位置是＿＿＿＿＿＿。

A. 左下角　B. 右下角　C. 右侧　D. 左侧

E. 中间　F. 右下侧　J. 右中侧

三、手语主持

1. 您希望我国的手语节目有统一的手语使用标准吗？＿＿＿＿＿＿

A. 希望　B. 不希望　C. 可以有，也可以没有　D. 没想好

2. 您认为手语主持创作方法中还原重要吗？＿＿＿＿＿＿

A. 非常重要　B. 重要　C. 一般　D. 不重要　E. 完全不重要

3. 您认为手语主持创作方法中转化重要吗？＿＿＿＿＿＿

A. 非常重要　B. 重要　C. 一般　D. 不重要　E. 完全不重要

4. 您认为手语主持创作方法中表达重要吗？＿＿＿＿＿＿

A. 非常重要　B. 重要　C. 一般　D. 不重要　E. 完全不重要

5. 您认为手语主持创作原则中规范化重要吗？＿＿＿＿＿＿

A. 非常重要　B. 重要　C. 一般　D. 不重要　E. 完全不重要

6. 您认为手语主持创作原则中真实性重要吗？＿＿＿＿＿＿

A. 非常重要　B. 重要　C. 一般　D. 不重要　E. 完全不重要

7. 您认为手语主持创作原则中审美性重要吗？＿＿＿＿＿＿

A. 非常重要　B. 重要　C. 一般　D. 不重要　E. 完全不重要

8. 您认为手语主持表达中的表情重要吗？＿＿＿＿＿＿

A. 非常重要　B. 重要　C. 一般　D. 不重要　E. 完全不重要

9. 您认为手语主持表达中的语速重要吗？ ____________

A. 非常重要 B. 重要 C. 一般 D. 不重要 E. 完全不重要

10. 您认为手语主持表达中的手势幅度重要吗？ ____________

A. 非常重要 B. 重要 C. 一般 D. 不重要 E. 完全不重要

11. 您认为手语主持表达中的流畅度重要吗？ ____________

A. 非常重要 B. 重要 C. 一般 D. 不重要 E. 完全不重要

12. 您认为手语主持表达中的节奏重要吗？ ____________

A. 非常重要 B. 重要 C. 一般 D. 不重要 E. 完全不重要

13. 您认为手语主持表达中的重音重要吗？ ____________

A. 非常重要 B. 重要 C. 一般 D. 不重要 E. 完全不重要

14. 您认为手语主持表达中的停连重要吗？ ____________

A. 非常重要 B. 重要 C. 一般 D. 不重要 E. 完全不重要

15. 您认为手语主持表达中的眼神交流重要吗？ ____________

A. 非常重要 B. 重要 C. 一般 D. 不重要 E. 完全不重要

16. 您认为手语主持内部技巧中的对象感重要吗？ ____________

A. 非常重要 B. 重要 C. 一般 D. 不重要 E. 完全不重要

17. 您认为手语主持内部技巧中的情景再现重要吗？ ____________

A. 非常重要 B. 重要 C. 一般 D. 不重要 E. 完全不重要

18. 您认为手语主持内部技巧中的内在语重要吗？ ____________

A. 非常重要 B. 重要 C. 一般 D. 不重要 E. 完全不重要

19. 您认为手语节目中有必要加字幕吗？ ____________

A. 有必要 B. 没有必要 C. 可有可无 D. 没想好怎么回答

20. 您认为手语主持人有必要使用同步唇语吗？ ____________

A. 有必要 B. 没有必要 C. 可有可无 D. 没想好怎么回答

21. 您认为影响手语主持表达质量的重要因素有哪些？ （可多选） ____________

A. 表情 B. 眼神 C. 语速 D. 停连

E. 力度 F. 手势幅度 G. 节奏感 H. 流畅度

四、一般信息

1. 你现在在__________省__________市__________县（区、旗）

2. 您的民族是________族

3. 您的年龄是________岁

4. 您的性别：A. 男　　B. 女

5. 您的文化程度是__________。

A. 小学　　B. 初中　　C. 高中/职高/中专

D. 大专　　E. 本科及以上

附录4　电视手语主持创作要素满意度调查

分值说明：

非常满意：5分　　满意：4分　　一般：3分　　不满意：2分

非常不满意：1分

1. 对手语的力度进行满意度打分

A.《小芮说新闻》　　B.《苏州新闻》　　C.《星期天报道》

D.《第一新闻》　　E.《时事传真》

2. 对手语主持人的表情进行满意度打分

A. 外国某节目　　B.《小芮说新闻》　　C.《苏州新闻》

D.《时事传真》　　E.《星期天报道》

3. 对手语主持人的节奏感进行满意度打分

A.《小芮说新闻》　　B.《星期天报道》　　C.《苏州新闻》

D.《这七天》

4. 对手语主持人的眼神交流感进行满意度打分

A.《小芮说新闻》　　B.《苏州新闻》　　C.《时事传真》

D.《午间20分》　　E.《我们同行》

5. 对手语主持人的手语语速进行满意度打分

A.《共同关注》　　B.《小芮说新闻》

C.《苏州新闻》　　D.《我们同行》

6. 对手语主持人的手势活动范围（手势幅度）进行满意度打分

A.《共同关注》　　B.《小芮说新闻》　　C. 外国某节目

D.《点击七日》　　E.《苏州新闻》

7. 对手语主持人的流畅度进行满意度打分

A.《小芮说新闻》　　B.《苏州新闻》　　C.《星期天报道》

D.《时事传真》　　E.《这七天》

8. 对手语主持人的停连进行满意度打分

A.《小芮说新闻》　　B.《苏州新闻》　　C.《时事传真》

D.《我们同行》　　E.《星期天报道》

9. 对手语节目有无聋人文化进行满意度打分

A.《小芮说新闻》　　B.《苏州新闻》

C.《时事传真》　　D.《星期天报道》

10. 对手语节目的语境进行满意度打分

A.《小芮说新闻》　　B.《苏州新闻》

C.《星期天报道》　　D.《时事传真》

11. 对手语主持人的副语言进行满意度打分

A.《小芮说新闻》　　B.《苏州新闻》

C. 外国某节目　　D.《星期天报道》

附录5

国家	电视台	时　长	语　言	节目类型	节目名称
爱尔兰	爱尔兰公共电视台 RTÉ	周一至周五 17：45～17：50 5分钟	爱尔兰手语	新闻	News with Signing aka News for the Deaf-late afternoon news summary
爱尔兰	爱尔兰公共电视台 RTÉ	每周六 12：30～13：00 30分钟	爱尔兰手语（当地聋人）	新闻（历史、人文、体育等）	Hands On-weekly Deaf issues magazine
爱沙尼亚	爱沙尼亚公共电视台 ETV	每周五 5～15分钟	爱沙尼亚手语（当地聋人）	新闻	Aktuaalne Kaamera-early evening news
爱沙尼亚	爱沙尼亚公共电视台 ETV	每天 19：20～19：30 10分钟	爱沙尼亚手语（当地聋人）	新闻	Aktuaalne Kaamera-evening news summary
奥地利	奥地利公共电视台 OR	每天 19：30～20：00 30分钟	奥地利手语（当地聋人）	新闻	Zeit im Bild-main evening news

续表

国家	电视台	时 长	语 言	节目类型	节目名称
巴西	巴西公共电视台	周一至周五 08：30～08：45 15分钟	巴西手语（当地聋人）	新闻	Jornal Visual-morning news
保加利亚	保加利亚公共电视台	周一至周五 16：00～16：10	官方保加利亚手语	新闻	Posvetaiunas-afternoon news bulletin
比利时	比利时公共电视台 RT-BF	暂未知	比利时法国手语（当地聋人）	儿童新闻	Les Niouzz-news for kids
波兰	波兰公共电视台	每周7天，当地时间 18：30～18：50 20分钟	波兰手语（当地聋人）	新闻	Łódzkie Wiadomości Dnia-main evening news
波斯尼亚和黑塞哥维那	波斯尼亚和黑塞哥维那公共电视台 BHRT	周六 11：00～12：00 1小时	波斯尼亚手语（当地聋人）	新闻	Govor tišine-weekly news round-up
德国	德国公共电视台 ARD	每周7天，当地时间 20：00～20：15 15分钟	德国手语（当地聋人）	新闻	Tagesschau-daily news
德国	德国公共区域电视台 BR	周日，当地时间 10：00～10：15分钟	德国手语（当地聋人）	新闻（历史、人文、体育等）	Sehen statt Hören-weekly Deaf issues magazine
法国	法国公共电视台2台	周一至周五 06：30～06：35，08：55～09：00；周六 07：00～07：05，09：20～09：25	法国手语（当地聋人）	新闻	Le Journal-morning news summaries
法国	法国国家新闻电视台 LCI	每周7天，当地时间 20：00～20：10 10分钟	法国手语（当地聋人）	新闻	Le Journal-evening news bulletin
格鲁吉亚	格鲁吉亚公共电视台 GPB	周一至周五，当地时间 16：00～16：10 10分钟	格鲁吉亚手语（当地聋人）	新闻	Moambe-weekday morning news

续表

国家	电视台	时　长	语　言	节目类型	节目名称
韩国	韩国公共电视台 KBS	周一至周五 9：30～9：45；周六 9：30～9：40，12：00～12：05，17：00～17：05；周日 8：00～8：10，12：00～12：05，17：00～17：05	韩国手语（当地聋人）	新闻	KBS Nyuseu-weekday morning and weekend news summary
韩国	韩国公共电视台 KBS	周一至周五 12：00～12：40 40 分钟	韩国手语（当地聋人）	新闻	KBS Nyuseu 12-main midday news
韩国	韩国公共电视台 KBS	周一至周五 17：00～17：15 15 分钟 15 分钟	韩国手语（当地聋人）	新闻	KBS News 5-main afternoon news
韩国	韩国公共电视台 KBS	周一至周五 10：50～11：05	韩国手语（当地聋人）	国际新闻	KBS Jiguchon Nyuseu-daily morning world news digest
荷兰	荷兰公共电视台 NOS	周一至周五 07：00～07：10，07：30～07：40，08：00～08：10，09：00～09：10	荷兰手语（当地聋人）	新闻	Journaal-weekday morning news bulletins
荷兰	荷兰公共电视台 NOS	周一至周五 08：45～08：50 5 分钟	荷兰手语（当地聋人）	儿童新闻	Jeugd journaal-daily kids news
黑山	黑山公共电视台	每周 7 天，当地时间 14：30～14：50 20 分钟	黑山手语（当地聋人）	新闻	Dnevnik 1-main afternoon news bulletin
黑山	黑山公共电视台	星期五，当地时间 15：10～15：15 5 分钟	黑山手语（当地聋人）	新闻	Dnevnik na gestovnom jeziku-afternoon news summary
吉布提	吉布提公共电视台	每周 7 天 20：00 起，时间不定	吉布提手语（当地聋人）	新闻	Le Journal-French-language main evening news

续表

国家	电视台	时　长	语　言	节目类型	节目名称
捷克共和国	捷克共和国公共电视台ČT	周一至周五 19：50～20：00 10分钟	捷克手语（当地聋人）	新闻	Zprávy ve znakovém jazyce-evening news
捷克共和国	捷克共和国公共电视台ČT	周一至周五 17：30～17：35 5分钟	捷克手语（当地聋人）	新闻	Zprávy（o půlšesté）-late afternoon news summary
捷克共和国	捷克共和国公共电视台ČT	每周四 16：25～16：50 25分钟	捷克手语（当地聋人）	新闻（历史、人文、体育等）	Televizníklub neslyšících-bi-weekly Deaf issues ma-ga-zine
捷克共和国	捷克共和国公共电视台ČT	暂未知	捷克手语（当地聋人）	儿童新闻	Pomáhejme si-magazine for kids in need
克罗地亚HRT	克罗地亚公共电视台	周一至周五 14：30～14：40	克罗地亚手语（当地聋人）	新闻	Vijesti uz hrvatski znakovni jezik-early afternoon news
拉脱维亚	拉脱维亚公共电视台LTV	周一至周六 18：00～18：25； 周日18：00～18：20	拉脱维亚手语（当地聋人）	新闻	Dienas ziças-early evening news bulletin
马其顿	马其顿公共电视台	周一至周五 17：00～17：40 40分钟	马其顿手语（当地聋人）	新闻	Dnevnik 1-main afternoon news bulletin
南非	南非公共电视台SABC	每周7天	南非手语（当地聋人）	新闻	SABC News-afternoon and evening news
葡萄牙	葡萄牙公共电视台RTP	周一至周五 09：00～10：00 1小时	葡萄牙手语（当地聋人）	新闻	Bom Dia Portugal-week-day morning news
葡萄牙	葡萄牙公共电视台RTP	周一至周五 10：00～13：00 3小时	葡萄牙手语（当地聋人）	新闻	Praça da Alegria-weekday morning and early after-noon entertainment show
葡萄牙	葡萄牙公共电视台RTP	周一至周五 13：00～14：15 1小时15分钟	葡萄牙手语（当地聋人）	新闻	Jornal da Tarde-weekday afternoon news

续表

国家	电视台	时　长	语　言	节目类型	节目名称
葡萄牙	葡萄牙公共电视台 RTP	周一至周五 00：00～01：001 小时	葡萄牙手语（当地聋人）	新闻	24 Horas-weekday nightly news
瑞士	瑞士德语公共电视台	每周 7 天 19：30～20：00 30 分钟	瑞士德国手语（当地聋人）	新闻和天气	SRF Tagesschau-main evening news and weather
瑞士	瑞士德语公共电视台	周六，上午或下午	瑞士德国手语（当地聋人）	关于消费、金钱和工作的新闻	SRF Kassensturz-magazine on consumption, money and jobs
瑞士	瑞士意大利语公共电视台	周一至周五 18：00～18：08；周六至周日 18：00～18：05	瑞士意大利手语（当地聋人）	新闻	TG Flash-daily early evening news summary
塞尔维亚	塞尔维亚全国私人电视台	周一至周五 10：00～10：40 或 12：00～12：40 或 13：00～13：40	塞尔维亚手语（当地聋人）	新闻	Vesti za osobe sa oštećenim sluhom-weekday early afternoon news
塞尔维亚	塞尔维亚伏伊伏丁那地区公共电视台	每周 7 天 15：00～15：05 5 分钟	塞尔维亚手语（当地聋人）	新闻	Vesti za osobe sa oštećenim sluhom-daily afternoon news summary
塞尔维亚	塞尔维亚公共电视台	周一至周五 15：00～15：05 5 分钟	塞尔维亚手语（当地聋人）	新闻	Vesti-daily news summary
塞尔维亚	塞尔维亚 Bor 地区公共电视台	周日 14：00～14：10 10 分钟	塞尔维亚手语（当地聋人）	新闻	Vesti na znakovnom jeziku-weekly news summary
塞浦路斯	塞浦路斯 CYBC 电视台	每周 7 天 18：00～18：15 15 分钟	塞浦路斯手语（当地聋人）	新闻	Eidiseis-early evening news
斯洛伐克	斯洛伐克公共电视台 RTVS	每周 7 天 19：00～19：45 45 分钟	斯洛伐克手语（当地聋人）	新闻	Správy-main evening news

续表

国家	电视台	时　长	语　言	节目类型	节目名称
斯洛伐克	斯洛伐克公共电视台 RTVS	每周六 10：15～10：45 30 分钟	斯洛伐克手语（当地聋人）	新闻（文化、历史、手语、体育、技术）	Televízny klub nepočujúcich-bi-weekly Deaf issues magazine
斯洛文尼亚	斯洛文尼亚公共电视台 RTV SLO	每周 7 天 19：00～19：30 30 分钟	斯洛文尼亚手语（当地聋人）	新闻	Dnevnik-main evening news
斯洛文尼亚	斯洛文尼亚公共电视台 RTV SLO	每月两个星期日 10：45 之后	斯洛文尼亚手语（当地聋人）	新闻	Prisluhnimo tišini-Deaf issues magazine
乌克兰	乌克兰公共电视台	周一至周五 15：00～15：15 和 18：20～18：55	乌克兰手语（当地聋人）	新闻	Novyny-weekday news bulletins
希腊	希腊公共电视台 ERT	周一至周五 18：00～18：15 15 分钟	希腊手语（当地聋人）	新闻	Eidiseis-early evening news
（科特迪瓦）	科特迪瓦 RTI 公共电视台	每周 7 天 13：00～13：30 30 分钟	科特迪瓦手语（当地聋人）	新闻	Le Journal 13h-early afternoon news bulletin
匈牙利	匈牙利公共电视台 MTV	每周六 08：00～08：05 5 分钟	匈牙利手语（当地聋人）	新闻	Híradó-morning news summary
匈牙利	匈牙利公共电视台	周一至周六 08：05～08：10 5 分钟	匈牙利手语（当地聋人）	体育新闻	Sport-morning sports news summary
意大利	意大利公共电视台 RAI	周一至周五 07：30～07：35；周六至周日 09：30～09：35 5 分钟	意大利手语（当地聋人）	新闻	TG1 LIS-morning news summary

续表

国家	电视台	时　长	语　言	节目类型	节目名称
意大利	意大利公共电视台 RAI	周一至周五 17：45～17：50；周六至周日的传输时间各不相同，大多为 18：00 之后	意大利手语（当地聋人）	新闻	TG2 Flash LIS-late afternoon news summary
意大利	意大利公共电视台 RAI	周一至周五 15：00～15：05；周六至周日的传输时间各不相同，大多为 15：00 之后	意大利手语（当地聋人）	新闻	TG3 LIS-afternoon news summary

参考文献

【中文参考文献】

〔美〕阿瑟·阿萨·伯杰：《眼见为实——视觉传播导论（第3版）》，江苏美术出版社，2008。

安敏：《聋人大学生心理理论的特点及其与和谐心理的关系研究》，郑州大学硕士学位论文，2012。

白瑞霞：《电视媒体与聋人手语之路》，《新闻爱好者》2010年第2期。

白瑞霞：《关注手语电视新闻 共促社会和谐发展》，《中州大学学报》2013年第3期。

白添元：《浅谈电视新闻播音员的播音语速》，《新闻世界》2012年第7期。

毕一鸣：《关于播音主持专业学科定位的思考》，《现代传播（中国传媒大学学报）》2007年第6期。

曹毅环：《例谈电视节目主持人的态势语之一——手势》，《电视研究》1994年第11期。

陈青波：《让听觉随你心——论广播新闻播音语速的把握》，《中国广播》，2007年第7期。

陈圣白：《口译研究的生态学途径》，复旦大学出版社，2013。

陈文华：《论手语的基本要素——语形的内涵及相关类型》，江苏省教育学会2006年年会论文集，2006。

陈晓燕：《服装色彩对电视手语译语质量的影响》，福建省外国语文学会2012年年会论文集，2012。

陈英：《电视手语新闻的问题与建议》，《新闻爱好者》2009年第4期。

陈莹:《论手语的视觉传播特征》，中国机械工程学会工业设计分会会议论文集，2011。

陈瑜:《论交替传译中的明晰化处理——基于《绿色能源》汉英交替传译的案例分析》，上海外国语大学硕士学位论文，2012。

陈彧:《播音语速与言语清晰度的关系研究——以三名军事节目主持人的语音样品为例》,《新闻界》2012年第18期。

谌莉文:《口译思维过程中的意义协商概念整合研究》，上海外国语大学博士学位论文，2011。

程诗钰:《播音主持如何掌控电视新闻播音之技巧》，《中国传媒科技》2013年第6期。

程艳:《以跨文化交际学的视角看对话口译员的多重角色》，四川大学硕士学位论文，2007。

褚旖旎、邹煜:《性别与传播效果——解码女性传播者的传播优势》,《现代传播（中国传媒大学学报)》2011年第6期。

〔日〕大桥正夫:《教育心理学》，上海教育出版社，1980。

方红:《手语翻译需要注意哪些问题?》,《现代特殊教育》2009年第2期。

冯丽丽:《基于软件复用技术的手语融合平台》，大连海事大学硕士学位论文，2013。

冯敏:《书面词语和手语图片对聋生语义分类影响的实验研究》，陕西师范大学硕士学位论文，2012。

冯雪梅:《汉英口译中的显化现象分析》，北京第二外国语学院硕士学位论文，2012。

付帅:《电视新闻节目手语传译员简单句语序使用研究》，江苏师范大学硕士学位论文，2018。

甘泉:《基于计算机视觉的手势识别匹配检索方法的研究》，东华大学硕士学位论文，2009。

高彬:《猜测与反驳——同声传译认知理论研究》，上海外国语大学博士学位论文，2008。

高贵武:《主持传播学概论》，中国传媒大学出版社，2007。

高璐、李东时:《谈手语新闻的编辑技巧》，《新闻传播》2000年第

4期。

龚龙生:《顺应理论在口译中的应用研究》,上海外国语大学博士学位论文,2008。

郭靓靓:《中英文同传译语序处理方式的选择与原因研究——基于职业译员体现语序差异的名词性片段译语表现的实证研究》,上海外国语大学博士学位论文,2011。

郭兰英:《"适者生存":翻译的生态学视角研究》,上海外国语大学博士学位论文,2011。

郭莉:《聋校语言教学与手语应用》,内蒙古师范大学硕士学位论文,2008。

韩丹、王伊默:《浅谈播音创作》,《职业技术》2007年第18期。

韩红:《从释意理论角度论会议口译中的影响因素及其口译策略》,长江大学硕士学位论文,2012。

何伟:《在播音主持中情景再现的应用》,《中国传媒科技》2012年第12期。

何文静:《面向手语合成的运动基元获取方法研究及实现》,湘潭大学硕士学位论文,2010。

胡雅梅:《聋人大学生身份认同的研究》,辽宁师范大学博士学位论文,2005。

胡正荣:《传播学总论》,北京广播学院出版社,1997。

黄晓晓:《基于情景语料库的自然手语构词研究》,南京师范大学硕士学位论文,2012。

季浩勉:《基于边界信息的旋转不变静态手势识别算法研究》,上海海事大学硕士学位论文,2005。

季筱栀:《电视手语新闻现状与对策探究》,《理论观察》2012年第5期。

季筱栀:《浅谈如何提高高校学生学习手语的效率》,《广西教育》2011年第3期。

姜丽:《复杂背景下基于表观模型的手势识别研究》,东北大学硕士学位论文,2009。

蒋林杉:《口译中的跨文化语用失误及其翻译策略》,辽宁大学硕士学位论文，2011。

蒋蓉：《中国手语之动词呼应》，西南大学硕士学位论文，2009。

金欢：《基于视觉的手势识别技术的研究》，西安理工大学硕士学位论文，2009。

金重建：《有声语言传播主体创作自觉问题研究》，中国传媒大学博士学位论文，2007。

靳开宇、吕金月、黄龙斌：《视觉语言学视阈下的聋人手语研究》，《绥化学院学报》2013 年第 4 期。

赖国芳：《浅析“手语”的语言特性和运用》，《科技信息》（学术研究）2007 年第 33 期。

赖祎华：《口译动态 RDA 模型研究——理论与实践运用》，上海外国语大学博士学位论文，2012。

黎庆忠：《语速快，信息大？——与播音员、主持人商榷》，《南方电视学刊》2004 年第 4 期。

李东晓：《我国电视媒体的无障碍发展现状、问题兼及建议》，《现代传播（中国传媒大学学报）》2013 年第 5 期。

李朵朵：《传播学视野下的中国手语电视栏目研究——以厦门电视台〈新闻讲讲讲〉为例》，厦门大学硕士学位论文，2011。

李俊宏、丁国盛：《手语和口语理解及产生的脑机制对比》，《心理科学进展》2013 年第 9 期。

李明娟：《浅谈新闻播音速度的掌控》，《当代电视》2008 年第 6 期。

李水仙：《新闻播音中的重音处理》，《河南大学学报》（社会科学版）2002 年第 1 期。

李晓军：《谈谈新闻节目主持人的整体形象美》，《中国广播电视学刊》2011 年第 3 期。

李宇莎：《〈交互模式下的视译：手语口译员〉翻译报告》，四川外国语大学硕士学位论文，2013。

李昱：《播音创作过程内在语的重要性——浅谈电视节目主持语言风格》，《文学界》（理论版）2010 年第 6 期。

林腾驹：《中美电视手语翻译现状对比——从十八大手语翻译看中国电视手语翻译的不足》，福建省外国语文学会 2012 年会议文集，2012。

刘超：《电视新闻节目主持人的体态语分析》，《新闻界》2012 年第 9 期。

刘美成：《手语视频中头部姿态识别的研究》，大连海事大学硕士学位论文，2013。

刘芳：《浅析电视新闻播音中的技巧》，《今日中国论坛》2013 年第 19 期。

刘鸿宇：《类型学视角下的手语代词系统研究》，《中国特殊教育》2013 年第 5 期。

刘克：《关于播音的重音》，《青年记者》2009 年第 26 期。

刘乐怡：《电视媒体同声传译的策略运用及其质量探析——以“奥巴马总统就本拉登之死发表讲话”的电视同传为例》，福建师范大学硕士学位论文，2012。

刘立成：《试论开办手语电视天气预报节目的科学传播意义及其实现方式——以湖北省作为个例进行的分析》，第五届亚太地区媒体与科技和社会发展研讨会论文集，2006。

刘萨：《播音主持创作主体心理素质分析》，《新闻传播》2010 年第 6 期。

刘莎：《交替传译中的显化状况研究——基于温家宝 09 年两会记者招待会上中英交传的研究》，上海外国语大学硕士学位论文，2010。

刘思言：《电视新闻节目手语传译员否定非手控特征的使用研究》，江苏师范大学硕士学位论文，2018。

刘艳虹、顾定倩、程黎、魏丹：《我国手语使用状况的调查研究》，《语言文字应用》2013 年第 2 期。

刘永萍：《聋人手语在听力残疾人语言学习中的地位》，江西师范大学硕士学位论文，2005。

罗丽萍：《正确运用停连 提高播音质量》，《东南传播》2008 年第 10 期。

骆维维：《〈中国手语〉手形研究》，北京师范大学硕士学位论文，2008。

马荟：《从传播学看英汉连续传译中的“噪音”及其克服“噪音”的训练》，广东外语外贸大学硕士学位论文，2009。

马晓蓉：《手语新闻主持人如何展现个性魅力》，《中国残疾人》2003年第4期。

马志杰、陈志奇：《军人手语》，《兵器知识》2010年第6期。

毛蕾：《英语口译中常见的错误分析及其解决方法》，湖南师范大学硕士学位论文，2012。

孟繁玲：《新闻手语翻译的社会作用及问题》，《新闻爱好者》2012年第1期。

闵昆龙：《基于MEMS加速度传感器的手势语识别系统研究》，东北林业大学硕士学位论文，2009。

倪训博、高雅利、丁刚毅、金乾坤、倪训然、李红松、李鹏、刘栋：《中国手语指动作的标记体系》，《哈尔滨工程大学学报》2012年第7期。

倪训博：《基于手语语言学与人体运动学的手语识别研究》，哈尔滨工业大学博士学位论文，2009。

倪训博、赵德斌、姜峰、程丹松：《中国手语音韵标记的建立、实现及其有效性验证》，《计算机学报》2009年第12期。

冉美华：《手语新闻收视的调查与思考》，《中国残疾人》1998年第9期。

〔美〕赛弗林（Severin，W.），〔美〕坦卡德（Tankard，J. W. Jr.）著，陈韵昭译：《传播学的起源、研究与应用》，福建人民出版社，1985。

沈纪：《新闻报道必须坚持党性原则》，《中国广播电视学刊》1989年第6期。

沈玉林：《手语多样性、标准化及手语语言建设的问题与思考——从荷兰CLSLR2会议看中国手语规范化工作》，《中国特殊教育》2008年第6期。

〔美〕施拉姆（W. Schramm），〔美〕波特（W. E. Porter）：《传播学概论》，陈亮等译，新华出版社，1984。

施蒙：《电视环境中的电视同传》，上海外国语大学硕士学位论文，2010。

宋航嘉：《浅论播音主持的语言特点》，《青春岁月》2013年9期。

宋晓蕾：《视觉表象产生时大脑两半球的加工特点》，陕西师范大学博士学位论文，2008。

苏伟:《本科阶段口译能力发展途径研究——一项基于部分翻译本科专业试点院校的实证研究》,上海外国语大学博士学位论文,2011。

孙海琴:《源语专业信息密度对同声传译“脱离源语语言外壳”程度的影响——一项基于口译释意理论的实证研究》,上海外国语大学博士学位论文,2012。

孙红梅:《电视新闻播音语速之我见》,《声屏世界》2004 年第 12 期。

孙欢欢:《聋人家庭手势调查报告》,复旦大学硕士学位论文,2010。

孙卉:《论电视节目主持人的非语言传播手段》,《新闻界》2007 年第 6 期。

孙京南:《试谈重音》,《新闻通讯》1987 年第 4 期。

孙竞:《聋人面部表情识别与识谎研究》,云南师范大学硕士学位论文,2011。

孙凯:《论播音传播活动中对象感的本质及建构》,《杨凌职业技术学院学报》2008 年第 4 期。

孙丽娟:《基于边缘梯度方向直方图的中国静态手语识别》,西安建筑科技大学硕士学位论文,2009。

汪飞雪:《谈手语翻译应具备的技能》,《辽宁师专学报(社会科学版)》2006 年第 5 期。

王春立:《面向大词汇量的连续中国手语识别系统的研究与实现》,大连理工大学博士学位论文,2003。

王继红:《手语翻译与口译的异同》,《中国特殊教育》2009 年第 8 期。

王嘉佳:《浅谈新闻播音创作的内外部技巧》,《芜湖职业技术学院学报》,2008 年第 4 期。

王建平:《语言交际中的艺术——语境的逻辑功能》,求实出版社,1989。

王娇:《基于改进的局部线性嵌入算法的静态手势识别和动态跟踪》,西北大学硕士学位论文,2012。

王靖:《论播音创作过程中的内部技巧》,《山西青年》2013 年第 22 期。

王敏、郑权:《手语语料库建设的价值、内容及策略》,《中国教育信息化》2013 年第 5 期。

王骐：《基于虚拟立体视约束的视角无关手语识别研究》，哈尔滨工业大学博士学位论文，2008。

王倩倩：《新闻节目中手语传译员模糊限制语的使用研究》，江苏师范大学硕士学位论文，2018。

王诗贺：《新闻节目播音语速把握的内在规律研究》，《北方文学》（下半月）2012 年第 2 期。

王伟：《论手语译员的角色》，厦门大学硕士学位论文，2009。

王雯婕：《初探全国统一口译资格认证的职业性——以 NAATI 和欧盟口译总司岗位录用考试为参照》，上海外国语大学硕士学位论文，2012。

王中华：《浅谈电视节目主持人第二语言——眼神与综合态度、知识厚度、化妆技艺》，《今日科技》2011 年第 9 期。

魏伟：《电视手语新闻的问题与建议》，《中国有线电视》2011 年第 5 期。

闻大敏：《与聋人朋友谈写作》，《中国残疾人》2002 年第 11 期。

吴信训：《世界大众传播新潮》，四川人民出版社，1994。

吴郁：《电视节目主持人的综合素质研究》，中国广播电视出版社，2007。

吴郁：《主持人的语言艺术》，北京广播学院出版社，1999。

〔日〕西槙光正：《语境研究论文集》，北京语言学院出版社，1992。

肖俏：《播音主持专业考试中“体态语”的运用技巧》，《山西教育》2012 年第 1 期。

肖晓燕、李飞燕：《媒体传译的质量评估》，《中国翻译》2011 年第 2 期。

肖晓燕、王继红：《手语翻译研究——模式、内容及问题》，《中国特殊教育》2009 年第 2 期。

谢俊英：《澳门公众服务领域语言态度调查分析》，《语言文字应用》2015 年第 2 期。

谢礼逵、周振玲：《广播新闻播音语速浅析》，《新闻前哨》2002 年第 2 期。

邢红梅：《浅谈手语规范化的必要性及实施举措》，《科技创新导报》

2009 年第 21 期。

熊学亮:《认知语用学概论》, 上海外语教育出版社, 1999。

胥宇虹:《广播电视传播中停连技巧的准确定位》,《新闻界》2008 年第 4 期。

徐铁卫:《中国手语的概念及内涵》,《中国特殊教育》2004 年第 2 期。

许耕源:《收视率不是衡量节目质量的唯一标准》,《视听天地》2001 年第 5 期。

阎玉:《中国广播电视学》, 中国广播电视出版社, 1990。

杨强:《地方电视台手语新闻发展机遇、问题及革新探究》,《神舟(下旬刊)》2012 年第 1 期。

杨雪、郑艳丽:《浅谈“情景再现”在播音表达中的重要意义》,《黑河学刊》2010 年 11 期。

杨云涵:《试析新闻消息播报中重音的选择与处理》,《社会科学论坛》2013 年第 5 期。

姚喜双:《播音主持概论》, 高等教育出版社, 2012。

姚喜双:《文章做在耳朵上——听觉是确定播音停连和重音位置的重要依据》,《语言文学应用》1992 年第 3 期。

衣玉敏:《港台手语语言学研究概况》,《金陵科技学院报(社会科学版)》2009 年第 2 期。

于松海、张宁生:《聋人手语的语言学研究》,《中国特殊教育》2004 年第 9 期。

张春兰:《美国聋文化的起源、内涵、实践与局限性研究》, 北京师范大学硕士学位论文, 2008。

张海丛:《健听大学生与听障大学生人格特征的比较研究》,《中国特殊教育》2004 年第 4 期。

张玲:《多彩的停连技巧》,《语文建设》2010 年第 12 期。

张墨逸:《基于表观的二维手势识别方法研究》, 兰州理工大学硕士学位论文, 2010。

张宁生、任海滨:《手语翻译概论》, 郑州大学出版社, 2015。

张颂:《播音创作基础》, 北京广播学院出版社, 1990。

张颂：《播音语言通论：危机与对策》，北京广播学院出版社，1994。

张颂：《简论播音艺术的欣赏层次》，《现代传播》1986 年第 3 期。

张颂：《论播音的创作方法与表达规律》，《中国广播电视学刊》1989 年第 6 期。

张颂：《论播音的创作方法与表达规律》，《中国广播电视学刊》1989 年第 6 期。

张颂、乔实：《论播音艺术》，北京广播学院出版社，1992。

张颂：《中国播音学（修订版）》，中国传媒大学出版社，2003。

张伟峰：《13～15 岁聋生与健听学生表象能力的比较研究》，华东师范大学硕士学位论文，2010。

张晓东：《新闻播音如何体现真实性》，《山东视听》2003 年第 2 期。

张晓梅：《论中日手语中表情与口形的作用》，《才智》2011 年第 19 期。

张媛：《电视手语新闻切莫"自说自话"》，《电视研究》2015 年第 11 期。

张政法、李晓华：《广播电视语言作品艺术标准探析》，《现代传播》2012 年第 4 期。

张政法、李晓华：《广播电视语言作品艺术标准探析》，《现代传播（中国传媒大学学报）》2012 年第 4 期。

赵兵、王群：《关于朗诵（二）》，《语言文字周报》2012 年 1 月 11 日第 3 版。

赵锡安：《聋人双语双文化教学研究》，华夏出版社，2004。

赵英男：《手语中面部表情信息理解的研究与实现》，大连海事大学硕士学位论文，2012。

赵玉明、王福顺：《中外广播电视百科全书》，中国广播电视出版社，1995。

郑璇：《浅论手语对聋儿主流语言学习的影响》，《中国听力语音康复科学杂志》2004 年第 1 期。

郑璇：《上海手语非视觉概念表达研究》，复旦大学博士学位论文，2009。

郑璇：《中国聋人手语的语言地位》，武汉大学硕士学位论文，2005。

郑艳丽:《浅谈播音员语言表达技巧》,《黑河学刊》2001年第5期。

中国残疾人联合会:《中国残疾人事业统计年鉴—2019》,中国统计出版社,2019。

钟志宇:《新闻播音的"语速"》,《声屏世界》2013年第7期。

周桐宇:《播音主持语言创作的基本原则》,《新闻世界》2010年第9期。

周宇:《中国手语识别中自适应问题的研究》,哈尔滨工业大学博士学位论文,2010。

朱旭鹏:《基于经验公式的连续手势动作表面肌电信号识别方法》,中国科学技术大学硕士学位论文,2011。

朱璇、张瑞坤:《电视节目主持人的非言语传播》,《新闻爱好者》2010年第6期。

朱永明:《视觉语言探析——符号化的图像形态与意义》,南京大学出版社,2011。

【外文参考文献】

Flotow V, Luise. 1995. Audiovisual Communication and Language Transfer: the Strasbourg Conference, June [J]. Ttr Traduction Terminologie Et Redaction. 8 (2).

Grossman, R. & Kegl, J. 2006. To Capture a Face: A Novel Technique for the Analysis and Quantification of Facial Expressions in American Sign Language [J]. Sign Language Studies. 6 (3).

Kurz, I. 1990. Overcoming language barriers in European television [M]. Interpreting.

Kurz, I & Mikulasek B. 2004. Television as a Source of Information for the Deaf and Hearing Impaired. Captions and Sign Language on Austrian TV [J]. Meta. 49 (1).

Lyons, J. 1977. Semantics (Vol. 1). Cambridge: Cambridge University Press.

Mehrabian, A. 1968. Communication without words [J]. University of East London. 24 (4).

Pchhacker, F. 2007. Coping with Culture in Media Interpreting [J]. Perspectives. 15 (2) .

Steiner, B. 1998. Signs from the void: The comprehension and production of sign language on television [J]. Interpreting. 3 (2) .

Sperber, D & Wilson, D. 1986. Relevance: communication and cognition [M]. Harvard University Press.

Verschueren, J. 1999. Understanding Pragmatics [M]. Foreign Language Teaching.

后　记

本书从构思至今不觉已八年。在我们的人生刻度上，有多少个八年？屈指可数；而在历史的长河里，只是沧海一粟。而于我，书稿写作的八年是一段且长且短的记忆：读书、生子、家庭团聚……，仿佛就在昨天，但不觉也已从青年来到中年。在书稿完成之际，掩卷沉思，回顾来时之路，仍有很多特别的年份值得铭记。

2011 年，是一个幸福的年份。如愿以偿拜入姚喜双老师门下，多年夙愿终于达成，开启了我的博士之旅。“做好学问首先要先做好人”“一百分耕耘，都不一定会有一分收获”“做事要一锥子扎到底”这些都是姚老师对弟子们的谆谆教导，他自己也这样践行着。读书期间从他身上不仅学到了很多理论的知识，更学到了很多的做人道理。他为人谦虚、待人和善，处处为他人着想，在与姚老师相处的过程中，深切感受到他身上散发出的学者风范。

2012 年，是一个幸运的年份。依稀记得那是 4 月 16 日，到南京特殊教育师范学院调研，这也是我第一次近距离接触到聋人孩子和手语，第一次萌生了开展手语主持研究的想法，在回京的火车上向姚老师汇报了这个想法后，得到了他的大力支持与鼓励。自此，便开始了我的手语主持研究之路。颇为巧合的是，也就是在这一年，我的儿子来到了这个世界上，学习工作之余，我又扮演了另外一个温暖的角色。

2014 年，是一个艰苦的年份。选择手语主持研究，就是选择了一条艰苦的研究之路。我是一个手语的外行，于我而言，探究手语主持这一特殊主持模式的规律更是难上加难。但很幸运的是，姚老师一直在给我鼓劲打气，在研究方向上为我厘清很多难题。顾定倩老师、魏丹老师、周晔老师、恒淼老师，都对我这个初来乍到的门外汉给予了很大帮助。特别要感谢的是手语老师杨超然，她对文章的写作，特别是关于手语本体的写作给予了我很大帮助。

2017 年，是一个收获的年份。这一年我开始了美国访学之旅，在马里兰大学的图书馆激动而兴奋地搜集着各国手语主持相关的文献资料，研读并记录数十个国家的手语主持节目，较为系统地了解了主要国家手语主持现状，为书稿的进一步完善打下了坚实基础。

进入 2020 年，这注定是个值得被纪念的年份。全世界经历着百年不遇的新冠疫情大考验，国际形势正发生着百年未有之大变局，国内也正处于两个百年的历史交汇期和中华民族伟大复兴的关键期。很庆幸生在中国，国家迅速高效控制住了疫情蔓延，所谓“大家”安，才能“小家”安！为我们提供了一个安全稳定的工作环境和学习环境。

书稿即将付梓之际，还有太多太多需要感谢的人，他们无论是在我的写作过程中，还是在我的人生道路上都给予了我无尽的帮助。感谢我的启蒙恩师杨亦鸣老师，他教会了我如何做学问，如何做人，他的“让优秀成为一种习惯”已融入了我的血液。感谢我的处长周道娟老师，她给予了我宽松的写作时间，为保质保量完成论文提供了保障；感谢周建设老师、隋岩老师、何苏六老师、卢静老师、郭龙生老师、刘子琦老师、聂丹师姐、邹煜师兄对我论文的帮助；感谢培养我的中国社会科学院，提供了一个优良的学术研究平台；感谢我可爱的学生们，他们为论文的写作付出了巨大的辛劳；最后，我要感谢我的父亲、母亲、孩子，尤其是我的爱人，是你们无限的宽容、理解和支持才让我克难攻坚、激励前行……

图书在版编目(CIP)数据

电视手语主持研究 / 袁伟著. -- 北京：社会科学文献出版社，2020.12
国家社科基金后期资助项目
ISBN 978-7-5201-6967-7

Ⅰ.①电… Ⅱ.①袁… Ⅲ.①电视节目-节目主持人-手势语-语言艺术-研究 Ⅳ.①G222.2②H126.3

中国版本图书馆 CIP 数据核字（2020）第 134553 号

·国家社科基金后期资助项目·
电视手语主持研究

著　　者 / 袁　伟

出 版 人 / 王利民
责任编辑 / 卫　羚

出　　版 / 社会科学文献出版社 · 人文分社（010）59367215
地址：北京市北三环中路甲 29 号院华龙大厦　邮编：100029
网址：www.ssap.com.cn
发　　行 / 市场营销中心（010）59367081　59367083
印　　装 / 三河市龙林印务有限公司

规　　格 / 开 本：787mm × 1092mm　1/16
印 张：16.75　字 数：273 千字
版　　次 / 2020 年 12 月第 1 版　2020 年 12 月第 1 次印刷
书　　号 / ISBN 978-7-5201-6967-7
定　　价 / 138.00 元